新一代人工智能创新平台建设及其关键技术丛书

计算广告学
Computational Advertising

吴明辉 曹 杰 申冬琴 谭北平 著

科学出版社

北 京

内 容 简 介

计算广告是目前大数据思维与技术发展最成熟、市场规模最大的应用领域之一，致力于解决的核心问题是广告、场景、用户三者之间的最优匹配，而计算广告学涉及自然语言处理、数据挖掘以及竞价营销、创意设计等诸多学科的融合。本书以营销智能国家新一代人工智能开放创新平台为基础，从观察者、研究者和实践者的视角，对数字化时代背景下的媒介环境变革，计算广告的背景、内涵、商业模式、关键技术等进行全面阐述，为业内外人士理解并涉足计算广告领域提供有效路径。

本书适合高等院校人工智能、数据挖掘等专业本科生、研究生及教师等教学和科研使用。

图书在版编目（CIP）数据

计算广告学/吴明辉等著．—北京：科学出版社，2022.10
（新一代人工智能创新平台建设及其关键技术丛书）
ISBN 978-7-03-072371-0

Ⅰ. ①计⋯　Ⅱ. ①吴⋯　Ⅲ. ①人工智能–应用–广告学–研究　Ⅳ. ①F713.80

中国版本图书馆 CIP 数据核字（2022）第 089435 号

责任编辑：裴　育　朱英彪　纪四稳／责任校对：任苗苗
责任印制：吴兆东／封面设计：蓝正设计

科 学 出 版 社　出版
北京东黄城根北街 16 号
邮政编码：100717
http://www.sciencep.com

北京中科印刷有限公司 印刷
科学出版社发行　各地新华书店经销

*

2022 年 10 月第 一 版　开本：720×1000　1/16
2023 年 6 月第二次印刷　印张：16 1/2
字数：332 000
定价：138.00 元
（如有印装质量问题，我社负责调换）

"新一代人工智能创新平台建设及其关键技术丛书"编委会

主　　编：吴信东

编　　委：(按姓氏汉语拼音排序)

陈　刚(浙江大学)

陈恩红(中国科学技术大学)

程学旗(中国科学院计算技术研究所)

胡　斌(兰州大学)

金　芝(北京大学)

马　帅(北京航空航天大学)

王飞跃(中国科学院自动化研究所)

王建勇(清华大学)

吴信东(合肥工业大学/明略科技集团)

叶杰平(滴滴研究院)

周傲英(华东师范大学)

"新一代人工智能创新平台建设及其关键技术丛书"序

人工智能自 1956 年被首次提出以来,经历了神经网络、机器人、专家系统和第五代智能计算、深度学习的几次大起大落。由于近期大数据分析和深度学习的飞速进展,人工智能被期望为第四次工业革命的核心驱动力,已经成为全球各国之间竞争的战略赛场。目前,中国人工智能的论文总量和高被引论文数量已经达到世界第一,在人才储备、技术发展和商业应用方面已经进入了国际领先行列。一改前三次工业革命里一直处于落后挨打的局面,在第四次工业革命兴起之际,中国已经和美国等发达国家一起坐在了人工智能的头班车上。

2017 年 7 月 8 日,国务院发布《新一代人工智能发展规划》,人工智能上升为国家战略。2017 年 11 月 15 日,科技部召开新一代人工智能发展规划暨重大科技项目启动会,标志着新一代人工智能发展规划和重大科技项目进入全面启动实施阶段。2019 年 8 月 29 日,在上海召开的世界人工智能大会(WAIC)上,科技部宣布依托 10 家人工智能行业技术领军企业牵头建设 10 个新的国家开放创新平台,这是继阿里云公司、百度公司、腾讯公司、科大讯飞公司、商汤科技公司之后,新入选的一批国家新一代人工智能开放创新平台,其中包括我作为负责人且依托明略科技集团建设的营销智能国家新一代人工智能开放创新平台。

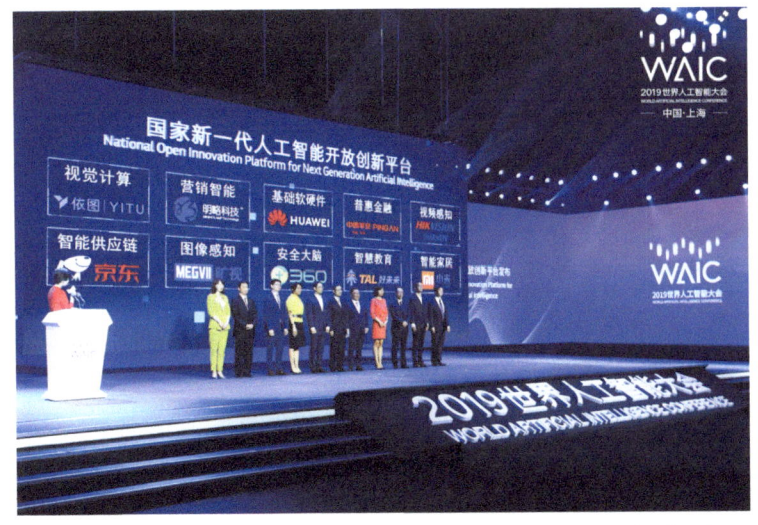

科技部副部长李萌为第三批国家新一代人工智能开放创新平台颁发牌照

舞台中央左起,第 2 位为吴信东教授,第 6 位为李萌副部长

为了发挥人工智能行业技术领军企业的引领示范作用,这些国家平台需要发挥"头雁"效应,持续优化人工智能的创新生态,推动人工智能技术的健康发展。

"新一代人工智能创新平台建设及其关键技术丛书"以国家新一代人工智能开放创新平台的共性技术为驱动,选择了知识图谱、人机协同、众包学习、自动文本简化、营销智能等当前热门且挑战性很强的方向来策划出版相关技术分册,介绍我国学术界和企业界近年来在人工智能平台建设方面的创新成就,以及在这些前沿方向面临的机遇和挑战。希望丛书的出版,能对新一代人工智能的学科发展和人工智能创新平台的建设起到一些引领、示范和推动作用。

衷心感谢所有关心本丛书并为丛书出版而努力的编委会专家和各分册作者,感谢科学出版社的大力支持。同时,欢迎广大读者的反馈,以促进和完善丛书的出版工作。

"大数据知识工程"教育部重点实验室(合肥工业大学)主任、长江学者

明略科技集团首席科学家

2021 年 7 月

前　言

近十年来，信息技术的飞速发展对广告行业产生了重大而深远的影响，不仅使广告的投放变得更容易、成本更低，其产生的大量用户数据也为广告策略的定量分析提供了机会。2008 年在第十九届国际计算机学会-美国工业与应用数学学会(Association for Computing Machinery-Society for Industrial and Applied Mathematics，ACM-SIAM)研讨会上，雅虎研究院资深研究员 Andrei Broder 首次提出计算广告学(computational advertising)的概念，旨在通过用户数据提高广告收益，这引起了信息学、计算机科学和传播学领域专家的高度重视。计算广告学作为一门新兴学科，在继承传统广告学核心理论的同时，为了应对科学技术发展带来的新问题和新观念，将计算主义理论和方法应用到广告学研究中。

1. 计算广告的特点

1) 数据化

计算是计算广告的本质，计算的基础就是数据，获取更加全面的数据是计算广告得以深入发展的前提条件。移动互联网时代，"传播成为一种数据驱动下的信息流动过程，数据联结着传播的各个要素和环节"。对数据的应用和挖掘也贯穿着整个计算广告的运作流程。从场景画像到受众定位再到程序化投放和效果评估，都围绕着以用户为核心的数据收集与利用。获取数据手段的不断升级变化，也促进了计算广告的一次次发展，从线上信息获取到移动端的线下信息获取再到穿戴设备的用户个人信息获取，数据获取手段越来越多样化，渠道也趋于全面化，对用户数据的挖掘逐渐成为企业的核心竞争力。

2) 智能化

智能算法是数据运用的手段和方式，大数据的价值不在于某一单个数据的价值，而在于对海量信息通过深度学习和人工智能技术，寻找数据背后所呈现出来的关联价值。智能算法是计算广告能够将场景、用户、广告三者匹配的原因。计算广告通过智能算法理解用户所处的场景，判断用户潜在的需求，寻找用户场景与营销目标之间的连接点，进行智能化创意，通过深入学习不断优化投放策略和创意制作；以符合场景特征和用户偏好的方式将广告信息有效地传递给消费者，从而达到品效合一的广告目标。并且，通过算法的不断优化升级以及数据的不断积累，计算广告的匹配呈现出一种个性化和精准化的趋势。

3) 规模化

区别于传统的广告投放模式，以数据和算法为双向支撑的计算广告可以利用大数据和云计算技术在短时间内对大范围的人群进行精准化营销。依托于数据管理系统，广告主可以获取用户即时信息，以及准确的消费者人群画像、品牌推广策略等。广告主通过实时竞价系统缩短整个广告投放环节，然后以性价比最高的方式获得广告展示资源。这种程序化系统能够在瞬间完成整个广告资源的交易过程，并大范围地对目标消费群体开展营销活动。值得注意的是，这种大规模特点是覆盖人群的规模化，不是代表"千人一面"的营销方式，而是根据不同的消费者画像，结合消费者所处的即时场景进行"千人千面"的个性化营销方式。

基于对计算广告的理解，本书作者作为计算广告观察者、研究者和实践者，在多年的思考与分析的基础上进行深入总结，并结合大量实践案例创作了本书，希望不仅能为计算机相关专业学生提供科学的指导，还可以为传统广告从业者、营销从业者、内容平台、品牌商等提供一些指导与帮助。

2. 本书内容框架

本书分为基础篇、市场篇、技术篇三大部分，对数字化时代背景下的媒介环境变革，计算广告的内涵、商业模式、关键技术等进行全面阐述，目的是为业内外人士理解并涉足计算广告领域提供一条有效路径。

1) 基础篇

本部分包括第 1 章，主要介绍在线广告领域的一些基本问题和背景知识，包括产业链构成、在线广告生态系统、行业发展概况等，内容相对简单，但作为整本书的基础，涉及许多背景知识与基础术语的介绍。

2) 市场篇

本部分包括第 2~6 章，共 5 章。第 2~5 章分别介绍不同类型的计算广告，包括合约展示广告、搜索与竞价广告、程序化购买广告、原生广告与移动互联时代的广告等，论述广告的市场结构、交易模式和营销策略，主要面向产品研发、运营、销售等人员。这部分内容依据在线广告产品发展的顺序展开，让读者能够循序渐进地理解各种交易模式以及产业生态链的形成机制；同时引入经典案例帮助读者更直观地理解每种广告类型。第 6 章论述广告监测、广告归因与广告计划优化的基本步骤和方法。

3) 技术篇

本部分包括第 7~13 章，共 7 章。与市场篇相对应，第 7~11 章也是以在线广告产品发展的顺序，分别阐释合约展示技术、搜索与竞价技术、点击率预估与推荐技术、在线匹配技术等关键技术与模型，以及计算广告投放系统与应用案例。第 12 章主要论述计算广告相关技术，包括作弊技术与反作弊技术、数据安全与隐私保护相关技术。第 13 章介绍计算广告大数据技术,包括计算广告处理框架、广告投放引擎等,还为读者推荐一系列计算广告系统开源工具。本部分内容专业性较强,主要面向相关专业研究生、系统工程师、算法工程师和架构师。

3. 作者分工与致谢

本书由吴明辉负责整体构思并提供案例支持,曹杰制定技术思路并提出修改意见,申冬琴编制提纲并完成统稿工作,具体章节分工如下:第 1 章由张佳禹撰写,第 2~5 章由马丽娜撰写,第 6 章由谭北平撰写,第 7~11 章由靖慧撰写,第 12、13 章由申冬琴撰写。

本书虽经几次修改,但由于作者能力所限,难免存在不足之处,敬请读者批评指正。

目 录

"新一代人工智能创新平台建设及其关键技术丛书"序
前言

第一篇 基 础 篇

第1章 计算广告背景 ·········· 3
1.1 广告简介 ·········· 3
1.1.1 定义与要素 ·········· 3
1.1.2 产业链构成 ·········· 4
1.1.3 广告的分类 ·········· 6
1.2 在线广告 ·········· 8
1.2.1 在线广告概念 ·········· 8
1.2.2 产品形态发展 ·········· 10
1.2.3 在线广告生态系统 ·········· 17
1.2.4 行业发展概况 ·········· 19
1.3 计算广告 ·········· 23
1.3.1 计算广告概述 ·········· 23
1.3.2 计算广告术语 ·········· 25
1.3.3 计算广告发展 ·········· 26

第二篇 市 场 篇

第2章 合约展示广告 ·········· 33
2.1 定向广告模式 ·········· 33
2.2 受众定向 ·········· 34
2.2.1 受众定向方式 ·········· 34
2.2.2 受众定向标签 ·········· 35
2.2.3 用户标签体系 ·········· 37
2.3 合约流量预测与分配 ·········· 38
2.4 定向广告的发展趋势 ·········· 41
2.5 定向广告的投放策略 ·········· 42

	2.6	典型案例	44

第3章 搜索广告与竞价广告 … 46

- 3.1 搜索广告模式 … 46
  - 3.1.1 搜索广告产品形式 … 46
  - 3.1.2 搜索广告产品策略 … 48
- 3.2 主流竞价机制 … 50
  - 3.2.1 广义第一价格 … 50
  - 3.2.2 广义第二价格 … 50
  - 3.2.3 VCG竞价机制 … 51
  - 3.2.4 竞价机制比较 … 52
- 3.3 竞价广告标签体系 … 52
- 3.4 竞价广告投放策略 … 53
  - 3.4.1 关键词投放策略 … 53
  - 3.4.2 关键词竞价模型 … 55
- 3.5 典型案例 … 56

第4章 程序化购买广告 … 59

- 4.1 程序化购买广告模式 … 59
  - 4.1.1 在线广告计价模式 … 59
  - 4.1.2 程序化购买交易模式 … 60
  - 4.1.3 程序化购买广告流程 … 64
- 4.2 程序化购买广告生态链 … 65
  - 4.2.1 需求方平台 … 65
  - 4.2.2 广告交易平台 … 66
  - 4.2.3 供应方平台 … 67
  - 4.2.4 数据管理平台 … 68
- 4.3 程序化购买存在的问题与发展对策 … 69
  - 4.3.1 程序化购买存在的问题 … 69
  - 4.3.2 程序化购买发展对策 … 70
- 4.4 程序化购买广告的营销策略 … 72
- 4.5 程序化购买广告的投放策略 … 73
  - 4.5.1 程序化购买广告的投放需求 … 73
  - 4.5.2 程序化购买广告的投放策略设计 … 74
- 4.6 典型案例 … 78

第5章 原生广告与移动互联时代的广告 … 81

- 5.1 原生广告 … 81

5.1.1　原生广告的特点及分类 ……………………………………… 81
　　　5.1.2　内容为王的营销策略 ………………………………………… 82
　　　5.1.3　典型案例 ………………………………………………………… 87
　5.2　多屏融合互动广告 ……………………………………………………… 89
　　　5.2.1　多屏融合下的广告营销生态 …………………………………… 89
　　　5.2.2　融屏互动广告的营销策略 ……………………………………… 91
　　　5.2.3　注重用户体验的投放策略 ……………………………………… 92
　　　5.2.4　典型案例 ………………………………………………………… 93
　5.3　移动互联时代的其他广告 ……………………………………………… 95
　　　5.3.1　社交广告 ………………………………………………………… 95
　　　5.3.2　移动应用程序广告 ……………………………………………… 96
　　　5.3.3　微电影广告 ……………………………………………………… 98
　　　5.3.4　互联网户外广告 ……………………………………………… 100
　　　5.3.5　典型案例 ……………………………………………………… 102

第6章　广告监测、广告归因与广告计划优化 …………………………… 107
　6.1　广告监测 ………………………………………………………………… 107
　　　6.1.1　广告监测的意义 ……………………………………………… 107
　　　6.1.2　广告监测的3R模型 …………………………………………… 108
　　　6.1.3　广告监测关键指标 …………………………………………… 109
　　　6.1.4　广告监测方法 ………………………………………………… 112
　　　6.1.5　广告等效曝光体系 …………………………………………… 114
　6.2　广告归因 ………………………………………………………………… 115
　　　6.2.1　广告从曝光到效果的三条路径 ……………………………… 115
　　　6.2.2　AB测试 ………………………………………………………… 117
　　　6.2.3　多点归因模型 ………………………………………………… 120
　　　6.2.4　营销混合模型 ………………………………………………… 122
　6.3　广告计划优化 …………………………………………………………… 124
　　　6.3.1　有效频次设定 ………………………………………………… 124
　　　6.3.2　基于历史到达曲线优化预算 ………………………………… 126
　　　6.3.3　基于同源数据优化触达效率 ………………………………… 127
　　　6.3.4　跨屏预算分配 ………………………………………………… 128

第三篇　技　术　篇

第7章　合约展示技术 ……………………………………………………… 135
　7.1　流量预测 ………………………………………………………………… 135

7.2 频次控制 ·· 136
7.3 在线分配 ·· 136
   7.3.1 HWM 算法 ·· 136
   7.3.2 SHALE 算法 ·· 138
   7.3.3 Bid Scaling 算法 ······································ 139
7.4 受众定向技术 ·· 140
   7.4.1 受众定向技术分类 ····································· 140
   7.4.2 上下文定向技术 ······································· 141
   7.4.3 文本主题模型 ··· 142
   7.4.4 行为定向过程 ··· 144

第 8 章 搜索与竞价技术 ·· 146
8.1 搜索广告系统 ·· 146
8.2 查询扩展 ·· 147
   8.2.1 基于词共现的扩展词选取方法 ·························· 147
   8.2.2 基于语言模型的伪相关反馈技术 ························ 148
   8.2.3 基于 LDA 主题模型的查询扩展方法 ···················· 149
   8.2.4 基于深度学习的查询扩展方法 ·························· 151
8.3 广告放置 ·· 154
8.4 广告检索 ·· 155
   8.4.1 布尔表达式检索 ······································· 156
   8.4.2 Weight-And 检索 ······································ 156
   8.4.3 近似最近邻检索 ······································· 157
   8.4.4 深度语义匹配模型 ····································· 159

第 9 章 点击率预估与推荐技术 ·································· 162
9.1 点击率预估 ·· 162
   9.1.1 点击率预估问题描述 ··································· 162
   9.1.2 广告点击率特征处理 ··································· 162
   9.1.3 点击率预估基本模型 ··································· 163
9.2 常见点击率预估模型 ·· 164
   9.2.1 GBDT+LR 模型 ·· 164
   9.2.2 MLR 模型 ··· 164
   9.2.3 FM 模型 ·· 165
9.3 推荐技术 ·· 167
   9.3.1 基于用户的协同过滤算法 ······························ 167
   9.3.2 基于物品的协同过滤算法 ······························ 169

	9.3.3 基于社交网络的推荐算法	170
9.4	典型案例	172

第10章 在线匹配技术 174

10.1 在线匹配理论 174
10.1.1 匹配问题起源 174
10.1.2 匹配基本概念 174

10.2 在线匹配算法 176
10.2.1 基于原始-对偶的匹配 176
10.2.2 典型的匹配算法——匈牙利算法 180
10.2.3 寻找最短增广路径——Hopcroft-Karp 算法 182
10.2.4 最优权重匹配问题——KM 算法 183

第11章 计算广告投放系统 186

11.1 计算广告投放系统架构 186
11.1.1 业务关联方 186
11.1.2 投放系统架构 186

11.2 投放系统各功能模块 188

11.3 投放系统应用实例 192
11.3.1 百度营销案例 192
11.3.2 品友互动营销案例 195

第12章 作弊与数据安全技术 198

12.1 作弊技术 198
12.1.1 作弊原因 198
12.1.2 作弊特征 199
12.1.3 作弊分类 199
12.1.4 作弊方法 203

12.2 反作弊技术 204
12.2.1 反作弊流程 204
12.2.2 反作弊分析方法 205
12.2.3 反作弊措施 206
12.2.4 反作弊系统技术架构 208

12.3 数据安全与隐私保护技术 212
12.3.1 数据安全 212
12.3.2 隐私保护 213

12.4 典型案例 218

第 13 章　计算广告大数据技术 ······ 221

13.1　计算广告处理过程 ······ 221
13.1.1　计算广告处理框架 ······ 221
13.1.2　广告投放引擎 ······ 221
13.1.3　数据高速通路 ······ 224
13.1.4　离线/在线分布式处理 ······ 224

13.2　计算广告系统开源工具 ······ 227
13.2.1　Web 服务器 Nginx ······ 227
13.2.2　全文检索引擎 Lucene ······ 229
13.2.3　分布式特征在线存储 HBase ······ 231
13.2.4　实时迭代计算框架 Spark ······ 236
13.2.5　分布式机器学习系统 MLBase ······ 237

参考文献 ······ 240

第一篇 基础篇

第 1 章　计算广告背景

1.1　广 告 简 介

1.1.1　定义与要素

当前,社会上各式各样的广告(advertisement)围绕在我们的身边,如商品广告、中介服务广告、求职广告、公益广告等。这些广告通过网络、电视、广播、报纸和传单等各种方式席卷而来,已成为我们生活工作中不可或缺的一部分。从1979年我国广告行业恢复至今已超过 40 个年头,我国广告市场规模一直保持稳定发展态势,并成为仅次于美国的全球第二大广告市场。2019 年,我国广告市场规模接近 9000 亿元,年均复合增长率为 10.6%,是近年来增幅最大的一年。全年广告营业额占国内生产总值的 0.90%[①]。

那么何谓广告?简单来说,广告就是广而告之,即通过一定的传播方法,扩大信息的影响力,达到信息传播的目的。广告的历史悠久,而且随着社会经济的繁荣和传播媒介的进步而发展。然而,迄今为止学术界和产业界并未给出一个权威而统一的广告的定义。以下为比较有影响力的定义[1]。

美国市场营销协会给出的广告的定义:广告是由明确的广告主,在付费的基础上,对其观念、商品或服务所做的非人员的陈述和推广。这个定义至今仍有较大影响。

哈佛大学的《企业管理百科全书》认为:广告是一项销售信息,指向一群视听大众,为了付费广告主的利益,经由说服来推销商品、服务或观念。

美国广告代理商协会给出的广告的定义:广告是付费的大众传播,其最终目的是传播信息,改变人们对所广告的商品的态度,诱发其行动从而使广告主获得利益。

中国大百科全书出版社编译出版的《简明不列颠百科全书》(第15版)中对广告的定义:广告是传播信息的一种方式,其目的在于推销商品、劳务,影响舆论,博得政治支持,推进一种事业,或引起刊登广告者所希望的其他反应。广告通过各种宣传工具,其中包括报纸、杂志、电视、无线电广播及直接邮递等,将信息传播给它所想要吸引的观众或听众。广告不同于其他传播信息的形式,它要求刊登广告者必须付给传播信息的媒体一定的报酬。

---

① https://baijiahao.baidu.com/s?id=1682242017703541699&wfr=spider&for=pc。

2005年，阿伦斯在《当代广告学》(第8版)[2]中指出：广告是由可识别的出资人通过各种媒介进行的，有关商品(产品、服务和观点)的，通常是有偿的、有组织的、综合的和劝服性的非人员信息传播活动。这是20世纪末以来被广泛接受的一种广告的定义。

随着社会经济的发展，广告市场也越来越规范化，很多国家都把广告纳入了法律管理的范畴，由此广告的定义就被赋予了一种法律意义。我国《广告法》[①]对广告的界定如下：商品经营者或者服务提供者通过一定媒介和形式直接或者间接地介绍自己所推销的商品或者服务的商业活动。

上述种种定义，因时代不同、视角不同、目的不同而有所差异。本书认为，广告的定义是由明确的广告主以付费的方式通过一定的载体向特定或非特定的受众传达某种信息的一种传播活动。

总体来看，一般将广告分为狭义广告和广义广告。狭义广告也称为营利性广告、经济广告和商业广告，其基本内容为：广告主为扩大其商品或劳务影响，通过有偿方式在各种媒介上进行宣传，从而向消费者有目的地传递信息，影响人们对所广告的商品或劳务的态度，进而激发消费者的购买欲望而使广告主获取经济效益的营利性活动。广义广告不仅包括营利性广告，还包括非营利性广告。非营利性广告是指不以获取经济效益为目的的广告，又称为效应广告，即广告发布者通过媒体向特定或非特定的广告对象发布非商品信息(如观念信息)从而达到某种宣传或推广目的，主要包括公益广告、个人广告和政治广告三类。

由此，可以进一步归纳出广告的要素[3]：第一，广告主。广告是由一定的组织或个人围绕某个目标而发布的。第二，受众。广告受众并不是特定的、孤立存在的某个人，而是属于不同的社会集团或群体。第三，有偿。一般来说，广告主必须支付一定费用才能借助媒体发布广告信息。当然也有一些广告是不用付费的，如面向全体社会公众的新冠肺炎防疫公益广告、张贴在学校公告栏里的各种讲座公告。第四，传播媒介。广告必须通过一定的传播媒介才能传播信息，这里的传播媒介既包括四大传统广告媒介，即报纸、杂志、广播和电视，也包括新兴的广告媒介，如基于互联网产生的一系列多样的数字媒体。第五，传达信息。广告传达的信息主要有产品信息、品牌信息和活动信息三类，主要是为了推销商品或者提供服务。

1.1.2 产业链构成

广告产业链主要是由广告主(advertiser)、广告媒介(media)和广告受众(audience)三方构成，即广告主希望利用广告媒介去影响受众。因此，广告的本质

---

① https://baike.baidu.com/item/中华人民共和国广告法/5028284?fr=aladdin。

功能是广告主借助各类媒介的力量,以较低的成本完成较多的用户接触。随着市场竞争日趋激烈和品牌文化日益发展,广告的形式和内容都变得越来越复杂,广告业的参与主体也越来越丰富,已经形成了由"广告主-广告代理-广告媒介-广告受众-效果评估"构成的分工明确的体系,如图1-1所示。

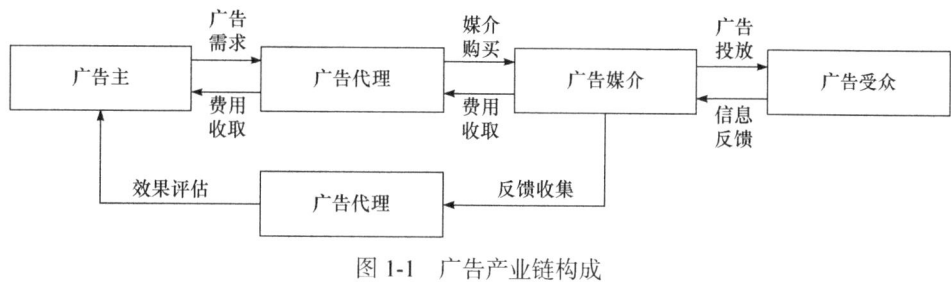

图1-1 广告产业链构成

1. 广告主

广告主作为广告活动的发起者,又称广告客户,一般是指自行或委托他人设计、制作、代理发布广告的企事业单位、其他组织或个人,从而达到推销商品、服务或观念的目的。广告主是广告产业链上产生其他要素,并得以存在和发展的原始动力。因此,只要有推广自己商品、服务或观念的需求的单位、组织或个人都有可能是广告主。

2. 广告代理

广告代理在广告市场的产业链中处于中介地位,是指在广告活动中,对接广告主和广告媒介,代理广告主广告业务的一种专业组织。其在掌握广告主的需求之后,充分发挥自己的主观能动性,创造性地进行形象文案的策划与设计等工作。广告代理主要包括广告公司、制作公司、调查公司等组织,是专门从事广告市场调查、广告信息咨询、企业形象策划、广告战略策划和广告媒介的企业。

3. 广告媒介

广告媒介作为广告主和广告受众沟通的桥梁,是广告传播的物质手段和工具,即广告投放的载体,负责展示广告主的广告。传统的媒介有报纸、杂志、广播、电视等,而在互联网时代还增加了门户网站、网页和互联网应用程序等。一般采用媒介组合的方式实现广告投放,这样能够弥补单一媒介在接触范围、暴露频率上的不足,同时有助于广告的少投入多产出。

4. 广告受众

广告受众是广告活动传播的对象,也是广告信息的接受者,包括一般消费者、组织市场中的机构代表、商品经销中的采购决策人。在广告传播活动中,虽然广告受众处于比较被动的状态,但对广告受众的分析是非常重要的。在进行广告策划时,首先需要确定目标市场,然后确定连接目标市场的最佳传播媒介和传播方式,最后针对这些特定对象的消费习惯、消费能力和行为心理特征等因素进行广告内容的创意,以期引起广告受众的强烈反应。

5. 效果评估

广告效果是广告通过广告媒介传播,对其受众所产生的影响或达到的综合效应。效果评估是指通过技术手段对广告的实际效果进行测量,帮助广告主和广告媒介进行结算,以及效益的定量评估,包括品牌效果和转化效果两个层面。

1.1.3 广告的分类

广告分类(advertisement classification)是指根据不同的目的要求将广告划分为不同类型。

1. 根据广告传播媒介分类

广告媒介的种类多样,而且随着信息技术的不断发展,媒介的种类在日新月异地变化,这也意味着广告发布的载体、形式在不断地变化。新兴媒介不断进入人们的视野,成为广告形式日益丰富的催化剂。传播媒介不同,广告的特点也不同,从而会获得不同的效果。根据广告选取的媒介进行分类,一般包括以下五类广告[①]:

(1) 在线广告,是指利用互联网作为传播载体,在个人计算机(personal computer, PC)端、手机移动端、智能电视等平台进行信息传播的广告(详见1.2节),主要以文字链接、展示(display)、视频为主,具有交互性强、传播范围广、用户反馈快等特点,发展前景最广阔。在线广告主要包括搜索广告、社交广告、电商广告等。

(2) 传统广告,主要包括印刷媒介广告、电子媒介广告和直邮广告,其中印刷媒介广告是指刊登于报纸、杂志、招贴、海报和宣传单等纸质媒介上的广告;电子媒介广告是以广播、电视、电影等电子媒介为传播载体的广告;直邮广告是指通过邮寄途径将产品信息、传单、商品目录和订购单等形式的广告直接传递给特定的组织或个人。

(3) 户外广告,包括传统户外广告和数字户外广告两类,其中传统户外广告是利用气球、飞艇、车厢、大型充气模型、高校内或高档小区走廊楼道作为媒介的广告;数字户外广告是指出现在公共环境中的数字媒体,包括大型数字广告牌、小型数字标牌,以及在生活、工作和出行等各类场所中可联网播放广告的电子屏等。

(4) 售点广告(point of purchase advertisement, POP),是指在商场或产品推介

---

① https://www.sohu.com/a/291445475_100094327。

会等各种销售现场,通过商品陈列、橱窗展示、条幅、模特表演、展板和彩旗等形式发布的广告。

(5) 其他媒介广告,是指利用新闻发布会、文娱活动和体育活动赞助等形式开展的广告。

2. 根据广告呈现终端分类

按照广告的呈现终端,广告可以分为 PC 广告、移动(mobile)广告和通过互联网向用户提供各种应用服务(over the top,OTT)的广告。

PC 广告是指利用计算机终端的网站、网页、应用程序等媒介投放的广告。

移动广告是指通过各种移动设备或网络,以一种贴切和互动的方式使得企业能够与其顾客进行沟通与联系的一系列行动[4]。移动广告顺应了移动营销的趋势,与传统媒体相比,具备精准性、互动性、灵活性和个性化的特点。

OTT 广告是以 OTT 终端为传播媒介进行投放的广告。OTT 终端是由经国家广电行政部门批准的集成播控平台,即向全国范围内的用户提供视频点播为主的内容服务及其他相关增值业务服务的电视及盒子终端①。

3. 根据广告传播目的分类

根据广告的传播目的分类,广告可以分为品牌广告(brand advertisement)和效果广告(performance-based advertisement)。

品牌广告和效果广告都以营利为最终目的,其承载的都是与促进商品销售、提升企业形象相关的商业信息。其中,品牌广告的宣传目的是从中长期树立品牌形象,进而提高品牌的市场占有率。效果广告注重的是短期收益,期望在短时间内获得大量的消费者购买或转化行为。

4. 根据广告诉求方式分类

根据广告诉求方式,广告可以分为理性诉求广告和感性诉求广告。

如图 1-2 所示,理性诉求广告定位于受众的理智动机,通常采用摆事实、讲道理的方式,真实、准确、公正地传达广告物的客观情况,使受众在经过理性思考、权衡利弊后能被说服而最终采取行动。常采用理性诉求方式的主要有房地产广告、家庭耐用品广告。

如图 1-3 所示,感性诉求广告定位于受众的情感动机,通常采用感性的形式以人们的亲情、友情、爱情、乡情及情绪等情感为基础,对受众诉之以情、动之以情,激发人们对真善美的向往并使之移情于广告物,从而使受众对广告物产生

---

① https://baijiahao.baidu.com/s?id=1578296194017208884&wfr=spider&for=pc。

好感,最终激发其购买行为。常采用感性诉求方式的主要有日用品广告和公益广告。

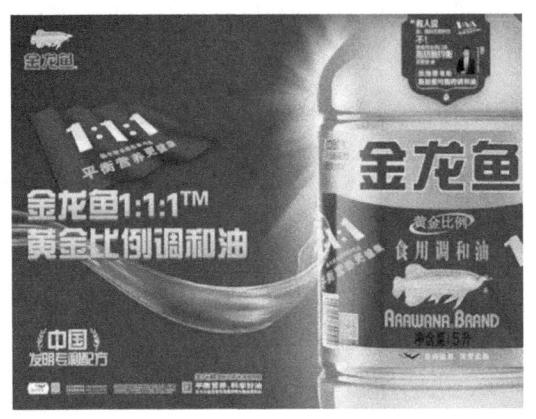
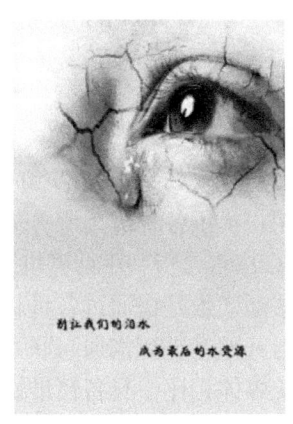

图 1-2　理性诉求广告案例　　　　图 1-3　感性诉求广告案例

5. 根据广告受众分类

根据广告受众分类,广告可以分为消费者广告和行业广告(又称业务广告)。

消费者广告是指直接以消费者为受众的广告,按消费者不同性质又分为男人广告、妇女广告、老人广告和婴幼儿广告。

行业广告是指针对受众为生产厂家、中间商或者专业人员的广告,其中针对生产厂家的行业广告称为产业广告,针对中间商(如批发商和零售商)的行业广告称为贸易广告。

6. 根据广告的覆盖范围分类

根据广告的覆盖范围,可将广告分为国际性广告、全国性广告和地区性广告。国际性广告是指为了配合国际营销活动,在产品出口目标国或地区所做的商品广告。全国性广告是面对国内大众这一受众群体发布的广告。地区性广告是指针对一个较小的区域性市场发布的广告。

1.2　在线广告

1.2.1　在线广告概念

1. 起源与定义

在线广告起源于美国。1994 年,著名的 *WIRED* 杂志推出了网页版 *Hotwired*,在其主页上发布了美国电话电报(AT&T)公司等 14 个客户的横幅广告,网络点击率(click through rate，CTR)高达 40%，这是广告发展史上的一个重要里程碑。1997 年，英特尔(Intel)公司在 Chinabyte 网站上投放了第一个商业性的在线广告，表现形式为 468×60 像素的动画旗帜广告[①]。Intel 公司和国际商业机器(IBM)公司是最早在我国互联网上投放广告的广告主。但是直到 1999 年初，我国的在线广告才初具规模。近年来，随着互联网技术的快速发展，我国在线广告行业蓬勃发展，并成为互联网的主要商业模式之一，取得了巨大成功。

在线广告又称为互联网广告、网络广告，与传统广告的不同主要体现在传播媒介上。传统广告的传播媒介主要包括报纸、杂志、广播、电视和户外媒体等。在线广告主要以互联网平台为传播媒介，通过互联网上的广告位、文字链接、视频插播、应用程序(App)植入等方法，以图像、文字、图形和声音等多媒体方式将广告信息传递给特定的用户[5]。在线广告同广告的概念一样被赋予了法律意义。2016 年 7 月，国家为了对在线广告进行有效的监管，出台了《互联网广告管理暂行办法》，明确了其含义，将通过网站、网页、互联网应用程序等互联网媒介，以文字、图片、音频、视频或者其他形式，直接或者间接地推销商品或者服务的商业广告称为在线广告。

上述定义主要包括三个层面：第一，在线广告属于广告的一种，具有广告的一般属性；第二，在线广告是一种信息传播活动，遵循传播学的基本原理；第三，在线广告的传播媒介是互联网。因此，相比于传统广告，在线广告由于其范围广、成本低、互动性强等深受广告主和用户的喜爱，具有得天独厚的优势。

总体来看，在线广告也有广义与狭义之分[②]，广义的在线广告包含了广告主在互联网上发布的所有信息，而狭义的在线广告涵盖广告主为销售商品、服务或观念而发布的信息，不包括域名、网页和网站等信息。

2. 主要特点

1) 数据和计算导向

在线广告主要受技术和产品驱动，其灵魂在于数据和计算。互联网的特点使得在线广告可以对用户进行精细化分类，确定不同的受众定向，即对不同的用户推荐不同的广告，从而实现以数据支撑的流量规模化交易。

2) 可衡量性

广告的点击是广告效果最直接的体现，因而点击率是反映广告效果的有效指标。但是点击率越高，并不代表广告效果越好，因此点击率在同一时期只是一个相对衡量标准，却不是一个绝对的衡量标准[6,7]。

---

① https://blog.csdn.net/Haran_ing/article/details/105132449。

② http://iwebad.com/wiki/online_advertising_features.html。

3) 标准化

在线广告是以广告位为载体，在进行受众定向后，就需要针对不同的广告位和不同的受众创作不同的广告，广告主希望广告的素材规格有统一的规范，即在线广告的标准化。

4) "媒体"概念的差异性

对于线下广告，媒体几乎没有什么区别，仅是受众人群上的区别。而在线媒体如门户网站、搜索引擎、电子商务平台等存在较大的区别，属于不同的"媒体"，处于供应到需求的不同阶段。

1.2.2 产品形态发展

1. 发展历程

在线广告随着互联网的兴起而出现，新兴技术的更新迭代和广告主个性化的需求不断驱动着其产品形态的发展。迄今为止在线广告已进入较为成熟的发展阶段[8]。

1) 展示广告

20世纪末，互联网在线媒体骤然兴起，雅虎(Yahoo!)、美国在线(American Online，AOL)等网站已获得了很好的用户流量；门户网站时代，为了实现流量变现，传统媒介(如报纸、杂志等)广告被搬上了网页，由此产生了在线广告的第一个产品形态，称为展示广告(display advertisement)。展示广告是指在互联网上通过条幅的形式展示广告的产品形态。该产品形态下，广告主与媒体商通过合同约定的方式确定某一广告位在某一时间段为某特定广告主所独占,并且根据双方的要求，确定广告创意的允许范围及同一页面上某种广告主的排他策略。这种模式为合约广告(agreement-based advertisement)。

2) 定向广告

随着媒体的品牌认知度和流量趋于稳定，在线广告市场发展速度降低，广告位的报价也逐渐趋于稳定。于是在线广告运营商开始寻求能够提高收益的方法。基于在线广告可以针对不同受众展现不同广告创意的特点，产生了一种新的广告投放方式，称为定向广告(targeted advertisement)。这种广告是指根据受众的特点推送广告。定向广告的售卖模式依旧为合约广告，即由广告媒体保证广告的投放量，并与广告主商定合同金额及未完成情况下的赔偿方案。这种担保式投送(guaranteed delivery，GD)的交易方式，逐渐成为合约广告的主要商业模式。定向广告主要面向品牌广告主，按照千次展示付费(cost per mille，CPM)计价。

3) 程序化广告

在云计算、大数据等新兴技术的推动下，在线广告的购买方式由传统的购买广告位变成了基于数字媒体资源的程序化购买。随着大数据技术在广告领域的日益广泛应用，以及各类媒体资源的不断发展与丰富，广告主迫切地希望有更多、更高效的技术和形式来提升广告的投放效果，实时竞价和广义上的程序化购买已经成为最新趋势。程序化购买从投放、优化、报表生成等方面能提升整个广告投放的效率和效能，媒体资源的利用率也得到进一步提高。简单来说，程序化广告(programmatic advertisement)就是通过竞价大数据分析平台，连接广告主、广告媒介、广告受众的一种交易方式。2012年是我国广告程序化购买发展的元年，舜飞科技、品友互动等企业陆续发布了各自的需求方平台；腾讯、百度、优酷土豆、新浪相继推出广告交易平台。当前，我国程序化广告市场依然保持快速增长的节奏，并逐步趋向成熟，已成为广告主投放的首选。

2. 在线广告分类

随着互联网产品形态的日益多样化，不同的在线广告平台在投放方式和交互方法方面不尽相同，因此按照流量形式可以将其分为以下几种。

1) 横幅广告

横幅广告(banner advertisement)，又称旗帜广告，是展示广告的一种，也是最常见的在线广告。这种广告通常以图片的形式嵌入在网站页面中相对固定的位置，与内容一样需要占据固定的版面。通常需要对投放横幅广告的广告位设定打底广告，防止没有合适的广告投放时页面上留白。目前，横幅广告的素材形式一般是 GIF 格式的图像文件，可以是静态图形，也可以是 SWF 格式的动画图像等，如图1-4所示。

图1-4 横幅广告实例

2) 文字链广告

文字链广告(textual advertisement)是由文字的超链接形式组成的。文字链广告既可以在页面中占据固定版面，也可以穿插在页面内容中；对于第二种情况，广告投放引擎可以灵活地决定当用户点击文字后是否投放该广告。因此，这种广告形式是一种对浏览者干扰最小，但效果最为显著的广告，比较常见的就是搜索广告，如图1-5所示。

图 1-5　百度搜索广告实例

3) 开屏/开机广告

开屏/开机广告(splash advertisement)是在应用开启时加载，展示固定时间，展示完毕后自动关闭并进入应用主页面的一种广告形式，按 CPM 计费，一般可以手动跳过。例如，很多应用程序都会有开屏广告，如图 1-6 所示。这种广告展现在应用刚刚开启时，用户的注意力非常集中，因此适合广告主进行品牌曝光宣传和产品推广。

图 1-6　开屏广告实例

4) 信息流广告

信息流广告(feeds advertisement)是基于大数据分析算法，挖掘与广告内容精准匹配的受众并将广告分发在他们阅读的信息流内容中的一种形式，可以为受众提供个性化、有价值的、与平台特征相互融合的广告信息，从而提升用户体验与广告效果，如图 1-7 所示。2006 年信息流广告首次被社交网站 Facebook 采用，之后相继被 Twitter、Instagram、微博、微信、今日头条、百度等知名互联网平台效仿引入。根据平台的属性，信息流广告可分为新闻资讯类、社交媒体类、搜索引擎类、视频类以及其他内容联盟。

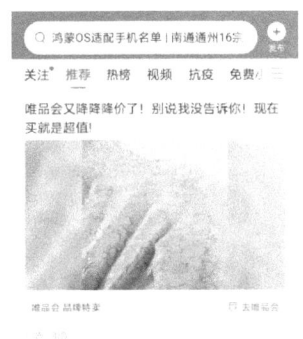

图 1-7 信息流广告实例

5) 视频广告

视频广告(video advertisement)是指在视频流播放过程中插入广告的一种形式，如图 1-8 所示。由于载体的特性，视频广告效果及广告创意与线下电视广告类似。根据插入位置的不同，视频广告分为前插片广告(视频播放前播放的广告)、后插片广告(视频播放完后播放的广告)、暂停广告(视频暂停时播放的广告)等。前插片广告一般采用短视频的形式，创意冲击力及表现力远强于普通广告；暂停广告则与普通的条幅广告区别不大。

图 1-8 视频广告实例

6) 富媒体广告

随着信息技术的进步以及消费市场的成熟，出现了具备文字图像、声音等多媒体组合的媒介形式，一般把这些媒介形式的组合称为富媒体(rich media)，依托此技术设计的广告称为富媒体广告(rich media advertisement)。富媒体广告是指在不占用网页版面位置的情况下，利用视觉冲击力向用户侵入式地投送广告的一种形式，一般包括弹窗、对联、全屏等形式，对用户体验影响较大，比较适合品牌广告投放。有时一些门户网站会为品牌广告主定制化地投放一些交互复杂的富媒体广告，并采用大量非定向投放方式，利用创意冲击力提高品牌形象，如图1-9所示。

图1-9　富媒体广告实例

7) 植入广告

植入广告(product placement advertisement)也称为"植入营销"或"隐性广告"，是指把产品及其服务具有代表性的视听品牌符号(如品牌名称、商标、产品、包装、服务和观念等)以内容、口播或贴片的形式融入电影、电视、游戏、音乐等中的一种广告方式，以达到潜移默化的宣传效果。这类广告最早出现于20世纪20年代的好莱坞电影中，如著名的《非洲女王号》中的戈登松子酒，《聪明笨伯》中的Winston香烟。由于其多样化的表现形式和相较于传统广告更隐蔽的诉求表达能力，植入广告受到大力追捧，目前已经成为一种重要的传播工具，如图1-10所示。

8) 社交广告

社交广告(social advertisement)是指在社交网络环境下嵌入广告的一种形式。插入在社交网络信息流中的广告，是社交广告中最典型的方式。目前主流的社交媒体主要有QQ、微博、微信、小红书、抖音等。用户可以通过这些社交媒体软件将文字、视频、图片或链接等形式的广告信息以及咨询等有价值的内容迅速分享给自己的好友或粉丝，通过用户的扩散式传播获得更大的影响力及更可信的口碑[9]。社交广告的主要参与者包括关键意见领袖(key opinion leader，KOL)、关键意见

图 1-10 植入广告实例

消费者(key opinion consumer,KOC)和普通消费者等。在这些平台上所存在的广告类型包括微博搜索关键词、微信朋友圈广告(图 1-11)、平台自助式、功能植入式、意见领袖软文以及品牌活动营销等。由于社交广告是一种成本较低且可以快速获得他人关注的广告形式,深受广告主的青睐。

图 1-11 微信朋友圈广告实例

9) 其他广告

创可贴广告:全称为"视频情境内创意贴入式广告",是利用 video in 技术,在已经拍摄完成甚至正在播出的视频中,再造原生广告情景,自动化地插入与剧情、场景融为一体的广告画面、产品模型,从而有效拉长植入广告的售卖周期和内容生命周期,大大拓展了植入营销空间。如图 1-12 所示,东鹏特饮在多部电视剧中采用"创可贴"模式,打造创新趣味广告,突出产品卖点的同时,与观众开启智能"聊天"模式,实现了更有效的观众互动和更加精准的内容定向。

虚拟现实广告(virtual reality advertisement, VR 广告):为了进一步增强用

户体验，广告运营商纷纷将触角伸向了虚拟现实，由此形成了 VR 广告。VR 广告作为虚拟现实技术的新产品，具有传播沉浸化、场景精准化、信息全面化和交互自动化等特点。在传播方式上也做到了内容信息更有效，交互体验更真实。目前，不少知名品牌如雀巢、可口可乐(图 1-13)、奔驰、麦当劳等都推出了 VR 广告。

图 1-12　创可贴广告实例

图 1-13　VR 广告实例

图 1-14　二维码广告实例

二维码广告：二维码作为一种可承载多种媒介形式的广告新媒介存在，将传统的广告形式(平面广告、影视广告、在线广告)均作为其传播的内容，如图 1-14 所示。

因此，二维码广告的信息承载量超越了以往各种广告形式。二维码广告利用有限的空间、抽象的图像为受众传递信息，只要受众不主动实行扫码行为，广告便不会传递到受众视野中。这在很大程度上净化了受众的视觉或听觉环境。

1.2.3 在线广告生态系统

1. 生态系统概况

如 1.1.2 节所述,广告生态系统最初只有广告主、广告媒介和广告受众三个主体的博弈,但随着广告市场的发展和社会分工的细化,当前在线广告已经进入了程序化的时代,由于广告对于实时性和个性化(千人千面)的要求,出现了在广告主-广告代理-广告媒介-广告受众-效果评估之外的第六个角色:广告技术(图1-15)。广告技术包括三大部分:买方系统(广告主和广告代理使用,包括需求方平台(demand side platform,DSP)和数据管理平台(data manager platform,DMP));中间系统,包括广告交易(advertisement exchange,ADX)平台;卖方系统(媒介使用,包括供应方平台(supply side platform,SSP))。因此,在线广告是在广告主、广告代理、广告媒介、广告受众、买方系统、中间系统、卖方系统等相互配合下形成的一套完整的生态系统。

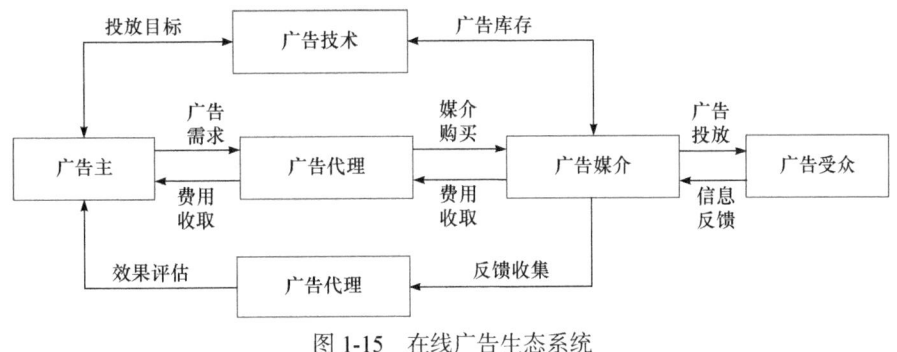

图 1-15 在线广告生态系统

在线广告生态系统核心部分的定位分别如表 1-1 所示。

表 1-1 在线广告生态系统核心部分定位

序号	主体	主要作用及功能
1	需求方平台	通过实时定向、动态出价、自动优化以及创意优化等技术,整合、管理与优化不同渠道的流量,为广告主提供流量信息,并帮助广告主寻找合适的曝光流量,同时提供全面的数据分析报表,一般分为针对单一媒介的广告投放的垂直型需求方平台,实现跨平台、跨媒介的广告投放的综合型需求方平台
2	供应方平台	通过广告位优化、竞价优化、展示有效性优化等技术,为媒体商引流,整合媒体商的流量并将其引入交易市场,实现媒体商收益最大化
3	广告交易平台	面向广告主:融合目标受众的数据,自定义定向属性,为其出价和设定预算以及买入满足其需光的曝光资源等。 面向媒体商:管理广告位,满足不同广告主的投放需求,具有受众定向和频次控制、多维度投放效果分析等功能
4	数据管理平台	整合用户的历史搜索记录、Cookie、注册信息、访问内容等多源异构数据,通过标签处理、用户识别、图计算等技术构建精准化的用户画像,为广告交易市场提供数据分析与预测服务

在广告生态系统中，对于用户，除广告主与广告媒介外，其他参与方都是完全透明的，它们主要起到了广告主与广告媒介沟通的桥梁作用。虽然新增的多种中间平台为广告主和广告媒介减少了大量的工作量，但与此同时也带来了一些问题，其中比较突出的就是曝光投放广告的决策时间的问题，必须大大缩减时间，才能保证用户体验[10]。例如，一个用户访问一个带有广告位的媒体平台时，后台就开始了投放过程：首先数据管理平台获取各类用户信息实现精准画像，然后由数据管理平台将信息引入供应方平台中，随后供应方平台将其所获取的信息汇总集成到广告交易平台中，接着由广告主通过需求方平台来决定是否购买，最后广告媒介从众多广告主中选择一个平台进行投放。目前，即使有些广告主已经预订了一定量的曝光，而且多数媒体商本身就具有数据管理平台的功能，如此大大降低了信息交互的时间，但是整个过程依然较为复杂，且每个阶段均需消耗一定的时间。因此，在用户对信息反馈速度要求很高的环境下(尤其是被动接受的广告)，媒体商需要在用户产生一次曝光的短暂时间内对为其投放的广告做出精准决策。以腾讯视频(https://v.qq.com)为例，如图 1-16 所示，其定位于国内最大的在线视频媒体平台，每天的曝光量达到亿级，广告主的量级也为千级，而且每次曝光的投放之间也会相互影响，其需要在微秒量级的时间内完成每个曝光决策，满足用户的体验需求。

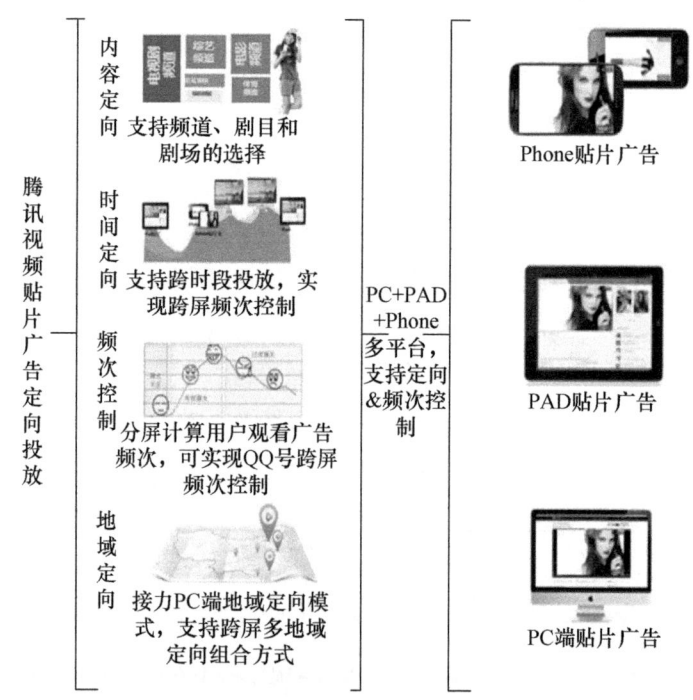

图 1-16　腾讯视频贴片广告定向投放
PAD 指平板电脑；Phone 指 Android/iPhone 手机

因此，在线广告发展到程序化阶段，主要解决了以下四个广告投放的核心问题：①精准性，即按照受众画像投放广告，也就是合适的广告在正确的时间、地点投放给需要的人；②实时性，即受众访问媒介平台实现广告交易闭环；③供需双方匹配最优化，即实现广告主需要购买的流量与媒介拥有库存之间的最优化匹配；④精细化，即广告主可以选择针对目标受众，按照固定投放次数、物料的前后顺序、风险受众的规避等多种方案进行精细化操作。

2. 产业细分领域

在社会分工愈加明确的今天，企业更倾向于瞄准在线广告行业的某一细分领域进行业务开发，由此产生了越来越多的细分领域。在线广告市场已形成了包括广告主、综合大型投放平台、程序化广告采购方、程序化广告供应方、采购交易平台及技术、广告验证方、监测分析工具、数据提供和数据管理工具、程序化电视广告、程序化数字户外广告、媒体和消费者在内的产业链[①]。

在线广告产业细分领域如图 1-17 所示。

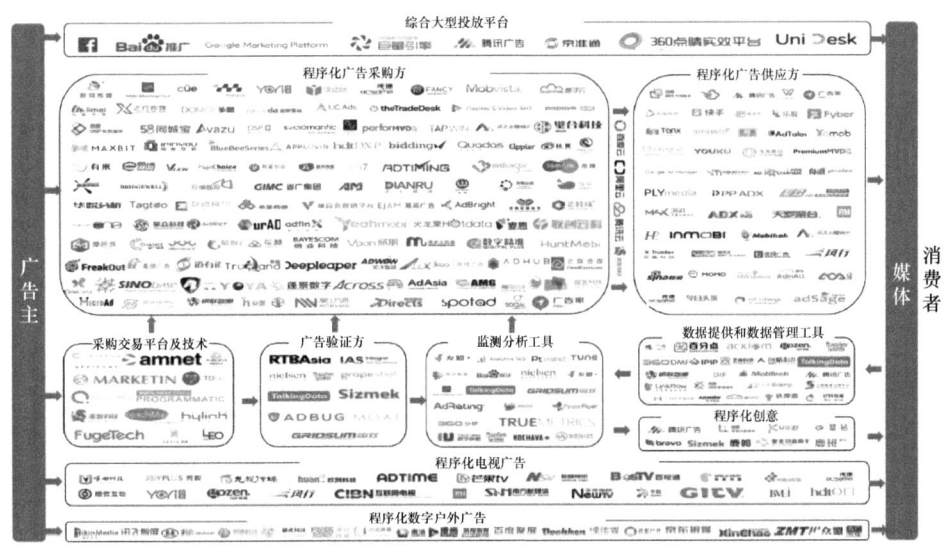

图 1-17　国内程序化广告技术生态圈

来源：根据中国程序化广告技术资讯网整理

1.2.4　行业发展概况

1. 市场数据

自 1997 年 Intel 公司在我国投放第一支广告至今，在线广告在我国的发展时

---

① https://www.rtbchina.com/china-programmatic-ad-tech-landscape。

间已超过 20 年。网民数量的激增为在线广告提供了越来越多的受众,各种类型的门户网站和丰富的网页为在线广告提供了优质的媒体资源,这两者共同推动了在线广告市场规模的快速增长。根据中关村互动营销实验室发布的《2020 中国互联网广告数据报告》[①]显示,面对新冠肺炎疫情的冲击和重重困难,2020 年我国互联网克服全球疫情的严重影响,在线广告全年收入 4971.61 亿元(不包含港澳台地区),比 2019 年度增长 13.85%,增幅较上年减小 4.35 个百分点,仍维持增长态势。

按媒体类型分类,在线广告市场细分领域主要包括电商广告、视频广告、搜索广告、新闻资讯广告和社交广告等,如图 1-18 所示。随着人们越来越依赖于网上购物,电商广告成为主要的细分领域。2020 年电商广告占在线广告总量的 37.02%,位居第一;视频广告以 18.17%的份额居第二位;搜索广告占总量的 11.76%,位居第三。

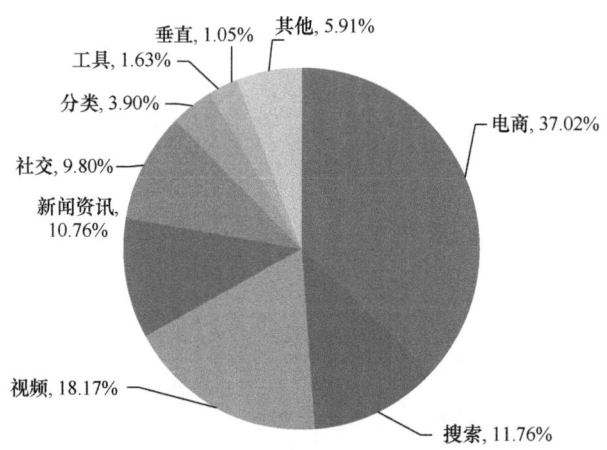

图 1-18 在线广告市场按媒体类型的构成情况
来源:根据《2020 中国互联网广告数据报告》整理

从企业发展现状看,以阿里巴巴、腾讯和百度为代表的互联网企业,以京东、美团为代表的电商平台等纷纷布局广告市场,加速其在在线广告领域的竞争地位。2020 年,阿里巴巴、字节跳动、腾讯、百度、京东、快手、美团、小米、新浪、奇虎 360 等十家企业的在线广告收入位居前十位,这些企业贡献了国内在线广告份额的九成以上,其中仅阿里巴巴、字节跳动、腾讯和百度四家公司就占据了国内在线广告市场超七成的份额,行业头部效应显著。表 1-2 为前四家公司的在线广告市场规模和旗下广告媒体情况。

---

① http://www.ce.cn/xwzx/gnsz/gdxw/202101/12/t20210112_36214380.shtml。

表 1-2 行业前四的公司情况

序号	公司	在线广告市场规模	旗下广告媒体
1	阿里巴巴	1000 亿元以上	UC 浏览器、优酷、淘宝、天猫等
2	字节跳动	500 亿~1000 亿元	今日头条、抖音、西瓜视频、火山小视频等
3	腾讯		微信朋友圈、QQ 看点、QQ 浏览器、天天快报等
4	百度		手机百度、百度贴吧、百度浏览器等

2. 发展趋势

1) 在线广告市场规模稳步扩大，移动广告发展趋势不断攀升

中国互联网络信息中心第 49 次《中国互联网络发展状况统计报告》[①]显示：截至 2021 年 12 月，我国网民规模达 10.32 亿人，较 2020 年 12 月增长 4296 万。互联网普及率为 73.0%，较 2020 年 12 月提升 2.6 个百分点。由于其相对于传统媒体的突出优势，广告主越来越青睐这种低成本、低门槛、受众广的投放方式，在线广告已成为拉动行业增长的主要力量，仍是未来广告主投放广告的重点选择。在线广告凭借海量受众和不断创新的广告形式，在整体广告市场份额持续增加，2021 年我国在线广告市场规模达到 8947 亿元[②]。

随着智能手机产业的发展以及信息技术的进步，移动互联网潜能不断释放；庞大的移动互联网用户，移动互联网的便携、实时、定向、双向、可测量等特点，移动互联网广告的双向性和可测量性，以及人们生活方式的改变，使得广告主日趋重视移动互联网广告的服务与投放，未来移动广告市场规模仍有增长空间[11]。根据艾瑞咨询数据显示，2020 年我国移动广告市场规模达到 6725 亿元，同比增长 24.2%，预计 2023 年将达到 11741 亿元[③]，如图 1-19 所示。

2) 在线广告与网络营销开展合作，实现跨界共赢

在各类媒体平台上，受众享有自由的空间，基于这一优势，在线广告将与网络营销开展跨界合作，探索"内容平台+电商平台"新模式。在该模式下，借助高流量平台分发推广内容，引导目标客户步入以电商为主要入口的变现渠道，实现智能用户与广告信息的精准匹配[12]。媒体平台为电商产品提供了多彩多样的"店铺"，受众可以自己确定是否对某一产品感兴趣、是否对其质量和价格满意、通过何种方式购买等，他们可以自行判断是否需要进一步了解更多的信息。阿里巴巴的品牌数据银行[④]通过实时融合阿里生态内品牌线上线下消费者数据资产，

---

① https://view.inews.qq.com/a/20220402A03NSB00。
② http://www.chyxx.com/industry/201909/783599.html?tdsourcetag=s_pcqq_aiomsg。
③ http://brand.cnad.com/index.php?mod=article&act=view&titleId=328602。
④ https://databank.tmall.com/welcome?redirectUrl=https%3A%2F%2Fdatabank.tmall.com%2F%3Ftbpm%3D1。

图 1-19 2016～2023 年中国移动广告市场规模及预测
来源：艾瑞咨询

还原消费者生活状态及购买行为，提高跨渠道营销活动的触达效率，并持续催化品牌与消费者关系及消费者价值，提高数据资产的利用率和回报率。因此，具备电商属性的媒体平台将成为广告业智能化发展道路上不可忽视的助攻者。

3) 在线广告与传统媒体全面整合，实现有效传播

网络视频广告是在线广告的重要形式，许多大型广告客户和有线电视公司将网络视频广告和电视广告进行融合并取得了成功。广告商将广告内容制作成微电影、微短剧等，并在视频中插入广告，尽可能弱化广告所带来的商业气息，同时在广告内容上加入艺术、情节等元素来降低公众对广告的厌恶度，将广告和视频结合起来，产生互补效应来达到更好的传播效果，如小熊电器《爱不停炖》、奥利奥《扭开亲子一刻》、康师傅茉莉花茶 12 星座广告等。在市场需求多元化的发展趋势下，在线广告必须以尊重受众需求的新形式来赢得好感，而这种将网络广告与传统媒体进行整合，采用以受众为中心的模式开展广告设计，为其提供精准的、多元的广告内容，强化广告传播效果的方式也必将是在线广告的发展趋势[13]。

4) 新技术重构传统广告运作，创新业务模式

大数据、人工智能技术的日益成熟，将对在线广告行业产生深远的影响，主要体现在"个性化广告制作、广告智能投放、广告效果监测"方面[14,15]：第一，通过自然语言处理和深度学习等技术，对文字、图形等元素进行智能创意组合，设计满足用户需求的"千人千面"的个性化广告。第二，通过社会网络技术分析多源异构消费者大数据，建立真实、高效、精准的消费者画像，从而准确识别消费者的生活场景，运用程序化投放工具优化投放媒体组合，实现个性化广告直接触达消费者。第三，通过获取广告效果实时监测数据，并基于机器学习技术，根据不同的反馈主动做出及时应对，以此优化广告效果。例如，阿里巴巴的智能设

计平台"鹿班"①,它最多在1s内可以生成8000张海报,在"双十一"期间,淘宝网上的海报几乎都出自"鹿班"之手。此外,"鹿班"还能通过大数据分析技术实现针对个体用户不同特点的广告内容定制化。饿了么在使用ARKIE的"千人千面图文创意引擎"之后,广告的设计效率提高了3倍以上②。《华盛顿邮报》开发了原生广告发布平台OWN,可根据消费者历史阅读或观看行为的大数据生成个性化广告并进行定向投放③。

1.3 计 算 广 告

1.3.1 计算广告概述

1. 计算广告概念

计算广告(computational advertisement,CA)是根据目标用户和网页内容,通过计算得到与之最匹配的广告并进行精准定向投放的一种广告投放机制[16,17],采用该机制可以大幅提高广告主所投放广告的点击率[18]和阅读率,增加广告投放网站的访问量,帮助用户获取更优质和关键的信息,从而构建一个良性和谐的广告投放产业链[19]。计算广告解决的核心问题是广告主流量采买和媒体流量变现的最优化,其中涉及竞价、效果评估、投放策略等实际操作问题。计算广告学是一种学科类型,具有较强的综合性和应用性,其包含的内容较为广泛,除信息科学、统计学,还涉及计算机科学以及经济学领域的相关内容。

2. 计算广告特点

1) 计算广告以技术为依托

在线广告行业中先后出现了广告联盟网络、广告交换、需求方平台、销售方平台和媒体买卖平台等多种角色[20],计算广告技术得到了快速发展。传统广告学和计算机的计算能力相结合形成了计算广告,从技术的角度来思考其面临的挑战,主要包括广告检索、用户数据分析和广告投放算法等核心技术。

近年来,信息检索、机器学习和数据密集型计算等领域的研究工作为计算广告的发展提供了技术支撑,如基于机器学习的广告检索技术和点击率估算技术、基于信息检索的关键词抽取技术、基于分布式数据密集型计算系统的海量数据分析处理平台和实时广告检索排序平台等[21]。信息检索技术在计算广告中的应用主

---

① https://www.sohu.com/a/229225650_161378。
② https://www.sohu.com/a/296170596_118792。
③ https://baijiahao.baidu.com/s?id=1587179393075644784&wfr=spider&for=pc。

要包括三种技术模型,即向量空间模型、概率模型和语义模型,机器学习技术在计算广告中的应用主要包括矩阵分解、协同过滤、深层神经网络模型、浅层机器学习模型等。这些技术不仅可实现广告精准投放,还能满足在毫秒级的时间范围内处理上百万并发的实时广告排序、投放和检索需求,也能协助开发点击率检索软件、评估软件、投放软件等,解决在线广告主广告交易投放场所选择、在线市场需求分析等问题。

由此可见,计算广告主要依托相关技术而产生,并且随着不断发展的信息科学技术产生新的计算广告技术。

2) 计算广告以数据为核心

数据是企业最重要和最核心的资产,已转变成一种与劳动力、资本和原材料等要素同样重要的生产要素,并作为一种常用市场需求,在各行各业进行了相关应用。企业收集并使用海量数据的分析结果,减少投入成本,从而提高产品质量和生产效率,创造新产品并大力推广。

计算广告需要真实且全面的数据,实际的数据收集主要通过跟踪网络用户在线上的各种活动,采用分布式收集工具准确采集网络用户线上行为数据,并将其存储于云空间,帮助企业客户进行跟踪、筛选、识别以及及时推送相匹配的广告。这种方式打破了网站局限性,采用跨媒体形式发送与用户浏览内容非常相似的广告。在大数据时代,物联网设备、佩戴设备、社交媒体、移动设备等都可用来搜集信息,主要的数据如下:

(1) 用户信息(性别、年龄、工作、爱好、关注的有影响力的人、感情状态、喜欢的音乐和明星等);

(2) 跟踪和定位精准用户位置;

(3) 用户搜索习惯、消费习惯和生活习惯;

(4) 消费交易记录;

(5) 当下用户浏览页面内容(网页源文件关键字(keyword)、标题(title))、地域和网址等。

大数据并不是简单的"海量数据"的含义,而是伴随着一种新的计算和思维方式的改变[22]。在完成数据存储后,数据的管理和分析都利用计算广告技术进行操作,深入到字节层面,细致研究存储庞大数据的数据库,这样才能发挥大数据的洞察力[23]。

3) 计算广告以内容为根本

当前已有的计算广告主要研究广告"怎么说"而产生的效果,却忽视了广告"说什么",这也是未来计算广告需要解决的重要问题。计算广告根据"目标用户和网页内容"选择特定的目标用户和区域,采用内容、图片和视频三种形式,精准地将广告投放给用户。当前计算广告还没涉及深入解决内容层面的问题,最多只有不同内容的 AB 测试[①]，在解决内容高质量地自动生产前，目前还没有办法实现利用算法支撑内容。因此，要提高广告的点击率，构建良好的广告产业链，必须在了解消费者和建设内容的问题上给予重视[24]。

上述三方面的内容通过整合成立体的情景内容，对广告最终展示效果产生了重要影响。计算广告通过算法技术挖掘并分析数据，在获知受众的准确需求后，根据广告内容提供的关键字，以强大的数据挖掘技术为用户提供与其现在的需求有可能匹配的广告，让受众看到感兴趣的内容，最大限度地提升广告被关注的程度，从而达到广告传播的最高境界[25]。

对计算广告的技术和数据进行研究，可帮助广告主根据受众需求和营销目标精准定位目标受众[26]，但是要说服目标受众产生购买行为，还需要能激发受众产生情感共鸣的情景内容信息。因此，创意是广告的核心部分，而内容则是创意的关键部分。综合运用"技术"和"数据"能精准细分消费人群，运用"内容"能强化人与人之间的沟通力度，因此计算广告最终的研究方向必定需要结合"技术"、"数据"和"内容"。

1.3.2 计算广告术语

计算广告一般常用的术语如表 1-3 所示。

表 1-3 计算广告常用术语

序号	术语	释义
1	新增	首次登录或启动任务的用户
2	活跃	日活跃用户数
3	留存	假设某段时间的新增用户数为 A，经过一段时间后，仍然使用的用户占新增用户 A 的比例即留存率。 1 日留存：日新增用户在+1 日登录的用户数占新增用户的比例。 3 日留存：日新增用户在+3 日登录的用户数占新增用户的比例。 N 日留存：日新增用户在+N 日登录的用户数占新增用户的比例
4	广告观看率	有广告观看行为的用户占总活跃用户的比例。 计算公式：有广告观看行为的用户数/活跃用户数
5	人均观看次数	广告播放数在有广告观看行为的用户数中的占比。 计算公式：广告播放数/有观看行为的用户数
6	活跃人均观看次数	每活跃用户平均观看广告的次数
7	留存人均观看次数	活跃用户留存人均观看次数
8	观看次数分布	当日所有观看广告的用户中不同观看次数的比例分布

---

① AB 测试：为 Web 或 App 界面或流程制作两个(A/B)或多个(A/B/n)版本，在同一时间维度，分别让组成成分相似的访客群组即目标人群随机的访问这些版本，收集各群组的用户体验数据和业务数据，最后分析、评估得出最优的版本以便采用。

续表

序号	术语	释义
9	转化率	转化率(conversion rate, CVR)：指通过点击广告进入推广网站的网民形成转化的比例。 计算公式：转化量/点击量
10	填充率	广告平台投放的广告次数和用户请求投放的广告次数的比值。 计算公式：广告展示次数/广告请求次数
11	收入	广告变现收益，指开发者和广告平台分成广告主预算后的收入
12	千次展示期望收入	千次展示期望收入(expected cost per mille, eCPM)：每一千次展示可以获得的广告收入。 计算公式：(收入/展示)×1000
13	ARPU	平均每用户收入
14	ARPAU	观看广告的用户通过观看广告获得的平均收入。 计算公式：通过广告展示获得的收入/当日观看广告的用户数
15	场景展示	广告播放按钮的展示次数不去重统计。这部分的数据需要开发者在接入软件开发包(software development kit, SDK)时调用相关方法，否则无法统计到这部分数据。当无法统计这部分数据时，这部分数据和播放数一致
16	点击观看	点击广告点进行观看的行为统计。需要注意的是：这部分的统计是用来量化用户点击广告点的这一行为，并不代表实际广告展示量
17	观看完成	用户完整观看一次或数次视频广告
18	点击跳转	用户完整看完广告后，通过点击视频落地页跳转到相应的应用商店内的点击跳转行为
19	点击率	网站页面上某内容被点击的次数与被显示次数之比。 计算公式：广告场景被点击的次数/广告场景展示的次数
20	观看完成率	客户从头至尾完整观看广告的次数与客户端发起的广告请求次数。 计算公式：广告完成数/广告请求数
21	点击跳转率	用户访问某产品页面后离开而去访问其他页面的行为。 计算公式：点击跳转到外部链接的次数/成功完成广告播放的次数
22	到达率	指浏览者从 A 平台到达 B 平台，并完全打开广告的比例。 计算公式：到达次数/点击次数
23	落地页	落地页(landing page, LP)：访问者在其他地方看到发出的某个具有明确主题的特定营销活动，如通过 Email、社交媒体或广告发布的优惠信息等，点击后被链接到目标网站上的第一个页面

1.3.3 计算广告发展

1. 计算广告发展阶段

计算广告的发展划分为如下四个主要的阶段。

第一阶段：搜索广告广泛流行。搜索广告是基于搜索引擎，在搜索结果较为明显的地方展示广告主的广告信息。雅虎在1996年7月发布了搜索引擎广告,在用户搜索感兴趣的关键词后强制植入横幅广告。即使这种方式与当前的关键词广告存在区别,这项创新行为也缩短了搜索引擎与广告之间的距离。在2000年,谷歌(Google)公司推出了新广告模式,并发布了广告平台AdWords。基于AdWords广告平台,广告主利用关键词竞价方式在谷歌搜索平台上进行广告投放。2001年,百度成为国内首家推出竞价排名广告的公司,之前百度的收入来源主要是面向网站售卖技术服务,如今则转变为面向广告主售卖广告。搜索引擎公司牢牢掌控互联网入口,基于其优势推出竞价排名广告,从而使大量广告主被吸引。通过采集和分析用户输入的关键词,在搜索页面上展示用户可能感兴趣的广告,当时谷歌和百度最重要的收入来源也是基于这种广告模式的。

第二阶段:广告网络顺势而生。在早年的互联网广告市场中,门户网站和搜索引擎抢占了市场机遇,占据着市场主导地位。在各类中小网站逐渐增加时,出现了应该如何出售自家的广告位从而实现流量变现的问题,这时候出现了广告网络(即广告联盟)。广告网络是以媒体代理身份出现的中介机构,首先通过整合、采购中小网站分散在各地的广告位库存,再吸引广告商在上面投放广告,从中获得利润。广告网络一般针对经典的长尾市场,其充当整合者的角色,连接中小广告主和中小网站(还有大型网站的长尾广告位)。广告主可通过较为简单的操作界面,实现在多个网站上进行广告投放和触达。后来搜索引擎公司也被广告网络吸引,在2002年和2003年百度和谷歌公司分别推出百度网盟和AdSense。

第三阶段:程序化广告受到追捧。程序化广告是指广告主通过数据管理平台进行目标用户、出价等程序设定,通过广告交易平台最终匹配媒体上的用户,从而实现广告的自动化投放[27,28]。2005年,美国RightMedia研发了全球第一个广告交易平台,程序化广告交易模式由此出现。2012年国内开始大量涌现需求方平台、供应方平台、数据管理平台等技术公司,这些技术公司的出现标志着我国正式进入程序化广告时代。

第四阶段:信息流广告发展快速。在移动互联网时代,由于广告位有限、手机屏幕相对较小、广告容易被忽视等,无法移植和继承PC上的广告模式,互联网行业巨头通过快速开发信息流广告作为解决办法。当前互联网行业巨头的主要利润多数来源于广告,其中获取利润最多的就是信息流广告(即信息流原生广告),其在浏览器、应用程序、网站等平台的资讯流中交叉植入原生广告,把广告渗透到上下文的内容中。信息流广告突破了在用户操作和阅读时强制植入广告的传统思维方式,力争使广告成为用户浏览内容的一部分,达到并维持商业目标和用户体验之间良好的平衡。Facebook最早在2006年出现了信息流广告,2012年微博推出信息流广告。之后,UC浏览器、腾讯、今日头条、百度等平台纷纷出现信息流广告,将广告渗透到用户感兴趣的内容中,获得较高的用户触达率。因此,信息流广告是计算广告的再一次飞跃。

2. 未来发展趋势

计算广告未来的研究方向大体朝着如下两个方面发展。

第一，围绕计算广告开展的科学研究：从目前能检索到的相关文献看，美国对计算广告的研究，多数采用技术性研究取向，并且集中在信息科学、计算机科学以及数据科学等自然科学领域中开展，其关键部分是为实现广告、语境、用户三者之间的最优匹配，不断寻找技术路线，提供最优的技术解决方案[29]，主要涉及计算广告的定向技术、信息检索技术、文本分类与数据挖掘技术，特别是基于大数据计算技术的各种数据挖掘算法，甚至包含语言计算和情感计算，以及这些算法与技术在广告实时竞价、广告目标人群定向、搜索排名、广告程序化交易及广告个性化推送等方面的应用。欧洲研究者也大致继承了这种研究思路与方向。国内外关于计算广告的相关研究，直到今天都依然在自然科学研究框架内开展，计算广告并未真正被纳入计算社会科学的研究范围。国内社会科学领域关于计算广告的研究相对较少[30]，其采用的方法大多也只是以往的社会科学研究的思路与方法，因此这些研究成果在真正意义上不能算是计算社会科学研究领域下的计算广告学研究。

第二，计算广告的技术开发与实践应用：其整体研究水平远远超过上述有关计算广告的科学技术研究。计算广告的技术开发与实践应用在互联网领域比较集中，刚开始主要围绕实现广告、语境、用户三者的最佳匹配发展，即广告人不停寻找却一直没能找到合理解决方法的广告精准投放问题。最早出现的计算广告的几种主要类型包括基于用户数据挖掘与分析技术的定向广告、基于信息检索技术的搜索引擎广告以及个性化推荐广告。

国内外计算广告的发展水平已远远超过以往计算广告的概念框架与研究范畴。大数据计算技术[31]能够解决广告精准投放、基于实时数据分析与处理的广告效果的跟踪与监测以及广告投放策略动态调整等问题，还能够解决包括精准投放在内的广告程序化交易、基于各种复杂算法的策划创意等智能化内容生产等问题。基于大数据计算技术的智能机器正慢慢取代人工处理广告业务中几乎全部的自动化程序和复杂运算。计算广告的技术开发与实践运用正颠覆性地改变广告运作形态和方式，也促使广告产业发展的革命性创新。但从生产知识方面考虑，计算广告的技术开发成果只是以一种实际应用的方式展现出来，其计算思路与过程通常被封锁在"技术黑箱"中，由于其商业属性的特殊性，分享其获得的成果更是不可能。

在社会科学的各类学科领域中，广告对大数据计算技术具有敏感而迅速的反应，由于大数据技术不断嵌入在广告中，广告的研究也越来越深入。但是这种反应与嵌入，直到现在仍局限在广告实际业务运作应用中，学理建构层面还远远没达到。从计算广告学的研究意义上来审视科学知识生产与学科建构维度，比现有计算广告的相关研究更为深入且丰富。大数据时代下的广告学研究，迫切需要从单一的计算广告研究进一步迈向计算社会科学领域下的计算广告学研究。

第二篇 市 场 篇

第 2 章　合约展示广告

2.1　定向广告模式

在线广告业务的早期阶段，拥有流量的媒体与需要广告资源的代理商是市场的主要参与者。计算广告主要存在于门户网站以及社交媒体平台上。广告主通过广告代理公司与媒体签订协议，某一时间段内在广告位上向浏览网页的受众展示广告，同时广告代理商按整体合同支付广告费用[32]。这种合约式的计算广告是按照受众属性进行售卖的，通过对广告信息的展示达到促进销售或塑造品牌形象的目的。这些网站根据基本的结构化分层信息对网站内容进行差异化分类(性别、年龄、地域等)，通过板块的不同对受众进行分流引导，也就是对消费者进行层层分流，并为他们打上标签[33]。广告主根据这些标签来进行受众定向，确定目标消费群体，再根据不同的分层路径并结合内容的特点，对消费者进行差异化的信息营销。

1. 广告位合约

最早的计算广告售卖方式是广告位合约，指媒体和广告主约定某些广告位在某一时间段内固定投放该广告主的广告，结算方式为按时间段收费(cost per time，CPT)，这种广告投放方式显然不考虑受众类型。其优点是在广告位上的独占式广告投放带来具有强曝光属性的"橱窗效应"。随着受众定向技术的发展，这种广告位独占式售卖也发生了很多变化，如针对不同受众推送同一个广告主旗下的多个系列产品，或在无法区分受众的情况下利用频次控制等方式向同一用户递进式展示一系列创意[34]。广告位合约的另一种形式是按照广告位轮播售卖，在同一广告位对用户随机展示不同广告并保证给每个轮播广告分配的流量相同。在广告位独占式售卖库存不够，并且广告主又需要确定的展现规则保证时，这种轮播售卖方式被广泛采用。

2. 展示量合约

现在，互联网主流的品牌广告投放方式是按照千次展示付费(CPM)的展示量合约，即合约式广告。展示量合约是指约定某种受众条件下的展示量，然后按照事先约定好的单位展示量价格来结算。这种合约的另一种叫法是担保式投送(GD)，担保指的就是量的约定。合约式广告就是按 CPM 计费的展示量合约广告。

媒体从按固定广告位售卖变为按 CPM 售卖，售卖的对象已经由"广告位"进化到了"广告位+人群"。广告主按广告位采买时，比较容易预估自己得到的流量，但是按照人群定向的方式采买，流量存在诸多不确定的因素。因此，需求方希望在合约中加入对量的保证，才能放心采买。

实际执行中，在未能完成合约中的投放量时，可能要求媒体承担一定的赔偿。另外，经常会把展示量合约通俗地称为 CPM 广告。实际上，CPM 广告还包括另一种按 CPM 结算但是不约定展示量的售卖方式，如广告交易市场中的广告售卖，又属于竞价广告的范畴，因此本书采用展示量合约的说法。

2.2 受众定向

受众定向(audience targeting)是基于数据的用户定向技术，这种技术是通过对用户行为数据的分析，找出潜在目标客户群体的共同行为特征，选择适当的媒体将广告投放给具有共同行为特征的受众，达到按照人群划分广告售卖对象的目的[35]。受众定向的效果是指符合该定向方式的流量上高出平均千次展示期望收入的水平，受众定向的规模即这部分流量占整体广告库存流量的比例。早期的受众定向主要是以人口属性定向、地域定向为主的粗略定向，并按合约的方式进行报价，这种方式受限于其数据体量，缺乏计算价值而很难直接运用到商业领域，与传统意义上的广告投放没有本质上的不同[36]。但是随着用户数据的完善和技术的飞速发展，国内在线广告技术公司搭建了多个云计算平台，拥有大规模数据存储和分布式计算的基础设施，在人群分析模型和广告优化算法均获得了国家专利保护[37,38]。受众定向在趋向于精准化和个性化的同时也渐渐备受广告主青睐，其在计算广告中也发挥着越来越重要的作用。

2.2.1 受众定向方式

受众定向一般包括以下几种方式：

(1) 地域定向(geo-targeting)，是最早产生的定向方式，可以把流量粗略分流。由于很多广告主的业务有区域特性，粗浅的地域定向基本就是按网际协议(internet protocol，IP)地址分地区。

(2) 人口属性定向(demographical targeting)，主要标签包括性别、年龄、收入、受教育程度等。人口属性定向成为必备的定向方式是因为这是广告主所熟悉的语言，线下广告通常采用这种方式。人口属性能够被监测与量化，也可以通过数据挖掘等方法对已标注数据进行分类。

(3) 频道定向(channel targeting)：完全按照供应方的内容分类体系，将库存按照频道划分，对各频道的流量投放不同的广告。这种定向方式比较适合那些离转化需求比较近的垂直类媒体,如汽车、母婴、购物导航、军事等。

(4) 上下文定向(contextual targeting),是对上下文打标签的行为,根据网页的具体内容来匹配相关的广告。它的原理是根据关键词、主题和广告主需求等定向,而不会打断或干扰用户的任务。例如,对于正在观看财经新闻的用户,推送理财产品广告,用户感兴趣的概率会高,所以这种方式比人口属性和地域定向方式要好。

(5) 行为定向(behaviorial targeting),是展示广告中非常重要的一种定向方式,其框架是根据用户的历史访问行为了解用户兴趣,如根据用户历史访问过的网页、搜索过的关键字,投送相关广告。这种方式提供了一种一般性的思路,使得在互联网上收集到的用户行为数据可以产生变现的价值。行为广告是一系列上下文定向融合的结果。

(6) 精确位置定向(hyper-local targeting),即根据移动设备信息(包括计算机IP地址)进行基于精确地理位置的广告投放。传统的地域定向一般是到城市级别或到省份级别,但这种定向效果一般,而精确位置定向会产生新的广告需求,如一个奶茶店就可以定向它附近的人群,否则类似小餐饮店的广告主无法投放门户广告和搜索引擎广告,只能选择路边发广告。

(7) 重定向(retargeting),是一种最简单的定制化标签,原理是对某个广告主过去一段时间的访客投放广告以提升效果。显然某个广告主的访客是其独有的信息,因此这属于定制化标签。这种定向方式的优势是精准度高、效果突出,不足之处在于其人群覆盖量小,因为覆盖投放量是由广告主固有用户的量和与媒体的重合比例共同决定的。

(8) 新用户推荐定向(look-alike targeting),即根据广告主提供的种子访客信息,结合广告平台更丰富的数据,为广告主找到行为上相似的潜在客户。由于重定向的覆盖量小且不能满足广告主接触潜在用户的需求,新用户推荐定向的目的是希望在同等用户覆盖比例的情况下,达到比一些通用的兴趣标签更好的效果,这也从实质上体现了广告主数据的核心价值。

(9) 团购(group-purchase):是一种变相的广告形式,不是严格意义上的定向方法,但与其有一定关联。

2.2.2 受众定向标签

受众定向标签可以分成用户标签、上下文标签和广告主定制化标签三种类型。在线广告的早期阶段,用户标签与上下文标签应用范围较为广泛,这也是受众定向中两种常见的手段。而随着程序化购买广告时代的来临,出现了第三种定向标签,即广告主定制化标签,这时广告中的受众定向正与传统意义上的受众定向区别开来,需要更加清晰、直接、有效的受众标签,能够使广告主随之进行精准广告投放。

1. 用户标签

用户标签即行为定向标签，是在时间序列上以用户历史行为为依据，为用户打上的标签 $t(u)$。由于网络中原始用户访问数据规模过大，亟须建立科学的访问流程以及高效的数据分析方式。用户标签是一种较为粗放的受众定向手段，打上标签后的用户数据不仅可以用于广告产品，同时也可以运用到其他互联网产品中。

2. 上下文标签

上下文标签是可以表示成 $t(c)$ 形式的标签，这是根据用户当前的访问行为得到的即时标签，用于优化搜索结果使之匹配受众。在广告中这类标签不用整体页面抓取分析，同时提取上下文标签采用的页面抓取系统是半在线的，这样一方面可以防止无效的页面计算，另一方面对需要分析的诉求可以快速响应。这种方式的运用是希望不仅能够定位用户框架，还能进一步影响用户行为，从而培养潜在客户。

有研究展示了网络空间提取用户标签的示意图，如图 2-1 所示。实现定制化的广告标签，需要两个维度的用户(u)标签提取，一个维度的广告(a)标签提取。在用户标签提取空间中，$t(u)$横轴上代表的是上下文标签提取，即通过受众在线的网络访问即时行为，对用户的性别、年龄、收入、行为等数据进行分类。$t(u)$纵轴上代表的是定向标签提取，即通过受众网络访问的历史日志记录，对用户的频道、关键词、地域、主题进行数据分类。$t(a)$轴上代表广告主的标签提取，分为四个部分：广告主、广告计划、广告组和广告关键词。

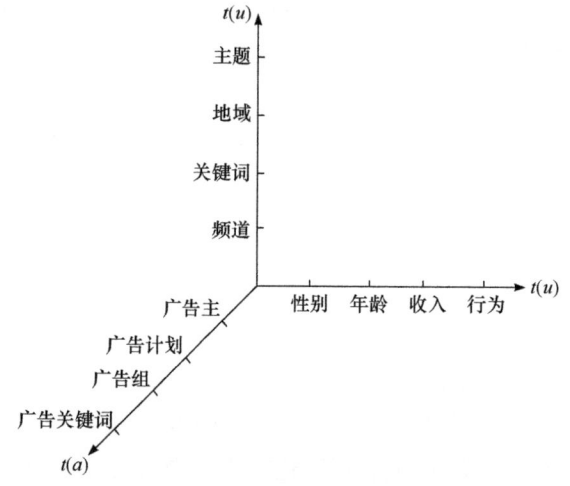

图 2-1　广告主定制化标签

t 代表目标(targeting)，a 代表广告(advertisement)，u 代表用户(user)

3. 广告主定制化标签

广告主定制化标签根据特定广告主提供的特定用户群体在其网站上的访问行为数据加工得到 $t(a, u)$，与前两种受众定向技术侧重点略有不同，它是完全为了在线广告应用而产生的一种分析模式，不仅是在线广告领域广泛使用的受众定向技术，在日渐丰富的互联网产品生态链中也作为关键技术而广受关注。受众定向广告实现精准投放的核心就是广告主定制化标签技术。通过精准受众定位从而实现一对一的定向投放，需要同时提取两类标签：受众标签与广告主标签。

在广告主定制化标签中，若要及时准确了解目标人群的行为趋势，在广告投放以及广告效果预测层面都必须随时监测 $t(a, u)$ 的变化。这种为广告主提供定制化标签的技术方法是精准投放广告中受众定向的关键性技术，简而言之就是结合用户标签与上下文标签实现数据的双重组合分析，从而确定准确的目标受众定位。

2.2.3 用户标签体系

标签体系通俗地说就是对用户进行分类的体系，由于每个用户可以参与不同的多个类簇，而这些不同类簇之间又有一定的联系。其过程就是把个性化的用户打上标准化的标签，并对标签进行梳理聚合，形成一个个典型的用户标签，再根据不同的用户标签做精准营销或个性化推荐。

结构化标签体系比较整洁，有明确的层级划分和父子关系。性别、年龄这类人口属性标签，是最典型的结构化体系。这类标签体系的代表是雅虎的行为定向标签体系(表 2-1)。

表 2-1 结构化标签体系

序号	一级标签	二级标签
1	金融	银行信用卡、投资、保险、房地产等
2	旅行	欧洲、美洲等
3	科技	硬件、软件等
4	娱乐	游戏、电影、电视等

当标签是投放系统的中间变量时，结构化的标签体系往往不能满足这种个性化的广告需求，因此需要非结构化(半结构化)的标签体系，这样标签设计的灵活性大大提高，可以不拘泥于形式而以广告效果为主。用户标签往往呈现出一定的并列体系，通过多个标签的整体组合达到广告主所需要的受众定向要求，适用于多重目标特别是有效果目标的广告主，这类标签体系的代表是腾讯社交广告数据标签体系(图 2-2)。

建立一个完整的标签体系，首先需要了解标签的获取形式，清楚业务形态，根据业务需求倒推标签设计(好的标签设计应具备的特征如图 2-3 所示)，而不是根据数据决定生成何种标签，然后对标签池进行分类和定义，最后进行标签的维护更新。这点尤为重要，因为标签通常具有时效性。某些购买行为具有阶段性或一次性，如某段时间内用户有购车需求，经常浏览汽车网站从而产生相关标签。但当其买到了喜欢的车子而不再关注车市时，指向车市行为的相关标签就可能失效。这时就需要淘汰一些无用的标签，防止无效标签占用资源。

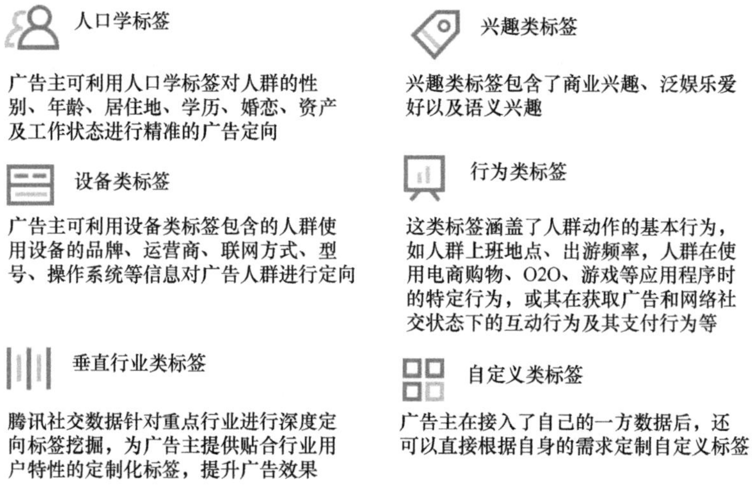

 人口学标签
广告主可利用人口学标签对人群的性别、年龄、居住地、学历、婚恋、资产及工作状态进行精准的广告定向

 兴趣类标签
兴趣类标签包含了商业兴趣、泛娱乐爱好以及语义兴趣

 设备类标签
广告主可利用设备类标签包含的人群使用设备的品牌、运营商、联网方式、型号、操作系统等信息对广告人群进行定向

 行为类标签
这类标签涵盖了人群动作的基本行为，如人群上班地点、出游频率，人群在使用电商购物、O2O、游戏等应用程序时的特定行为，或其在获取广告和网络社交状态下的互动行为及其支付行为等

 垂直行业类标签
腾讯社交数据针对重点行业进行深度定向标签挖掘，为广告主提供贴合行业用户特性的定制化标签，提升广告效果

 自定义类标签
广告主在接入了自己的一方数据后，还可以直接根据自身的需求定制自定义标签

图 2-2　半结构化标签体系
O2O 指从线上到线下(online to offline)

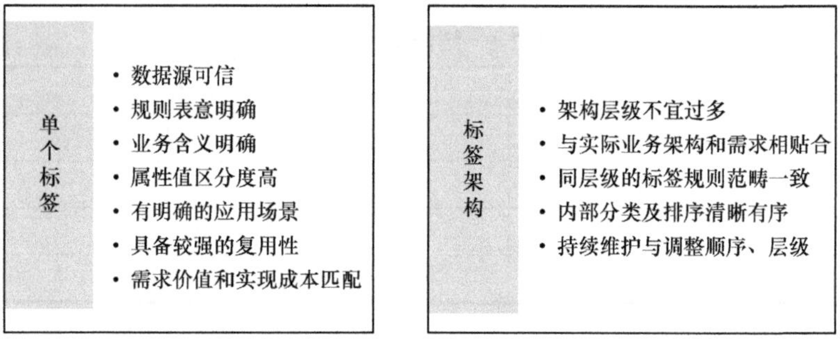

单个标签
- 数据源可信
- 规则表意明确
- 业务含义明确
- 属性值区分度高
- 有明确的应用场景
- 具备较强的复用性
- 需求价值和实现成本匹配

标签架构
- 架构层级不宜过多
- 与实际业务架构和需求相贴合
- 同层级的标签规则范畴一致
- 内部分类及排序清晰有序
- 持续维护与调整顺序、层级

图 2-3　标签设计特征

2.3　合约流量预测与分配

随着国内大数据营销市场的发展壮大，广告主期望好的投放效果，而媒体要在满足广告主需求的前提下保证收益，如何在两者之间寻求平衡达到共赢，需要媒体提高广告投放计划的科学性与准确性。因此，需要打破传统的营销维度，而

重视发展符合媒体自身特点的个性化营销模式，在这个过程中，媒体可能会遇到各种盘量需求，需要进行精准的流量预测。前面提到互联网主流的品牌广告投放方式是按照 CPM 的展示量合约。为了在受众定向的基础上提高单位流量的变现能力，媒体从按固定广告位售卖变为按 CPM 售卖；而广告主按广告位购买时容易预估拿到的流量，但按人群定向时不容易预估流量，使用 CPM 方式可以在合约中加入对量的保证。在实际应用中，展示量合约是以曝光量大的广告位为基础，再细分人群售卖。展示量合约在技术上反映了在线广告计算驱动的本质，分析得到用户、上下文属性，再由服务端根据上述属性与库存情况动态决定广告候选。需要的技术方法包括受众定向、流量预测等，并通过在线分配的方式实现决策。

1. 流量预测

展示量合约售卖的是某特定人群中的广告曝光次数，因此必须约定在合约中投放的量。在广告产品中流量预测主要有以下三个用途：首先是售前指导，即事先尽可能准确地预测各个人群标签的流量。其次是在线流量分配，因为合约之间在人群选择上会有交集，如果一次曝光同时满足两个或更多合约的要求，需要考虑将它分配给哪个合约才能达到整体满足所有合约的目的。流量预测是基础，在线投放和库存分配都依赖于流量预测，如各种在线分配算法都要依靠流量预测的结果才能达到高效精确的计算。最后是出价指导，即广告主在竞价广告中需要根据自己预计的出价分析出可能获得的流量，以判断出价是否合理[39]。

图 2-4 展示了 2019 年 6 月抖音与头条的 CPM 走势预估。抖音 CPM 预计从 6 月 1 日起逐渐增长，也意味着广告的竞争逐渐加大，提醒广告主要提高广告竞争力才能跟上"618"节奏；头条 CPM 在 6 月 9 日以前相对平稳，而后受"618"影响增长，提示广告主要把握好 6 月上旬的头部买量时机。

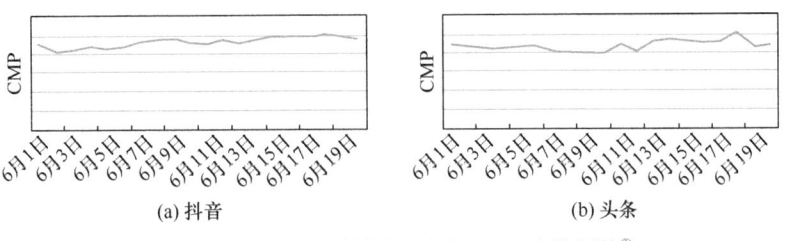

图 2-4　2019 年 6 月抖音和头条 CPM 走势预估①

2. 在线分配

合约流量分配是指媒体要按照合同约定分配流量给不同的广告主，在此过程中媒体的流量按照属性进行划分与分配。如图 2-5 所示，媒体提供流量，流量可

---

① https://page.om.qq.com/page/OuZdck1dRbjT6ccCUkMEf5jw0。

以按照年龄、性别、地域进行划分；而广告主需要的是不同细分的流量，也就是流量背后的用户，图中第一个广告主需要 1MB 的 26 岁人群的流量。广告分配问题就是在尽可能满足所有广告主的前提下给各个广告主分配不同的细分流量，图 2-5 中如何把六部分流量分配给三个广告主才能满足所有广告主的需求？可以先分配江苏省的流量给第三个广告主，再给另外两个广告主分配流量就相对简单了。

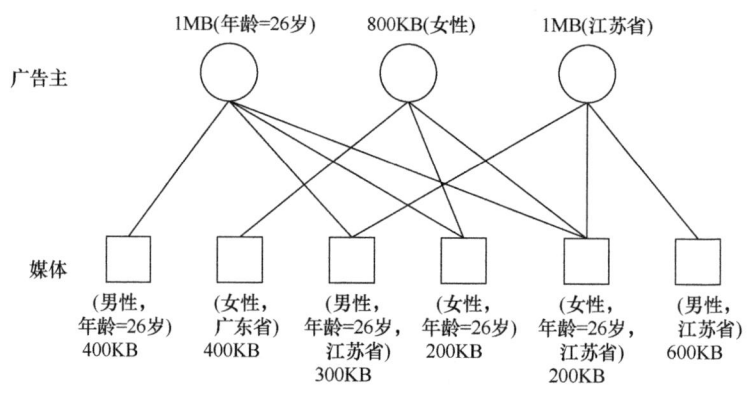

图 2-5　合约广告中的流量分配二部图

如果用数学形式表示这个问题就会更加简单明了。现阶段研究者通常会把合约广告流量分配问题看成一个合约侧-供给侧的二部图匹配问题，但是分配策略还取决于人群和标签粒度，这就要对人群和标签间进行正交化划分，但是在人群层次上进行合约保量分配存在很多问题：一方面，由于分配只限于人群层面而无法进行准确的用户行为预测，用户个性化行为无法匹配至合适的广告，这就造成广告主的投资回报率与广告平台的未来收入都很难得到进一步提升；另一方面，广告主常常会对投放预算、投放效果等都有个性化的需求，如为了能够提高固定预算下的独立访客(unique visitor, UV)触达，在用户粒度的频次控制约束方面，广告主通常会限制单个 UV 的曝光频次。可见，目前的合约广告投放产品并不倾向于这种传统的低效率人群标签粒度分配方法。

因此，黄升民[40]建立了大规模分布式的合约广告投放系统，并把用户个性化的投放指标引入其中，考虑在用户交互行为的基础上，通过用户粒度进行合约广告的投放分配工作。这种算法可以处理复杂的约束，如广告的展示频控、广告贴位容量限制等。该研究还在此基础上开发了实时预算平滑策略，通过预算平滑控制进一步优化了广告的投放效果。该系统的整体架构和数据流程如图 2-6 所示，主要包括面向广告主订单签订的客户关系管理(customer relationship management, CRM)模块、离线算法、在线服务器等部分。广告投放平台首先制定订单信息，包括定向受众、流量查询、在线合约签单等。离线的处理框架把这些合约信息与获取的离线日志一起,借助分配优化模型进行离线分布式算法求解,然后把计算结果输出到模型映射中再上传至在线系统。最后,在线引擎 Merger 在实时请求到来时,请求实时预算(real-time pacing,RTP)服务、分配模型服务,经过离线的分配算法模型最终得到投放的广告,广告反馈到客户端展示。目前上述系统在阿里妈妈品牌展示广告在线应用,实际承载了十亿规模的离线计算任务。

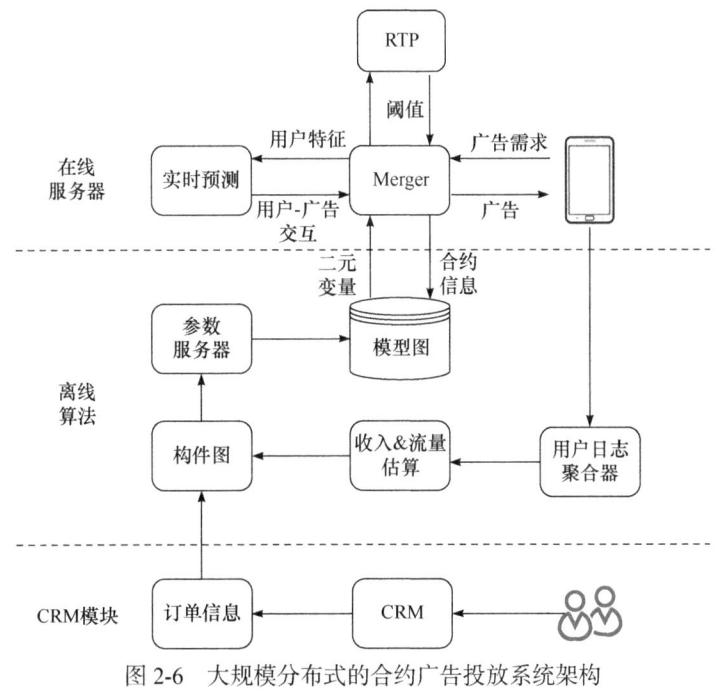

图 2-6　大规模分布式的合约广告投放系统架构

2.4　定向广告的发展趋势

1. 多维定向的广告投放策略

展示量合约广告从出现至今,依然是一种非常主流的广告模式,尤其是当广告诉求以品牌形象为主时,其对约定的展示曝光量负责而非对最终的点击转化负责,另外大部分的流量承载端,如 Web 端、媒体端也非常青睐这种模式,只需要有流量就可以承接广告。但目前的合约广告投放模式仍然以粗放式投放为主,导致媒体平台浪费了不必要的广告货架,而广告主同样承担了不必要的广告费用。徐鹏提出了"六维定向"理论,基本内涵为在时间、地域、受众、轨迹(触点)、场景、频次六个维度的视角下,分析用户的网络行为以精确分析用户需求。虽然"六维定向"并不能为展示量合约广告的投放带来绝对的分析维度,但毋庸置疑的是其可以给多维定向广告投放带来更多的启示[41]。

2. 精准投放转变价格策略

如果合约广告能够实现多维定向与精准传播，那么媒体平台也会针对新的营销模式相应转变价格策略与其匹配。过去粗放式的广告投放是散弹打鸟的方式，现如今飞速发展的数据技术让精准定向变成了可能，虽然投放的范围缩小了，但是保证了传播的有效性，因而让单价的提升成为可能，同时释放多余的货架供其他广告主使用。通过这种转变，广告主提高了广告传播效率，媒体平台能更加高效地利用货架并产生更高的利润，而消费者不会被大量无关信息骚扰，得到的是感兴趣的信息。所以对单个广告主而言，这种精准定向带来的价格策略的改变是可以接受的，并能进一步开拓合约广告的市场[42]。

3. 智能算法促进产业创新

智能化也是未来合约广告发展的趋势，可以预期将来通过机器学习等智能算法能够进行营销活动的智能化决策并可以挖掘高价值的用户数据，使营销活动变得更加高效、便捷。智能算法可以解决合理的流量预测、不同合约广告之间的协调、合约流量资源的出价策略等问题。技术改变了广告形态以后，广告产业链的革新也随之发生。以往的产业生态主要是由广告主、用户、媒体构成的，在这种产业格局中以媒体为主导的广告公司与消费者之间矛盾普遍存在。而在精准定向的广告商业模式中，广告主、用户和媒体开始有了合作共赢的观念，因此现有产业格局有望发生改变，智能计算主导的、实现用户流量优化的广告生态逐渐形成。

2.5 定向广告的投放策略

随着定向广告市场的不断发展，针对潜在消费者选择合理、有效的广告投放策略已成为企业进行市场营销的关键。通常会根据追踪的数据分析网络用户的所处场景位置、消费倾向、特征等，以尽可能低的成本及时调整整个广告投放策略。数据管理平台利用其核心技术即受众定向技术，通过数据挖掘与数据分析技术为这种实时动态的策略调整提供技术支撑。后台的数据库可以即时得到消费者的反馈信息和场景互动的数据反馈，这些信息经过结构化的数据处理与加工导入数据管理平台，广告主根据这些数据能够及时准确地对投放策略中目标消费者的定向标签体系进行调整与优化。这样在某段时间内实时掌握消费者状态的动态变化，才能够融合消费场景进行更加精准的营销[43]。在这样的即时受众定向逻辑下，通过数据和智能算法使得线上线下的行为相互融合，不同的接入场景有着不同的信息接收与媒介接触习惯。通过线上线下不同营销资源联动整合营销，针对不同的场景分别制定不同的精准化的广告信息投放和互动策略，围绕同样的营销目标进行不同的精准营销场景，需要整体性的营销策略和方法，在融合场景方面就会达到一种连续、高效、精准的营销效果。这种线上线下全渠道整合营销是推动新兴消费的主要驱动力之一[44,45]。

以受众行为定向系统为例，一个典型的受众行为定向系统包括五个部分，分别为会话日志(session log)、结构化标签模块、机器学习模型、受众定向模块、用户属性模块[46]。日志信息首先经过预处理存储到会话日志，其为针对用户行为日志的大数据分析提供数据源。结构化标签数据库存储了日志中行为特征与标签的关联关系，是根据用户行为日志做受众定向的规则。机器学习模型负责判断每条日志分析结果所应增加的信号强度、定义信号衰减算法等。受众定向模块负责执行具体的大数据分析过程，将日志逐条从会话日志中取出，并依据标签数据库和机器学习模型的规则，为用户打标签和确定标签强度。以上用户行为定向的结果最终以用户为核心并且附带标签及其强度，存储在用户属性数据库中，为投放系统提供容量控制的依据以及广告服务器在实时投放中的决策依据。用户行为定向的架构如图 2-7 所示。

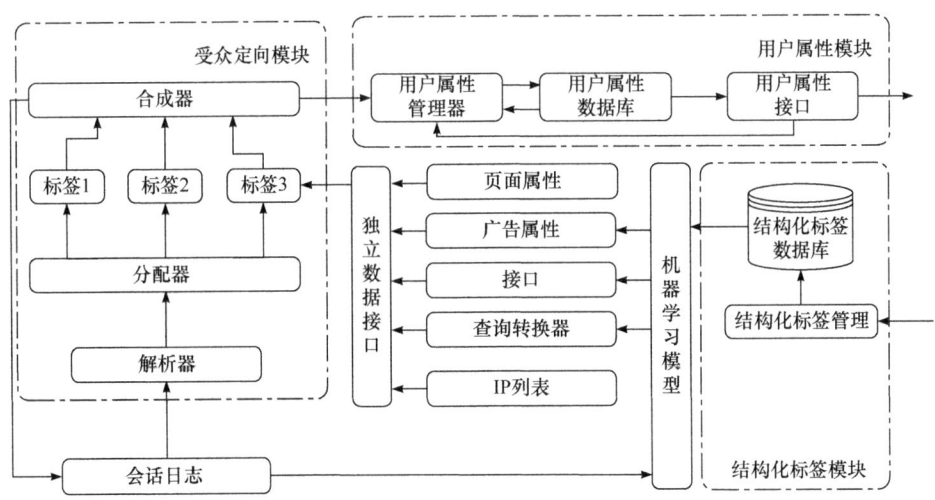

图 2-7 用户行为定向的架构

由用户行为定向的架构可以看出，用户行为的定向可分为四个步骤来进行。第一步，对用户行为日志进行数据清洗。数据清洗的目的是让所有的日志可以被定向规则所识别，而清洗的方法包括剔除无效日志，对一些缺少参数的日志进行补充修复。清洗后的数据会被存入会话日志,其目的主要是将各种行为日志整理成以用户唯一标识(ID)为关键字(key)的形式,进行作弊和无效行为标注,另外可以将目标变成局部计算从而简化整个流程的复杂程度。第二步,定义受众定向的规则,即反映用户的兴趣。只有清楚定义了这些规则,系统在处理日志数据时才可以将行为与兴趣标签关联起来。第三步,使用大数据分析工具对这些会话日志中的日志进行分析,从每条日志中搜寻符合受众定向规则的特征。如果特征在规则范围内,则增加该用户在该标签上的强度。第四步,每日分析当天的增量日志,不断修正标签对每个用户的强度,对标签库进行维护更新,提供给广告投放系统。

从广告投放效果的层面来说,精准化的定向广告投放主要依赖于消费者的行为数据,通过数据的对比可以准确地评估广告接触的千人成本。同时在广告投放平台上,可以通过对消费者消费行为、购买路径的追踪与产品销售的精确对比,为测量出广告传播的效果提供可能。

2.6 典型案例

1. 京准通 DMP 广告投放

京准通 DMP 是帮助广告主进行精准定向投放的广告推广工具。今日头条和百度资源采用京准通 DMP,主打品牌和类目定向,创建由精准到宽泛的多个定向人群,根据流量需求使用不同定向的组合投放方式。定向包的设置思路主要有两种。一种是精准定位用户群体以提升店铺转化:①品牌、店铺精准包——库存量单位(stock keeping unit,SKU)对应品牌/店铺浏览、购买、关注、加购人群;②搜索词精准包——搜索店铺品牌词、产品词、品牌+产品词;③三级类目精准包——SKU对应三级类目的浏览、购买、关注、加购人群。另一种是引流用户群以提升店铺浏览:①品牌、店铺精准包——SKU 对应竞品品牌、店铺;②类目引流包——SKU 对应一级类目至三级类目的浏览、购买、关注、加购人群,关联类目人群;③搜索词引流包——搜索对应品类的产品词、竞品词、竞品+产品词。例如,丸美投放店铺活动,借助京准通 DMP 定向能力,精准圈定"丸美搜索用户+丸美品牌店铺近 180 天、购买 15 天、关注 7 天加购用户";某母婴纸尿裤店铺活动,借助京准通 DMP 定向能力,类目精准包主打三级类目人群,在京准通 DMP 圈定"纸尿裤三级类目人群近 30 天浏览、近 30 天搜索、竞品近 30 天浏览人群"[1]。

---

[1] https://www.jd.com/phb/zhishi/7f6e938f0cc8e9a3.html.

2. 淘宝商品定向推荐

在淘宝搜索一件物品后,在没有购买的情况下,过几天打开网易会弹出当初搜索的那个商品广告,再看看淘宝首页也有这类商品信息(图 2-8)。这个案例中,使用了淘宝的搜索广告系统;淘宝与网易优先交易(preferred deal,PD)采购流量(可能是 CPM 计费);淘宝与店铺广告主通过每点击一次计费(cost per click,CPC)出售流量(网易的流量);淘宝根据用户搜索记录,进行了商品推荐。这种定向技术称为重定向,原理是访问过广告主页面的用户很可能有购买意向,广告投放时给这类用户曝光这个商品广告,点击率就会增加。

(a) 淘宝搜索历史

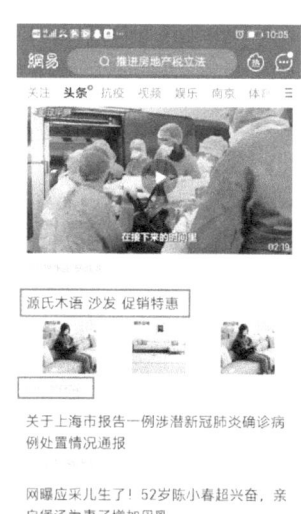
(b) 网易新闻客户端

(c) 淘宝首页

图 2-8 淘宝商品定向推荐

第 3 章　搜索广告与竞价广告

3.1　搜索广告模式

3.1.1　搜索广告产品形式

1. 综合搜索

综合搜索是传统意义上的搜索，如百度、谷歌等搜索引擎，它们的资源包罗万象，用户通过在检索栏中输入关键词可以检索几乎任何类型、任何主题的资源。在用户搜索的过程中，同时返回与之相关的商业推广信息，能够吸引更多用户的注意力。如图 3-1 所示，用户搜索"手机"时，其注意力一定在选择购买什么样的手机上，此时返回与手机品牌相关的信息，这些品牌因此获得了更多的用户注意力。

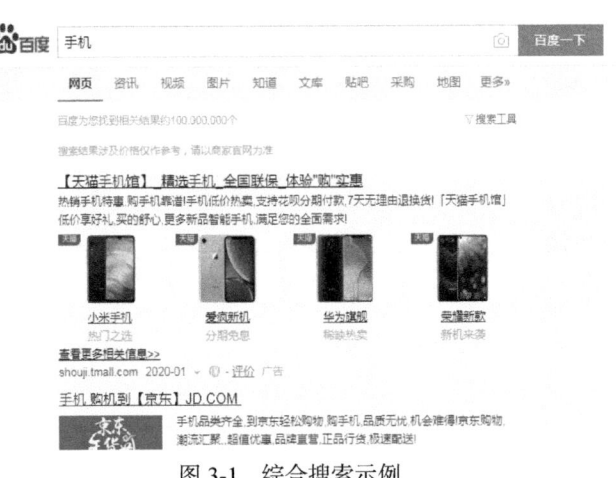

图 3-1　综合搜索示例

2. 图片展示类搜索

图片展示类搜索广告是以图片的形式展现在普通搜索结果的上方，如图 3-2 所示，图片很容易吸引用户的注意力，因此图片类搜索引擎的流量也非常大。

3. 电商类搜索

与传统的搜索引擎广告相比，在电子商务网站中，用户带着购买意图而来，

图 3-2 图片展示类搜索示例

其搜索的内容更具体,电商类搜索结合用户搜索的特点,采取以精准投放为诉求的网络广告营销模式,如图 3-3 所示。同时搜索结果的位置极其重要,排位靠前意味着可能产生大量潜在的订单。

图 3-3 淘宝电商广告

4. 搜索广告新形式

搜索广告在产品设计方面有如下发展趋势[47],如更具丰富的文字链创意展示、拓展广告业务、优化广告与结果的关系，主要表现如下：

随着搜索结果本身向着展示更丰富、获取内容更直接、行业性不断加强的方向发展，搜索广告也在探索一些能传递更多价值的展现形式，同时提升用户体验和变现效率。

在合理和可解释的范围内，搜索引擎右侧的产品展示区域可以增加一些相关性要求稍低的泛化内容，因此这部分的广告产品设计将具有较大的创新空间。

3.1.2 搜索广告产品策略

1. 查询扩展

查询扩展是搜索广告独有的一项策略。就广告主而言，从海量的关键词中找出符合自己要求的词组十分困难。因此，需要搜索引擎提供一些广告关键词来匹配更多的相关查询服务，常见的几种匹配方式如下[48]：

(1) 精确匹配，即对提供的关键词不做任何形式的扩展，保证按照广告主意图精准执行。以"中文培训"这个关键词为例，在精确匹配方式下，可能触发的广告有"中文培训"、"培训中文"这两个查询。

(2) 短语匹配，即当用户的搜索词中包含广告主提交的关键词或相关的同义词时，相应的广告候选被触发。以"中文培训"这个关键词为例，在短语匹配方式下，可能触发广告的搜索有"中文培训"、"哪个中文培训机构好"、"中文相关培训"等。这种用较精细的概念匹配较宽泛的概念方式的精准性是比较强的。

(3) 广泛匹配，当用户的查询词与广告主的关键词高度相关时，即使广告主未提交这些查询词，也可被匹配。广泛匹配一般用数据挖掘的算法自动获得，而无清晰的定义。因此，广泛匹配虽然能够获得较多的流量，但是流量缺乏较高的精准性。

(4) 否定匹配，针对短语匹配和广泛匹配存在匹配不精准的情况，提出否定匹配的功能，即明确指出哪些词是不能被匹配的，从而能够灵活地降低一些低效的流量。短语匹配和广泛匹配都属于典型的拓词方式，将其与否定匹配相结合，可以使得广告主自由地在流量和质量之间实现平衡。

2. 广告检索

广告检索就是通过给定的用户信息需求，在广告库(advertisement set)中找到相关的广告，简单而言，可以将广告检索看成文本检索领域的一个应用。文本检索有两种思路：文件选择和文件排名。在文本检索中，通常利用相似度来计算，而相似度是一个度量概念，所以在实际的文本检索中通常使用排名的方法。在广告检索中，其判断标准不是相似度，而是预估点击率(eCTR)×点击出价(bid)，并结合各方面因素进行权衡。在实际操作中，采用分类的方法可能会更好。

3. 排序

在搜索广告中，排序的依据为 eCPM(千次展示期望收入)，可以简单地表示为 $r(a,c) = \mu(a,c) \times \text{bid}_{CPC}(a)$，其中 $\mu(a,c)$ 表示点击率，$\text{bid}_{CPC}(a)$ 表示广告主的出价。但在实际产品中，一般用质量度(quality score)替代点击率 μ，前者除了考虑点击率，还需要综合考虑落地页质量等其他因素，得到更全面的对广告质量的评价，其目的是避免广告主的恶意行为，促进市场长期发展等。

4. 广告放置

广告候选完成排序以后，需要考虑广告放置(advertisement placement)问题，即确定北区和东区(即页面的上边区域和右边区域)的广告条数，北区和东区构成一个统一的竞价队列，其实质是要分别设定进入北区和东区的条件，其中进入北区的条件是最关键也是最重要的，因为一般而言，通用搜索引擎的广告收入中绝大部分都来自北区，北区的广告展示位置是至关重要的，其广告的平均条数与收入直接相关；同时也由于北区广告直接压低了自然结果的位置，势必会对用户体验产生一定的影响。因此，要使商业利益与用户体验之间达到较好的平衡，在关注收入指标时也要特别关注北区广告的数量和质量，即在考察一项新算法对千次广告单元展示收入(revenue per mille，RPM)的影响时，也应同时关注整个搜索引擎的北区广告平均条数(north foot print，NFP)，当 NFP 显著变化时，对应的 RPM 变化往往已经没有太大的参考价值。广告能否进入北区有两个关键因素：广告是否具有足够的相关性，从而确保用户体验；广告是否具有足够的 RPM，确保已高效地利用展示位置。此外，一般来说北区还会设定一个广告条数的上限。最终根据整体 NFP 的约束和收入的目标，能够很容易通过数据模拟的方法确定相关性和 RPM 的最优阈值。

基于用户 μ 的影响，下面来考虑个性化的广告放置问题。由于个人偏好、对广告了解程度的不同等因素的存在，不同的用户在对广告的容忍度和点击率上具有明显的不同：一部分用户对广告的分辨性强，或对其接受程度低，往往会直接跳过广告，从自然结果开始浏览；另一部分用户对广告分辨性弱，或对其接受程度高，往往将广告与自然结果平等看待，因此会产生大量点击。显然，在广告放置策略方面，对前一类用户，应该通过降低北区广告的条数，在不影响收入的情况下换来更好的用户体验；而对后一类用户，应该在有符合条件的广告时，尽可能用足北区的位置。

3.2　主流竞价机制

3.2.1　广义第一价格

广义第一价格(generalized first price，GFP)与传统第一密封竞价类似，是指众多买方进行竞价投标，出价高者得，竞价成功者需要支付自己提出的报价。这种出价策略的主要特点是在拍卖环节中买方之间进行重复博弈(微小差值策略)，在每一轮拍卖结束后，广告主会根据上一轮报价的情形决定下一轮的报价决策，而这场价格战会被自然而然地分为价格攀升阶段和价格崩溃阶段[①]。

以广告位拍卖为例，GFP 内在博弈过程如下：

(1) A 出价 10，B 出价 4，C 出价 3；

(2) 广告主会进行探价，当价格超过各自心理预期时，B、C 会放弃出价；

(3) 当失去竞争者时，A 会降低出价；

(4) 价格被拉低后，B、C 重新加入竞价，开始新一轮探价。

如图 3-4 所示，由 GFP 内在博弈过程可知，其竞价形式会导致如下问题出现：竞价效率不高、平台方收益非常不稳定。因此，GFP 竞价运作的前提是平台了解买方估价，否则在不存在均衡情况下的波动会在很大程度上带来拍卖效率上的损失。

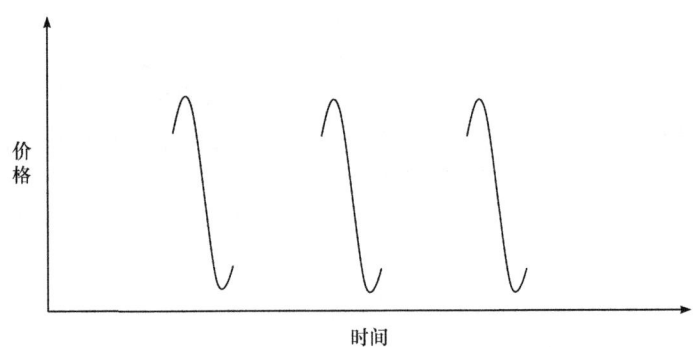

图 3-4　GFP 竞价博弈过程

3.2.2　广义第二价格

2002 年谷歌提出了广义第二价格(generalized second price，GSP)竞价算法，在 GFP 的基础上进行了改进，由众多买方进行竞价投标，出价高者得，竞价成功者需要支付出价第二高者提出的报价再加上一个最小值。GSP 是一种稳定的竞价

---

① https://blog.csdn.net/dachylong/article/details/48086307。

方式，且可操作性很强，大部分的平台皆是采用这种机制。

以广告位拍卖为例，GSP 内在博弈过程如下：

(1) A 出价 10，B 出价 4，C 出价 3；

(2) A 实际竞价 4+0.01，B 实际竞价 3+0.01，C 竞价失败；

(3) 广告主的最终成本不是按照各自的出价，因此价格会被抬高；

(4) 平台达到相对均衡状态。

在目前的广告竞价环境下，由于竞争环境激烈，各个广告位效果差异较大，很难出现以下情况，即向下调价所获得的成本降低程度大于由此而减少的收益(即调价的激励=$p_1n_1-p_2n_2-(n_1-n_2)P>0$，此处 p_1/p_2 为广告位竞价成本的 1/2，n_1/n_2 为广告位投放效果的 1/2，P 为竞价收益)，所以在大部分情况下，GSP 仍然是一种相对稳定的策略。

3.2.3 VCG 竞价机制

VCG(Vickrey Clarke Groves)竞价机制是通过计算一个广告主参加拍卖给其他广告主带来的效用损失之和来定价的。在 VCG 竞价机制下，广告主 i 的定价等于他占用了第 i 个广告位所带来的影响，即如果 i 没有出现可以给其他广告主带来的点击收益之和，那么在第 $j(j<i)$ 个广告位上的广告主不受 i 的影响，然而当 $j>i$ 时，如果 i 没有出现，那么 j 就会排到 $j-1$ 名，i 对 j 的影响就是 j 对每次点击的估价乘以广告位 i 和 $j-1$ 点击数的差别。

如表 3-1 所示，以广告位拍卖为例，VCG 竞价机制内在博弈过程如下：

(1) 若 A 不参加竞价，则 B 和 C 的社会总效用为 200×4+100×2=1000 元；

(2) 若 A 参加竞价，则 B 和 C 的社会总效用为 100×4+0×2=400 元；

(3) A 参加了竞价，而导致 B 和 C 的社会总效用损失了 1000−400=600 元；

(4) A 需要为每一次点击支付 600/200=3 元。

表 3-1 VCG 竞价机制内在博弈过程相关点击量和收益

序号	广告位	平均每小时点击量
1	1	200
2	2	100

序号	广告主	平均每次点击的收益
1	A	10
2	B	4
3	C	2

在 VCG 竞价机制下，对广告主 A 而言，无论广告主 B 的出价如何提高，广告位 1 和 2 的效果如何接近，价格调整带来的成本降低必然小于因此减少的收益。VCG

竞价机制理论上是一种公平的算法，但是由于社会总效用计算太复杂，目前应用得并不多。

3.2.4 竞价机制比较

表 3-2 为各种竞价机制的比较情况。综合对比来看，GFP 无疑是劣势最明显的一种竞价方式，在 GFP 机制中，平台在大部分重复博弈的时间内没有按照真实意愿报价，处于螺旋变化的过程中，使得总收益(积分面积)较小。VCG 是一种更有效的博弈规则，可以使得竞买人能够按照真实意愿出价，使平台能够更快地达到均衡点，但同时 VCG 的扣费规则很难向一般用户解释，在相同的出价情况下，VCG 的收入不如 GSP，并且广告主会逐步延长他们出价的过程。

表 3-2 各竞价机制比较

竞价机制	GFP	GSP	VCG
买方理解成本	低	中	高
真实出价意愿	低	中	高
博弈状态	非均衡	局部均衡	全局均衡
竞价效率	低	高	高
平台收益	低	高	中

3.3 竞价广告标签体系

1. 数据标签体系

数据标签体系包含人口学标签、兴趣类标签、设备类标签、行为类标签、行业类标签和自定义类标签。

人口学标签：包含人群的性别、年龄、居住地、学历、婚恋、资产及工作状态等，可用于精准的广告定向。

兴趣类标签：包含商业兴趣、泛娱乐爱好和语义兴趣。

设备类标签：包含人群使用设备的品牌、运营商、联网方式、型号和操作系统等，可用于对广告人群进行定向。

行为类标签：涵盖人群动作的基本行为，如人群的出游行为、购物行为、使用游戏等应用程序时的行为，或其在网络社交状态下的互动及其支付行为等。

行业类标签：针对重点行业进行深度定向标签挖掘，提供贴合行业用户特性的定制化标签。

自定义类标签：根据自身的需求定制的标签。

2. 用户标签体系

用户标签是对用户行为特征的抽象,用以描述具有某一相同特征的用户群体,如"大学生"这个标签其实就是对所有在上大学的学生群体的抽象,通过标签可以找到某一群用户。

用户标签体系也即用户依托于特定的载体,对其在特定的业务场景下行为的特征进行提取。

载体:移动终端、个人计算机等可以进行操作交互的平台,可对用户操作行为数据进行沉淀并存储。

场景:基于时间和空间维度,用户产生某个行为的位置以及时间。用户在特定场景下,通过载体完成了哪些行为,通过对行为的特征提取,形成不同维度的标签,如图3-5所示。

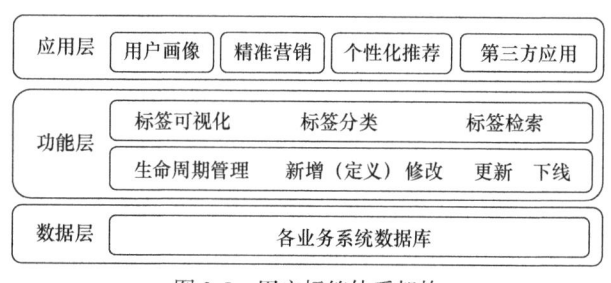

图 3-5 用户标签体系架构

3. 结构化和非结构化标签体系

性别、年龄这类人口属性标签,是最典型的结构化标签。结构化标签有明确的层级划分和父子关系,能组织成比较规整的树或森林;结构化标签体系看起来整洁且便于解释,在向品牌广告主开放时比较好用。

非结构化标签,即各个标签之间无关联,各自反映各自的用户兴趣,彼此之间并无层级关系,也很难组织成规整的树状结构。非结构化标签的典型例子是搜索广告中涉及的关键词,非结构化的关键词能够盛行的原因是搜索广告的市场地位极其重要,围绕它的关键词选择和优化,已经形成了一套成熟的方法论。

3.4 竞价广告投放策略

3.4.1 关键词投放策略

1. 关键词选取

对于竞价推广,关键词的选取和投放是决定广告投放账户能否匹配到目标用户群体的重要因素，投放竞价广告的首要因素也是关键词的选取。

关键词选取作为竞价广告的核心要素，被认为是广告主提高绩效需要考虑的重中之重。不同的关键词可以达到不同的营销目标，其覆盖的受众范围也不同，大致可以分为以下几类词性，即品牌词、竞品词、通用词、产品词、人群词和行业词等[49]，具体阐述如下：

(1) 品牌词。品牌词是指明确带有企业品牌名称的关键词，一般品牌词占据总关键词的20%左右，需要按照六维(同义、别称、拼音/英文、别字、口语、简称)和八卦(特点功能、品牌名称、地域小区商圈、服务模式、价格、口碑、性质、搜索意图)以及上下游行业链进行拓展。

(2) 竞品词。竞品词是指同行业的其他竞争对手的品牌词或产品词。一般竞品词占据总关键词的10%左右，主要围绕行业中比较知名的竞争对手品牌，或者当地比较热门的竞争对手。

(3) 通用词、产品词。通用词是基于某一行业类别的关键词，产品词是带有企业所提供的产品、服务大类或细分小类名称的关键词。一般通用词和产品词占总关键词的60%左右，需要根据目标用户群体的搜索习惯和需求进行细分，同时做好预算的分配和数据的统计。

(4) 人群词和行业词。人群词和行业词是基于目标受众或行业所表现的主流兴趣点的关键词，相对来说并没有那么重要，这部分可以进行小范围推广。

2. 关键词来源

关键词的来源也是一个相对重要的问题，因此对关键词进行拓展时，除了自身能考虑到的关键词，还需要借助搜索词报告、第三方数据调查、搜索引擎下拉、相关搜索、百度指数、关键词拓词软件、行业数据等进行细致规划。关键词应覆盖互联网中所有人群，且应是用户会搜索的词。

3. 关键词匹配模式选取

关键词匹配模式选取一般默认为广泛或者精准匹配，但是容易出现很多无效点击或是展现数量不足的情况。因此，对不同的关键词进行分类，选取不同的匹配模式尤其重要，从而实现用户搜索需求更精准的匹配①，在不影响关键词展现的同时带来更多精准的流量。例如，有以下几类模式。

(1) 品牌词/竞品词+核心：采用短语匹配模式，低出价但最好排名第一。

(2) 品牌词/竞品词+长尾：采用广泛匹配模式，低出价但最好排名第一。

(3) 通用词/产品词+核心：采用短语或精确匹配模式，排名维持在第一或第二。

---

① https://www.yousouyun.com/yxzx/282958.html。

(4) 通用词/产品词+长尾：采用短语或广泛匹配模式，排名维持在第一或第二。

4. 关键词目标 URL 定位

目标统一资源定位符(uniform resource locator，URL)的选择极其重要，因此要根据关键词来选择不同的 URL。在目标 URL 上展现相应的内容，使得用户搜索并点击关键词之后，能够看到搜索词包含的内容。因此，在推广时针对不同的词选择不同的 URL，如将品牌词链接到首页、产品词链接到产品页、口碑词链接到对比页等。在投放期间每天对转化效果好的词进行统计，积累统计出来的关键词进行重点把握，重新建立相关计划，如只添加这些重点关键词进行针对性投放。

3.4.2 关键词竞价模型

广告主选择的关键词会极大地影响竞价排名广告的效果，不仅是因为关键词与用户的搜索词之间的相关性决定了位置的高低，更是因为关键词本身就是对用户群的一个划分[50]。例如，"护肤品"为一个范围较广的关键词，它可以覆盖到绝大部分人群，但无法定位到细分人群，在一定程度上会影响点击率与购买转化率；如果关键词的范围太小，即使点击率上升，也会限制展示量和购买转化率。因此，关键词的筛选是一个取最优值的过程。表 3-3 为一般关键词因素对竞价广告绩效的影响。

表 3-3　关键词因素对竞价广告绩效的影响

因素	对绩效的影响
品牌关键词	成本低、竞争少，会提高点击率和转化率，但缩小了范围，降低了展示量
零售商关键词	会提高点击率和转化率，容易提高交叉购买率
错误关键词	成本低，可创造潜在点击和挖掘潜在用户
关键词长度	较长的关键词更具体，可以提高转化率；而较短的关键词有更大的搜索范围，会提高点击率
关键词竞争对手	如果竞争对手知名度高，即使广告主的排名比竞争对手高，绩效仍会比竞争对手差
关键词的自然搜索情况	如果同时存在于自然排名和竞价排名广告中，效果会更好

Cholette 等[51]提出建立基于搜索广告的确定性优化模型，模型从广告主的角度出发，分析其关键词竞价问题，考虑一个广告主的投标问题，力求将其对不同关键词的投标总成本最小化，同时又能保证预期的广告点击率。模型描述如下：

基于 b_k 和 a_k 建立竞争格局函数，即

$$E[\beta_k] = a_k / (a_k + b_k) \tag{3.1}$$

式中，b 为所有关键词 k 的投标价格向量，$b=(b_1, b_2, \cdots)^T$；b_k 为关键词 k 的投标价格；a_k 为关键词的竞争激烈程度，a_k 越大表示竞争越激烈；β_k 为关键词 k 的每日点击率。b_k 越大，预期广告位置越靠近搜索结果页面的顶部，反之广告位置越靠后。同时，广告位置越接近搜索结果页面的顶部，其投标价格越大，点击率就越高；反之，投标价格越小，点击率越低。

点击率函数可表示为

$$\beta_k = c_k(1-x_k)^m, \quad m \geq 1 \tag{3.2}$$

$$E[\beta_k] = c_k \frac{\Gamma(a_k+b_k)\Gamma(b_k+m)}{\Gamma(b_k)\Gamma(a_k+b_k+m)} \tag{3.3}$$

$b_k \to \infty$ 时 $E[\beta_k] \to c_k$，$b_k \to 0$ 时 $E[\beta_k] \to 0$

式中，c_k 为关键词 k 的自然点击率；x_k 为关键词 k 的广告位置。

最优投标价 b^* 可表示为

$$b^* = \frac{a_k \beta^*}{\sum_{k \in K} c_k - \beta^*} \tag{3.4}$$

式中，β^* 为目标点击率。

那么，广告主决策的一个确定性优化模型为

$$\min TC^{p1}(b) = \sum_{k \in K} i_k b_k E[\beta_k] \tag{3.5}$$

$$s.t. \sum_{k \in K} \frac{i_k E[\beta_k]}{\sum_{j \in K} i_j} \geq \beta^*, \quad b_k \geq 0$$

式中，i_k 为每时间段关键词 k 获得展示印象次数(通常用网络计数器进行统计)。

3.5 典型案例

对淘宝网某一类目下两万多个关键词信息进行人工编码，提取长度、促销、品牌和特定性等关键词属性，如表 3-4 所示，表 3-5 为经过回归分析后的结果。

表 3-4 关键词相关统计信息

变量类别	变量	均值	标准差	最小值	最大值	样本数
商品信息	商品数量	6.727	9.164	1	92	40162
	平均价格	1521.931	19848.900	1	1001192	40162
关键词信息	关键词数量	14.985	21.241	1	278	40162
	关键词平均长度	5.484	1.865	2	21	40162
	特定性关键词数量	7.304268	15.73522	0	238	40162
	品牌关键词数量	6.988	13.832	0	168	40162
	促销类关键词数量	0.094	0.416	0	6	40162
竞争者信息	关键词竞争者数量	18.486	19.375	1	213	40162
成本信息	总费用	16.54	46.99	0	80.65	40162
	平均 CPC①	0.218	25.947	0	5.41	40162
绩效信息	点击率	48.076	89.783	0	1245	40162
	直接销售量	0.584	1.469	0	35	40162
	直接销售额	549.139	2324.193	0	93822	40162
	间接销售量	0.810	2.815	0	123	40162
	间接销售额	188.741	2554.199	0	223614	40162

① 平均 CPC=广告的总费用/广告点击次数，表示广告每次点击花费的平均费用。

表 3-5 回归分析结果

回归结果	方程1(点击率)		方程2(直接销售量)		方程3(间接销售量)	
	参数	标准差	参数	标准差	参数	标准差
平均 CPC	0.005***	0.000	—	—	—	—
关键词数量	0.026***	0.000	—	—	—	—
关键词平均长度	−0.063***	0.010	0.034***	0.006	0.003	0.009
特定性关键词占比/%	−0.310***	0.017	0.043***	0.010	−0.011	0.016
品牌关键词占比/%	0.476***	0.056	0.086***	0.031	−0.194***	0.049
促销类关键词占比/%	3.249***	0.491	0.428	0.278	1.55***	0.443
商品平均价格	0.000	0.000	0.000	0.000	0.000	0.000
点击率	—	—	0.170***	0.005	0.014	0.010
直接销售量	—	—	—	—	0.354***	0.021

续表

回归结果	方程 1(点击率)		方程 2(直接销售量)		方程 3(间接销售量)	
	参数	标准差	参数	标准差	参数	标准差
卖家信用	—	—	0.078***	0.015	0.119***	0.008
卖家开店时间	—	—	0.000***	0.000	0.000***	0.000
是否属于商城	—	—	0.028***	0.002	−0.016	0.033
常数项	3.447***	0.049	−1.449***	0.055	−0.123	0.088
R^2	0.485	—	0.370	—	0.152	—
Chi2(卡方检验)	5553.43***	—	5172.72***	—	1064.75***	—

***表示在1%水平上显著。

从关键词属性可知，关键词长度与点击率呈反比例关系，与直接销售量呈正比例关系，与间接销售量无关。关键词长度越长，表明关键词越精确，虽然会在一定程度上降低搜索到的概率、减少点击次数，但一旦被搜索，购买转化率就会比较高。从回归结果可以看出，关键词长度和特定性关键词占比的回归结果是相同的，事实上，长度属性和特定性属性都表示该词的精确程度，两者的一致性表明关键词的精确性能直接缩小受众范围，增加购买率。同时，关键词促销属性对绩效的影响更加明显。由此可知，关键词中包含"促销"、"折扣"等信息对点击率的影响要比增加品牌关键词或特定性关键词大，由此可见促销属性能够大大提高消费者的关注度。但当产品的价值较高时，促销属性对直接购买的影响效果一般，而当产品的价值较低时，促销属性会变得有效。这也说明了在选择促销类关键词时，商品本身的属性也是需要考虑的方面。

第4章 程序化购买广告

4.1 程序化购买广告模式

传统排期广告投放的交易模式经过长期的磨合，已经相对成熟。买卖双方的销售沟通成本低，但买方跨媒体流量利用效率很低。剩余流量没有办法变现，只能配送。于是就出现了广告联盟模式，即采购相关广告库存，再卖给广告主赚取差价。但其售卖的流量大部分是长尾流量，不能满足品牌广告主的需求，并且数据不能实时反馈也导致很多的弊端。因此，卖方考虑如何在流量有限的情况下将流量变现，实现收益成倍增长，买方则希望能跨媒体采买流量，这也催生了程序化广告模式。

虽然互联网剩余流量在竞价广告中得到了充分利用，但是由广告网络和媒介平台制定的人群标签仍然难以实现广告主的个性化需求。计算广告的发展则从两个角度给出了解决思路，一个是专门针对广告主的需求定制个性化的标签；另一个是打造透明公开的购买环节，把对广告资源进行出价的决定权交到广告主手中。在这种情况下，实时竞价(real time bidding，RTB)成为竞价技术发展的必然趋势。程序化购买这种计算广告模式随即应运而生[52]。随着在线广告市场逐渐成熟、流量红利消失，市场规模增速放缓，在线广告运营商需要通过程序化购买广告提高广告库存变现能力，各行业广告主也接受了程序化购买广告方式。同时可程序化交易的广告也快速增加，为程序化购买广告市场快速发展奠定了基础[53]。下面首先介绍在线广告的计价模式。

4.1.1 在线广告计价模式

在线广告通常涉及三方，即供应方平台(SSP，为广告媒体分配流量和广告资源)、需求方平台(DSP，为广告主提供媒体投放平台)、广告受众。广告供应方的出发点是流量变现，提高收益；广告需求方的出发点是投入产出比(return on investment，ROI)与控制预算；广告受众是接收广告信息的人。在这里首先统一介绍在线广告计价模式。

CPA：每行动成本(cost per action)。按照行为作为指标来计费。这里的行为可以理解为注册、咨询、交易等。CPA广告对网站来说收益相对较高。CPA广告的计算公式为总成本/转化次数。

CPM：按照千次展现计费。每千人浏览到广告就产生相应的广告费用，故CPM广告又称千人成本广告。只要展现了广告主的广告内容，就需要为此付费，常见的弹窗广告就是CPM广告。

CPS：按销售量付费(cost per sales)，即按实际销售产品数量来计费。用户完成一次交易，网站主就会获得相应的佣金，在一定程度上规避了投放广告的风险，比较适合购物类、导购类或网址导航类的网站，需要带来精准的流量才能带来转化率。

CPC：点击付费。顾名思义是根据广告被点击的次数进行计费，主要包括图片、网摘和主题广告。可投放网站类型全面，用户群体印象浏览不计费，精准意向客户点击才计费，有利于筛选精准客户。

CPD：按下载量付费(cost per download)。这种方式比较类似于CPA。两者的区别在于，CPD只适用于需要下载的产品，CPA则适用于各类产品，如咨询类、注册类、下单类。

CPT：按时间段收费。以固定的广告费买断一段时间内的广告位展示，国内很多的网站都是按周计费广告，一些门户类网站也有包月的情况。

CPE：按参与付费(cost per engagement)，即必须有参与者才会产生相应的费用。这里的参与可以是多种形式，如点击一次链接、发一条微博、看一段完整的视频等。CPE模式以社交媒体网站的信息流广告为主。

PPL：每次引导付费(pay-per-lead)，是根据浏览者每次通过在线广告引导完成一系列的任务而产生的一种定价模式。例如，浏览者点击了在线广告，便会弹出一个表单让你填写个人信息，这样广告站点就会得到相应的广告费。这种模式常作为网络会员制营销模式中为联盟网站制定的佣金模式。

4.1.2 程序化购买交易模式

广告程序化购买是基于自动化系统(技术)和数据进行的广告投放，通常依赖于需求方平台和广告交易平台，借助实时竞价和非实时竞价两种交易方式来实现。程序化购买由供应方平台、需求方平台、广告交易平台与数据管理平台四方构成，广告主基于精准投放的受众所带来的展示量、点击量或转化量而进行付费。程序化购买相比于传统数字营销媒介购买模式，其优势在于能够在每一个单一的展示机会下，把合适的广告在合适的情境中投放给合适的消费者[54,55]。

程序化购买可以划分为五种交易模式：头部交易(header bidding)、公开交易(open auction)、私有交易(private auction，PA)、程序化保量(programmatic guaranteed)、优先交易(图4-1)[56]。竞价模式分为头部交易与实时竞价模式。广告主可以在实时竞价交易市场挑选媒体资源，通过自由竞价的方式购买目标人群信息。媒体则能通过实时竞价交易市场获取更多广告主，实现流量的变现。实时竞价模式又可以分为公开交易和私有交易，在公开广告交易(open advertisement exchange)平台中进行的竞价交易称为公开交易，在私有广告交易(private advertisement exchange)平台，也就是私有交易市场(private market place，PMP)中进行的竞价交易称为私有交易。图 4-1 清晰地展现了不同交易模式之间的差别，数字①~⑤代表挑选流量的优先级从高到低，价格通常也从高到低。这个优先级顺序和价格顺序在理论上是成立的，部分平台会有一些小的变化，但是不影响理解整体的交易模式情况。

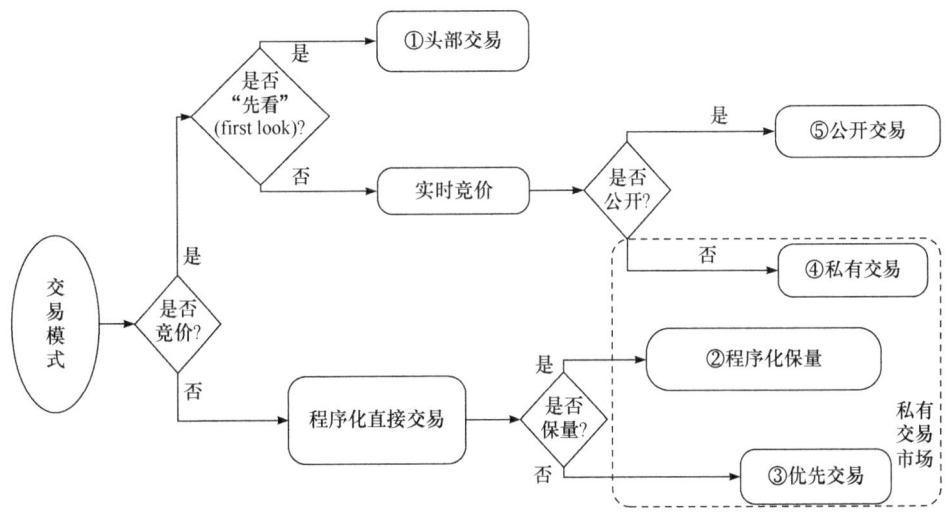

图 4-1　程序化购买交易模式图

1. 竞价交易

1) 头部交易

头部交易又称头部竞价，是指发布商可以同时向多个需求方(买方)发起 first look(具体就是买方预先和媒体议定 CPM 价格，然后通过系统的方式，使用自己的数据对每一个广告展示进行挑选，如果合适就按预先约定的固定 CPM 价格将这个展示买下)的竞价请求，利用竞价系统充分调动所有供应方平台、广告交易平台和交易柜台之间的竞争，实现将广告位卖给出价最高者的目的。具体做法是买方在发布商媒体页面头部嵌入一段 Java 代码，即可接收到发布商优先发送的广告请求并完成竞价。在此过程中，需求方可以优先挑选流量和出价，而发布商可以了解正在竞价的买家及他们的报价并进行对比，从而获得更高的 CPM 收益。这种技巧最早于 2015 年在市场营销行业中出现，它能帮助发布商覆盖更多潜在买家，减少对广告巨头(尤其是谷歌和 Facebook)的依赖。

发布商直接对接到更多买家，并清楚哪些广告主愿意提前通过竞价的方式购买展示广告库存，从而准确了解每个展示广告位对于买方的价值，而非依赖于历史平均收益。因此，这种方式可以帮助发布商显著提高收益，更高的收益必然需要更高的填充率，所以填充率的问题也在头部交易中得到了解决。在头部竞价出现之前，开发者优化广告库存的首选技术通常是瀑布流。瀑布流最大的问题在于 eCPM 的不固定性，通常解决这一问题的方法是使用历史价格进行预估，这又可能导致在瀑布流中层级较低的广告网络(advertisement network)虽然拥有出价较高的广告主却无法买到展示机会。而头部竞价请求是同时发送而不是按买家的先后顺序发送，因此发布商可以不使用瀑布流设置，就能获取比在瀑布流设置中更多的买家，同时降低流量退回率。

2) 实时竞价

实时竞价模式是在线广告行业中非常流行的一种流量交易方式，允许广告商根据活动目标、目标人群以及费用门槛等因素对每一个广告及每次广告展示的费用进行竞价。在竞价结束后，竞价成功的广告会立刻出现在展示页面。此过程非常短，通常在 100ms 内就可以完成，用户几乎无感知。在此过程中有赖于实时竞价的强大运算处理能力和承载能力以及用户特征提取的准确性。其运作逻辑是在用户发起网页请求时，把没有提前售卖给广告交易平台的广告位(包括广告展示位的规格、网页环境细节与用户 ID)发送至发布商的广告服务器。接着，所有对这个广告位有兴趣的广告主就会开始竞价，一般采用广义第二价格进行竞拍：即价格高者得，次高价结算，也就是出价最高的中标者只需要以比第二高价高一分钱的价格支付即可，这是为了防止广告位的价格虚高，方便确认其实际市场价值。

实时竞价的优势主要包括：一是降低营销成本。广告主能对单个展示广告位置进行竞价购买，而不是以预先固定的价格进行购买，从而控制营销成本，以最低的营销费用得到最好的效果。二是效果可监测。管理软件记录下来客户的每一个在线行为，让广告主更好地了解广告费用的用途，也能为产品开发和营销策略提供科学决策依据。三是方便售卖库存。发布商能根据实时数据等信息精准了解哪些广告库存更受欢迎，由目标用户发起网页访问自动触发，以这种拍卖机制售卖剩余库存更便捷。四是提高工作效率。广告主与发布商在一个公共联盟营销管理平台进行广告投放交易，双方都有很大的选择余地，而使用一个平台来控制广告活动同时可以大大提高工作效率。五是结算更加便捷。由于程序化购买模式的资费建立在准确的数据记录基础上，所有费用都在公共联盟营销管理平台上统一结算，无需人工操作。广告主确认营销效果与广告费用相一致后即可结算。同时费用结算系统的准确可靠也为联盟会员提供了佣金保障。

私有交易是指流量卖方希望能提高一些优质流量的价格，选择优质的广告主来投放，通过筛选符合条件的优质广告主组成一个竞价俱乐部，即优质档次的广告主同台竞争一些较为优质的流量资源。这种模式也是存在竞价环节的，买方有多个，相当于在一个半公开市场中，仅由进入白名单的买方进行竞价，价高者得。

2. 程序化直接交易

1) 程序化保量

程序化保量是指在广告投放前，根据广告主的投放需求，按照固定的 CPM 价格、固定的资源位、固定的预订量在媒体中进行下单。在广告投放过程中，当用户在访问媒体产生曝光机会时，广告实时交易平台根据广告主的预订量将广告请求发给单个需求方，需求方根据 N 倍推送约定的规则有选择地挑选和回退流量，且无须进行竞价。需求方挑选的流量将展示对应广告主的广告。程序化直接交易 (programmatic direct buying, PDB) 方式支持 CPT、CPD 等传统计费方式，也支持 CPM 和 CPC 的方式。

2) 优先交易

优先交易指在广告投放前，根据广告主的投放需求，按照固定的 CPM 价格和固定的资源位在媒体中进行下单。在广告投放过程中，当用户在访问媒体产生曝光机会时，广告交易平台将广告请求发给单个需求方，需求方可以按照自己的意愿挑选流量，且无须进行竞价。需求方挑选的流量将展示对应广告主的广告。优先交易是保价不保量的，可以双向选择，媒体不能保证广告点位的投放量，广告主也可以只购买自己所需要的投放量。优先交易只支持 CPM 和 CPC 的购买方式，不支持 CPD 方式。

3. 私有交易市场

国内实时竞价市场中长尾流量偏多，其中又夹杂大量的问题流量，导致流量存在不稳定性，曝光安全性也不容易把控，并不能满足营销者对品牌安全管理和品牌高质量展示的营销诉求。这势必造成市场内单位曝光、点击等价值偏低，进而导致需求方平台市场既缺乏高质量的品牌曝光买主，也缺乏与之匹配的高质量媒体流量。为了改变这一现状，私有交易市场应运而生。私有交易市场可以理解为优质媒体私有化购买。它是程序化技术与优质广告位资源的完美结合，拥有三种交易方式：程序化保量、优先交易和私有交易。

私有交易市场有以下特点：一是私有化购买。由于私有交易市场的广告主和媒体都是优选资源，相当于是一个贵宾(VIP)俱乐部，所以私有交易市场比普通的需求方平台程序化交易市场更能保障品牌的曝光安全和投放质量。私有交易市场还会严格筛选出优质的媒体与广告主，因此媒体愿意投放优质资源，也更吸引广告主来平台上表达诉求。同时通过私有交易市场的三种交易模式可以更细粒度地将流量切分，售卖给不同的需求方，从而能通过多方参与交易来提高资源填充率及自身盈利空间。二是优先交易权。私有交易市场能够做到在曝光进入公开竞价前优先挑选和交易，在保证流量的同时这种提前确定价格的方式能帮助广告主实现预算管理。三是兼顾营销的准确性与控制力。私有交易市场交易模式可以很好地弥补实时竞价和直接交易的局限性，其既能像公开竞价一样借助数据挖掘算法实现精准投放，又可以拥有和直接交易媲美的控制力[57]，从而确保营销者用相对低廉的采购成本覆盖优质媒体，实现品牌安全高效的展示效果。

4.1.3 程序化购买广告流程

以实时竞价为核心的程序化购买，由 DSP、ADX、SSP、DMP 四大平台搭建而成[58]。

程序化购买广告的具体流程(图 4-2)如下：

(1) DSP 根据广告主的广告需求定制个性化的标签，DSP 与 ADX 平台进行 Cookie 映射，对广告主定制标签并进行存储。

(2) 用户与媒介接触后，媒体网站向 SSP 提供剩余的广告流量，SSP 通过整合不同广告网络提供的剩余流量向 ADX 平台发起广告请求。

(3) ADX 平台将这次请求的关键信息(用户的媒介接触行为、实时状态数据)通过广告数据平台和第三方数据平台反馈到 DMP，进行数据整合与交易，并将整合后有价值的数据反馈回 ADX 平台。

(4) ADX 平台向 DSP 提供符合 Cookie 映射标签的广告展示并发送询价请求，DSP 则根据信息决策是否参与竞价，若出价，则向 ADX 平台返回价格、要展示的广告、跳转链接等信息。

(5) ADX 平台选出出价最高的 DSP，通知这个 DSP 赢得了竞价，将出价最高的 DSP 广告需求发送至 SSP，并进行广告投放。

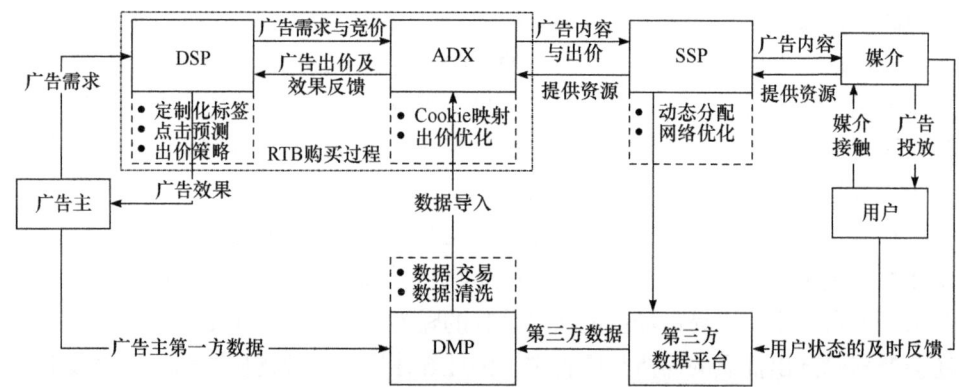

图 4-2 基于实时竞价的程序化购买广告流程

4.2 程序化购买广告生态链

4.2.1 需求方平台

需求方平台(DSP)是指整合广告主需求，为需求方(广告主与代理商)提供发布服务的广告主服务平台。需求方可以在 DSP 上管理广告活动及其投放策略，包括目标受众的定向条件、预算、创意和出价等，如图 4-3 所示。这个概念起源于在线广告开始兴起的欧美，并与 ADX 平台和实时竞价一起迅速崛起于美国，然后在全球范围内快速发展。

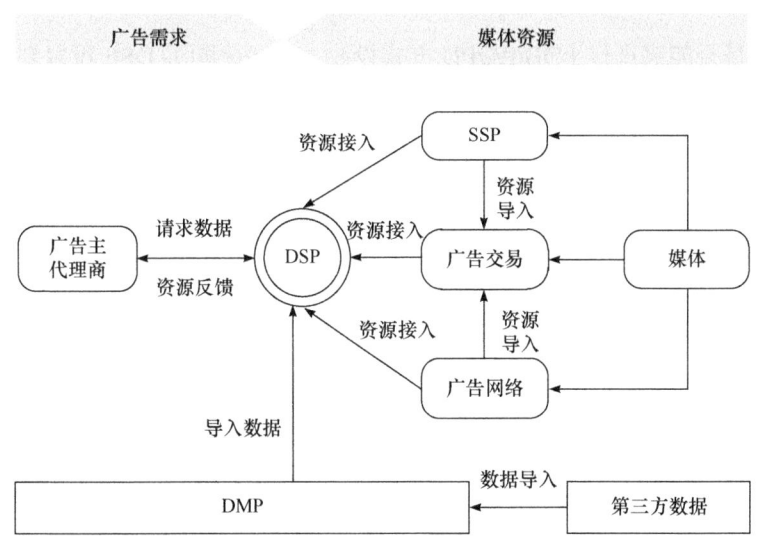

图 4-3 DSP 在程序化购买广告中的地位

DSP 作为程序化购买市场中的核心环节，其重要的原因在于 DSP 的商业模式可以有效地提升媒体流量价值、增强媒体变现能力，同时在面对海量的广告需求时通过投放体系能够实时、准确、高效地完成投放任务，在未来的在线广告市场发展过程中，广告主多屏投放、广告投放管理以及本地广告投放等需求将通过 DSP 的技术能力进一步得到满足[59]。

按照不同的标准，程序化购买 DSP 有如下几种分类方法。

1. 按照服务客户类型

按照服务客户类型，程序化购买 DSP 可以划分为品牌服务商和效果服务商。前者服务于品牌广告主，专注于品牌曝光，在独立性、服务经验、品牌安全方面具有优势,目前提供品牌服务的 DSP 厂商包括品友互动、悠易互通、谷歌 DBM 等。后者主要在电商、游戏等领域的数据积累与挖掘分析方面更胜一筹,目前的主要厂商有亿玛、新数科技、舜飞科技等。

2. 按照是否可以跨屏投放

按照是否能够进行跨屏投放,程序化购买 DSP 可以划分为能够进行计算机、移动端两者跨屏投放并覆盖视频资源的厂商和只能在计算机或者移动端进行单一投放的厂商。随着广告主营销诉求日趋丰富多样,只具备单一投放能力的 DSP 将难以为继。

3. 按照是否可进行 PDB/PA/PD 方式投放

按照是否能够进行 PDB/PA/PD 方式投放,程序化购买 DSP 可以划分为私有 DSP 和只能进行公开竞价的 DSP,大型广告主更容易接受 PDB/PA/PD 方式。首先与传统采买方式一致意味着广告位资源是预先保证的,一旦排期确定,订单下达,广告位资源就肯定不可能易主;其次,不改变传统的广告采买过程意味着内部的组织和工作流程较为固定。品友互动是既能提供 PDB/PA/PD 服务,又能服务实时竞价的厂商。

4.2.2 广告交易平台

广告交易(ADX)平台是能够将媒体和需求方联系在一起的在线广告交易市场,在众多广告网络提供流量的基础上进行竞价买卖。按照是否公开,ADX 平台可划分为公开 ADX 平台与私有 ADX 平台,前者的广告位资源通常来自不同媒体,而后者的广告位资源一般来自单一媒体。

公开 ADX 平台的运营商以互联网巨头为主,这是因为公开 ADX 平台需要汇集大量的媒体,所以只有网络媒体巨头才能有这样的号召力与承载力。公开 ADX 平台上的媒体资源主要是运营商的媒体合作伙伴资源,以及运营商自有媒体的广告位资源。目前国内公开 ADX 平台的代表主要包括百度、阿里妈妈等,它们有着多年网站联盟的运营经验,拥有大量的媒体合作伙伴,所以在运营公开 ADX 平台上具有天然的优势。当然,市场上也存在一些拥有一定数量媒体合作伙伴的公司,它们搭建了一些相对小众的交易平台。

私有 ADX 平台的运营商以大型门户和视频网站为主。大型媒体集团并不倾向于将自身资源放在公开 ADX 平台出售,而更乐于将自己的广告位资源在其搭建的私有 ADX 平台上单独出售,以此提升对自有媒体资源出售的控制力。例如,国内以大型门户媒体如腾讯、新浪、搜狐,以及视频网站如爱奇艺、优酷土豆等为代表,搭建私有 ADX 平台。

除此之外，移动 ADX 平台为市场资源带来了良好补充。目前移动媒体资源已基本成为公开 ADX 平台的标配。另外还有广告网络平台，它是一个封闭的广告网络市场，整合了各类发布商的广告位资源，通过和广告主谈判，制定出双方都能接受的价格。目前比较主流的广告网络平台有谷歌的 AdSense、UnityAds、Vungle 等，这些大型的广告网络平台拥有丰富的广告位资源，广告种类上星罗棋布，基本可以满足大部分用户的需求。与 ADX 平台相比，广告网络平台价格是通过人为谈判确定而非实时竞价得到，所以透明度较低，但在当前的广告市场环境中，由于 ADX 平台的流量质量无法监控，广告主有时反而更倾向从广告网络平台采买流量[60]。

ADX 平台的运营商往往也同时运营产业链上的其他产品，如 DSP、DMP、SSP 等。但是同一家运营商运营的 DSP 与 ADX 平台之间并没有绑定关系，这些 DSP 既可以运营其自有 ADX 平台，也可以参与其他 ADX 平台。对于 ADX 平台运营商，这种运营模式有助于增强其对自有广告主客户与媒体合作伙伴的服务能力，但参与产业链上的多个环节显然容易造成独立公平原则的缺失。在在线广告行业中，这种既是买方又是卖方的情况相当于同时身兼裁判员和运动员，程序化交易的客观性与公正性就难以得到保证。

4.2.3 供应方平台

供应方平台(SSP)，即媒介方平台或流量平台，是对媒体的广告投放进行全方位的分析和管理的平台，是媒体优化自身收益的工具。程序化购买帮助媒体将剩余库存流量变现，提高媒体收入。SSP 的主要功能在于帮助媒体对自身不同的广告位进行管理。SSP 成员包括汇集在 SSP 上的媒体资源方，包括门户网站、视频网站、论坛、博客等各类媒体资源的经营者，拥有各种广告位资源。SSP 成员只需把自己的媒体资源交给 SSP，由 SSP 将这些资源放到 ADX 平台进行竞价，这样媒体方流量能够得到最大限度的变现。SSP 的主要功能包括管理广告位的分配，针对自身广告位的特点，选择是内部销售还是开放给 ADX 平台，对于开放的广告位，需要进一步确定具体分配给哪个 ADX 平台；对来自不同 ADX 平台的广告请求进行筛选，最主要的是广告主的监控、广告素材的筛选以及广告位价格的管理；通过数据的积累实现对每个不同广告位的广告底价的分析和调整。

当前国内的市场环境中，为了保障内部数据安全或者自身资源管理的需要，大型媒体更倾向于搭建自有 SSP；而部分门户网站、垂直网站以及中小型网站考虑到人力、物力投入成本，则选择使用服务商提供的 SSP；另外一部分门户网站或垂直网站选择与服务商合作搭建 SSP，利用服务商提供的底层技术平台搭建自有的 SSP。

4.2.4 数据管理平台

数据管理平台(DMP)是随着数据驱动的广告技术和大数据云计算概念出现的，可以收集、存储、融合、分析、挖掘和运用原先隔离而分散的数据，也是广告生态系统中的一个重要组成部分。DMP 能够利用掌控的企业用户数据和营销活动数据进行决策和创新，达到高效精准推送广告从而获得更好的广告投放回报的目的。

用户数据按照归属可以分为：第一方数据，也就是需求方即广告主自有用户数据，包括客户关系管理数据、电商交易数据等；第二方数据，即需求方服务提供者在广告投放过程中积累的业务数据，如 DSP 业务中积累的用户浏览广告、点击广告等相关数据；第三方数据，即非直接合作方拥有的数据，如运营商数据等。所以，DMP 相应地也可以划分为三种类型：数据管理方 DMP(第一方)、数据提供方 DMP(第二方)和数据交易方 DMP(第三方)。

数据管理方 DMP 是指大型广告主自主搭建或寻找第三方技术服务商为自己搭建的内部 DMP，用于管理、分析自身数据，为营销环节提供决策支撑和用户数据支撑，如精准地投放广告。现在提供这类技术服务的包括一些大型的 DSP 技术公司、DMP 软件公司和第三方监测公司，这类公司一般不以数据为交易对象，输出的是清洗数据、管理数据、建模和优化数据的能力，类似于线下的客户关系管理技术公司。数据管理方 DMP 的提供者通常是技术过硬，独立于第二方或第三方的 DMP，并不同于企业使用的监测公司，典型企业包括安客诚、精硕科技等一些大型 DSP 公司。数据管理方 DMP 为广告主管理其第一方数据，以及广告主从第二方 DMP 或第三方 DMP 购买的数据。

数据提供方 DMP 主要是拥有大量数据的公司为了达到数据资产变现的目的而建立的，开放或售卖自己的数据，对接外部的平台。这些公司主要是为了使自己的数据或流量变现，帮助广告主更好地进行投放。像国内的 BAT(B 指百度、A 指阿里巴巴、T 指腾讯)，如百度提供搜索数据，搜索数据具有高度时效性，是人的意图的最直接反映；阿里巴巴提供消费意图的数据；腾讯提供非常好的人和社会属性的数据。

数据交易方 DMP 是指以电子交易为主要形式，通过线上数据交易系统，建立数据标准、交换规则，撮合客户进行数据交易的平台。数据拥有者根据自身需求，以互换、采买等方式将所拥有的数据资源在这种 DMP 上进行公开或私有交易。数据交易方 DMP 在欧美市场通常被称为数据交易平台。国内的数据交易较少有国家标准，也缺乏一套透明开放的平台系统。美国的 BlueKai 公司是这方面的代表,后被 Oracle 公司收购。

综上所述,程序化购买在国内遇到的最大问题是数据。要想充分发挥程序化购买的优势,必须充分利用第三方数据与广告主的人群数据。但是由于数据安全性的问题,国内的数据流动和分享还存在一定的困难,所以市场上 DMP 这样的数据供应商环节比较缺失。在现在的市场环境下,越来越多的大型网络媒体公司除了以媒体的角色面向各方 DSP 或 ADX 平台开放库存之外,也纷纷推出自有的 DSP 和私有 ADX 平台,来服务既有的广告主或开拓新的客户群。对于大型媒体,通过实时竞价的方式进行投放,有益于流量的变现和价值再挖掘。

4.3 程序化购买存在的问题与发展对策

4.3.1 程序化购买存在的问题

1. 数据孤岛与流量作弊

程序化购买正逐渐成为在线广告行业发展的主流和标准,而程序化广告产业发展所面临的重要制约因素是数据孤岛问题,即大量的数据并没有进入程序化广告市场交易,因而程序化购买公司很难获取到网站的大数据资源,也就无法对大数据进行分析[61]。当前国内用户的数据信息大部分集中在 BAT 三巨头手中,三者之间也没有进行数据互通,所以并未形成开放、健康的数据信息环境。这就使得交易的数据并没有第三方平台支持检验,数据造假现象十分普遍。另外,程序化购买广告效果很大程度上取决于流量的真实性,部分网站与程序化购买公司为了提高影响力和经济效益,采取虚假流量的方式,这必然影响广告主的利益。长此以往,广告主会对程序化购买公司产生信任危机,这显然不利于整个程序化购买广告产业的发展。

2. 精准"骚扰"与侵犯隐私

我们可能都有过类似的经历,某天登录某电商平台搜索某品牌并下单购买了一箱抽纸,第二天该电商首页就推送了很多条抽纸的产品和广告。但通过分析可知,顾客是精准地查找了该品牌并完成了购买,说明该顾客对该品牌有较高的忠诚度,并不是其他品牌的潜在受众;其次,购买商品是一大箱可以使用一段时间的抽纸,第二天就推送抽纸广告显然没有考虑实际情况。所以这种投放模型太过简单,可以说是一种精准"骚扰"。互联网精准投放广告过程中,在信息的使用分析阶段可能存在信息泄露的潜在危险。DSP 对用户数据进行挖掘分析并将数据标签化，寻找精准的受众人群。经过收集、整合和分析之后的用户数据一旦泄露，其直接后果就是用户的精准信息遭到泄露，导致用户的私密信息或者生活习惯被窥探，隐私权受到侵犯。在广告投放过程中，因为对数据的依赖和重视，用户信息显得至关重要，还可能导致严重的用户信息买卖等犯罪行为。

3. 品牌安全问题

品牌安全问题是指品牌所投放的广告出现在了不合适的媒体或内容中，让消费者产生不适、反感等负面情绪，从而影响消费者对品牌的看法和态度，最终损害品牌形象，如在发生空难的新闻报道页面刊登航空公司广告。程序化购买广告产业通过数据挖掘精准定位目标受众，用户一旦被系统识别为广告的目标受众，广告就可能出现在其打开的任意网页或应用程序中。程序化购买能精准地针对用户进行个性化投放，但这种广告投放模式过度依赖于用户数据，所以虽然解决了精准投放的问题，但是却忽视了广告呈现的媒体环境。在实时竞价模式下，广告主很难决定投放媒体，品牌安全问题更加突出。一旦出现品牌安全问题，将对品牌造成巨大伤害，甚至有些是不可逆转的。品牌安全的保护有赖于与媒体的深度合作[62]。

4.3.2 程序化购买发展对策

1. 大数据流动与交易使得程序化购买更精准

在程序化购买广告产业发展的过程中，要解决数据孤岛问题，就需要在广告行业和企业之间建立大数据流动与交易的机制。众所周知，大数据资源是 DSP 公司的核心资源，DSP 公司通过数据分析才能精准定位人群和定向投放广告。目前，大型互联网企业仅仅开放少量流量数据，这对依赖大数据资源生存的 DSP 公司发展产生不利影响。大数据的开放与共享并不是一个自然的过程，但是大数据的流动与交易却是产业发展的必然趋势。大数据的流动与交易可以通过以下途径实现：一是大型互联网企业投资数字广告产业，或自建 ADX 平台和 DSP，如腾讯的 Tencent Ad Exchange 与阿里巴巴的 Tanx 平台；通过并购、联合等方式与国内品牌 DSP 公司开展战略合作，如阿里巴巴收购易传媒、奇虎 360 收购 Media V 等，实现互联网公司大数据与 DSP 公司数据共享。二是大型品牌广告主自建 DMP 以加大对企业内部大数据的管理与利用，并与供应商提供的第二方数据和 DSP 公司、独立 DMP 公司提供的第三方数据进行整合分析，从而提高精准营销的效率。三是 DSP 公司与中小互联网企业建立战略联盟，这样一方面 DSP 公司可以获取网站大数据和流量资源，另一方面中小互联网企业可以提高网站流量的效益。四是建立规范、严格的大数据交易平台和市场，鼓励大数据的合理流动。

2. 技术与管理双管齐下打击流量作弊

随着程序化购买的日益成熟，对其进行支撑的大数据管理和分析技术也日益完善，对广告投放的监测和评估起着积极的作用。从技术层面上看，流量作弊无法进行提前定性及防范，只能在投放中经过技术筛选、验证才能被发现和解决。反作弊系统需要对长期积累的标准数据以及特殊算法进行学习、建模并在即时条件下不断训练。反流量作弊需要监测全局的用户行为，需要集群具有高稳定性和可扩展的计算能力，所以DSP在进行反作弊时必须保证持续稳定的技术投入。另外，多元化的海量数据和算法技术需要强大的存储、处理和计算能力做支撑，需要搭建多维度大数据平台。因此，现在只有极少数DSP领军企业有技术、有资源进行大规模的反作弊方面的投入。从管理层面上看，需要出台一系列程序化购买广告行业的标准，并建立第三方数据监测的平台。2017年11月，中华人民共和国国家质量监督检验检疫总局及中国国家标准化管理委员会发布了由全国信息技术标准化技术委员会提出的国家标准《信息技术服务 数字化营销服务 程序化营销技术要求》(GB/T 34941—2017)。另外，需要重视权威的程序化购买行业企业声誉评价。开展权威的程序化购买行业企业声誉排名，可以合理引导资本流向，促进程序化购买行业良性健康发展[63]。

3. 重视匹配媒体语境确保品牌安全

近年来，程序化购买行业开始重视品牌安全问题。在广告精准投放的同时确保品牌安全，正在成为广告主的共识。谷歌公司仅在2019年，就屏蔽和删除了27亿个不良广告，暂停违反政策的近100万个广告主账号[①]；此外，进一步利用人工智能技术，使广告主提高对广告投放位置、投放视频类型等方面的控制权。国内品牌安全企业AdbugTech也针对美国互动广告局(Interactive Advertising Bureau，IAB)规定的广告主反感内容目录做了分类，而且针对中国互联网环境做了特别的品牌安全方案。例如，企业品牌需要避免的三聚氰胺、"东方之星号"沉船等突发性事件等。目前针对品牌安全问题，程序化购买的控制手段主要有两种：一是给媒体设立黑白名单，过滤不良网站或存在风险的媒体网站，如一些存在暴力、博彩内容或可能违法的网站；二是对媒体内容进行控制，利用关键词分析、语义分析、情感分析以及人工审查等方法对媒体内容进行识别。不过也应该认识到广告的媒体语境效应复杂且多元，未来程序化购买的核心技术研究方向不仅是用户识别技术的优化，还包括广告内容与媒体语境的匹配问题，即如何结合现有程序化

---

① https://baijiahao.baidu.com/s?id=1665605732297697741&wfr=spider&for=pc。

交易中的媒体类型、题材、内容与受众体验，智能匹配相应的广告内容，从而进一步降低品牌风险，提升程序化购买广告的效果与价值[62]。

4.4 程序化购买广告的营销策略

1. 为广告主持续带来新用户覆盖

虽然程序化购买技术以成效优化与重定向建立起名声，但事实上，新用户获取才是实时竞价广告真正的营销优势。更多用户，意味着广告主覆盖更多的流量，这样能提高广告转化率；意味着开发商可以实现流量变现最大化，提高营销效果。如何获取更多优质客户？首先，鉴于 BAT 三巨头对国内营销市场的垄断局面，与国外社交媒体和搜索引擎合作，拿到程序化广告投放权限同时获得更多的用户数据是个不错的选择。其次，随着智能移动终端的普及，可以通过提供激励性的视频广告引导用户，充分利用视频网络获取用户。最后，还可以对接优质媒体的海量流量，通过跨站频次控制挑选目标受众，在广告主新品上市时利用地毯式搜索潜在用户方式进行宣传赢得新用户。

2. PMP 程序化购买取代托管服务

广告商及其代理机构对能够提高运营效率并保持每个广告系列最佳效果的解决方案倍加青睐。由于弥补了传统直销模式和自动化框架之间的差距，私有交易市场交易被看作是降低媒体固定成本的主要因素。另外，私有交易市场通过实时程序化拍卖提供了更好的定位功能。伴随私有交易市场的发展，目前通过数据智能分析等方式精准触达目标受众的高端流量正越来越多地接入程序化市场，使品牌信息以消费者容易接受的方式传播并激发购买行为。由于具备优先交易与保障的特点而快速发展，以私有交易市场为代表的高端程序化购买方式已经为绝大部分市场接纳并采用。私有交易市场借助针对特定受众的能力、实时优化的优势和提高销售流程的效率，有望在未来几年取代托管服务。

3. 运用跨屏 DSP 获得营销新爆点

目前，计算广告主在更多场景下接触并影响消费者的投放需求越来越大，单屏的移动端或计算机端营销已经不能完全满足。跨屏程序化购买主要是指通过一个系统实现多屏广告预算的智能动态分配，根据不同屏幕的营销场景推送适配的广告创意，让合适的人在合适的时间、合适的屏上看到合适的广告。图片广告、视频、移动广告三者之间具有极强的互补性。通过三种 DSP 跨屏联动投放，能为品牌商获得更好的营销效果。另外，随着大数据营销技术的飞速发展，消费者行为属性的重要性已经远远超出物理属性。而只有通过对大数据的深入挖掘分析，才能获得消费者的行为属性，得到传统调查所发现不了的营销洞察。例如，针对奶粉客户投放数据的分析，可以发现很多对广告感兴趣的人，并不见得是奶粉品牌定义的妈妈(物理属性)，还有关注汽车、运动的"奶爸"。在物理属性的营销价值逐渐弱化的趋势下，大数据行为属性分析将提供更多有营销价值的信息，推动新营销的发展。

4. 让程序化的人工智能释放效率

人工智能使得计算机具备自学习以及建模的能力，并能做出合理的预测。在程序化领域，就是机器自动分析用户数据从而实时做出投放决策，根据之前的投放反馈优化模型进行新一轮的决策。基于人工智能的程序化购买最突出的优势在于它能实时交易和决策并自行优化，有望解锁对用户行为的新认识，并实现整个拍卖过程的优化。现在人工智能在程序化购买领域的落地，一是因为数字广告实现了自动交易模式，这是计算机做决策的前提；二是由于现在数据足够多，未来程序化广告中的每秒响应次数标准将升级为每秒决策次数。借助人工智能可以基于深度数据分析实时调整和响应出价，有望改善整体拍卖流程，并避免超出广告客户阈值的出价，从而降低管理成本。在不久的将来人工智能进入程序化，能够为发布商、品牌和代理商提供更准确的定位、用户行为预测等解决方案。

4.5 程序化购买广告的投放策略

4.5.1 程序化购买广告的投放需求

1. 媒体

媒体方通常按照不同的流量售卖和变现，根据自身平台的流量属性和用户特点进行流量优先级的管理。售卖形式主要分为以下几种：一是对于顶部流量，媒体方会预留给自身产品发布及重要信息传达、带有门槛性质合作、深度合作方营销需求展示的品牌广告主等。二是对于头部流量，媒体方将按照企业自身情况对流量进行分割，以程序化保量的形式售卖给品牌或优质广告主。三是媒体方将剩余流量导入 ADX 系统进行管理，通过实时竞价系统进行售卖。媒体方追求整个媒体流量的平均每用户收入(ARPU)值，ARPU 关注一个时间段内运营商从每个用户所得到的利润。很明显，高端的用户越多，ARPU 值越高。在这个时间段，从运营商的运营情况来看，ARPU 值高说明利润高，这段时间效益好。

从上述情况可以看出，程序化广告售卖剩余流量对于很多媒体方，目前仍然是属于"增量"收入，占媒体方整体收入的两三成，并非传统稳定的收入。这种情况的出现主要是媒体方中的不同工种角色对程序化广告的态度和核心诉求不同：媒体方的销售人员关心的是整体销售大盘是否会增长，品牌广告主关心售卖能否保证销售额的主体收入，程序化广告无法做到保价保量的售卖，对于营收影响范围太大。媒体产品运营方面对产品用户的日活用户数、月活用户数等敏感数据不公开，这些数据会直接影响媒体方在市场中的位置以及媒体商业变现的体量。媒体产品方关注用户体验以及用户隐私安全问题，用户体验感包括响应速度、用户注意力等，程序化广告的接入往往需要内置 SDK(软件开发包)或系统接入第三方 API(应用程序接口)，这将会影响媒体产品体验。

2. 广告主或代理商

随着在线广告的发展与技术的进步，广告主或代理商的需求也开始有了进一步提升。程序化广告的出现满足了广告主一方面希望传播范围广另一方面又希望受众定位准的需求，要满足这种看似矛盾的需求，就需要数据和技术支持消费者属性数据的无限细分，同时又要在最广泛的范围内投放以实现海量覆盖。在广告投放层面，程序化广告更新了广告投放运营理念，让其特征之一的实时优化成为关注点。"实时"的目标受众导致广告"实时"属性的出现，广告投放需要基于用户的心理现状、产品属性以及消费场景等特征，随机应变地跟随目标受众的实时信息进行广告投放传播。

程序化广告商业价值的核心是数据的实效性，如当前有个用户搜索了公考资料，那么几秒内关于公务员笔试、面试的辅导广告便进入他的视线。值得一提的是，广告主在广告投放过程中也需要对广告投放数据的表现进行持续关注，进一步对广告投放过程中的数据表现进行优化，包括人群优化、广告位优化、创意优化、算法优化等。

4.5.2 程序化购买广告的投放策略设计

程序化广告的投放策略是一个非常复杂的问题，主要分为广告投放平台的优化策略、实时竞价模型的优化策略和广告主投放广告的优化策略三个方面(图 4-4)。

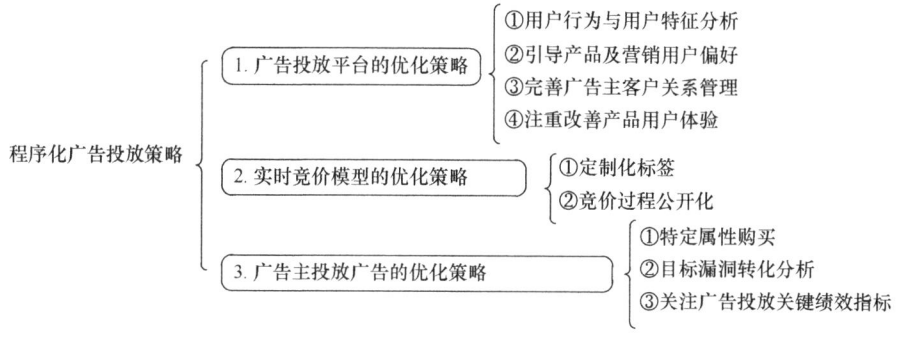

图 4-4 程序化广告投放策略

1. 广告投放平台的优化策略

1) 用户行为与用户特征分析

程序化购买的本质是利用大数据和互联网技术帮助广告主精准定位受众,用户数据包括用户的基本数据、行为数据、关系数据等,这些数据从哪里来呢?当然首先可以从互联网上获取,通常使用 Cookie 技术辨别用户身份,进行用户浏览习惯和浏览页面的跟踪,这种技术有利于 DSP 进行用户网络行为习惯和浏览数据的采集分析。数据入库后,再根据用户的观点、行为、分析,进行标签化入库。构造出用户的属性画像,为程序化广告营销提供了工具,广告主可以结合自己产品的特点筛选出与其相匹配的用户画像,在广告投放过程中进一步分析消费者的消费行为及特征,有针对性地进行广告投放[64]。广告投放平台主要基于以下四个方面进行支撑精准营销信息推送的媒体:基于实时竞价的信息实时推送、基于搜索引擎的信息推送、基于社交网络的信息推送、基于重定向广告的信息推送。

2) 引导产品及营销用户偏好

用户偏好定义为用户在考量商品和服务时所做出的理性的具有倾向性的选择,是用户认知、心理感受及理性的经济学权衡的综合结果。从广告投放层面来看,获取用户偏好的渠道主要包括用户日常的网页搜索、交易记录、社交平台、网站书签等。一般情况下,在 Web 服务器中可以查找到用户的网页访问历史痕迹,包括 URL、时间、IP 地址和 Web 页面,然后通过大数据技术对用户的 Web 日志记录进行挖掘和分析,获取用户的个性化需求、兴趣和习惯等偏好信息。从广告创意层面来看,广告投放系统应该在各个方面对用户偏好进行合理引导,指导广告主的广告投放素材和落地页都符合潜在用户偏好。

3) 完善广告主客户关系管理

大数据处理技术的应用与发展为在线广告营销传播中重点客户的筛选提供了技术支撑,具体方法是汇总企业产品的销售数据,设置重点客户的最低标准,如广告预算、广告投放周期、点击率、CPM等，通过建立相应的算法模型，筛选出符合要求的重点客户，这样就能方便找到对应客户，大大提高销售工作的效率。在进行重点客户的关系维护时，通过实际的广告投放或商务接触逐步掌握重点客户的基本情况，与之形成有效的互动并做出相应的改善，逐步实现精准营销重点客户。

4) 注重改善产品用户体验

广告投放系统依赖于产品而生存，一个产品想要长久地赢得市场就必须注重给用户最好的体验，包括感官体验、情感体验、交互体验等。因此，广告投放系统要从用户角度出发利用大数据技术挖掘用户的真实愿望和目的，改善产品设计，做到以用户为中心，引发用户心理共鸣。另外，目前一些应用程序在向用户提供搜索、导航等便捷服务时未向用户收取费用，而是采取向有关商家收取广告费、流量费等方式来分担运营成本。但这并不代表应用程序运营商就有理由不经消费者同意而强行推送广告，且拒绝提供关闭选项。人们下载使用这些应用程序时，既是互联网用户，又是消费者，享有知情权、自主选择权、隐私权。应用程序运营商在提供有关商品和服务时则应保护消费者的隐私权，同时提供便捷的关闭选项，满足消费者的选择权。

2. 实时竞价模型的优化策略

实时竞价的出现让整个广告市场开始走向透明化的竞价比价模式，广告交易平台主要利用实时竞价的方式实时得到广告候选，并按照其出价简单完成投放决策。程序化购买虽然可以满足广告主对于精准定位受众的要求，但有些需求却无法完成，如广告主希望可以向那些流失的用户也进行一次广告投放，以及采用其他能发现潜在用户的方式。实际上，无论在广告网络中如何选择用户人群标签，都不可能直接完成上述要求。因为这些需求都有一个共同点，即在加工用户人群标签的过程中需要利用到广告主的数据，这样的标签称为定制化用户标签[60]。解决这一问题最常见的方式就是重定向标签，利用由广告网络在广告主网站布设代码的方式收集到人群和投放广告，或采用由广告主上传用户 ID 集合的方案，由广告网络进行决策和投放。但是上述解决方案依然存在部分问题：首先定制化标签可能的选择是与广告主的量级成正比的，将这些标签集中地由广告平台加工使用，显然是一个低效的解决方案。其次，除了定制化的人群库，需求方往往还对时间、地域等其他因素有综合决策的需求，而简单地上传用户 ID 集合显然无法达到这样的目的。另外，简单的人群库交互无法做到精细的出价和预算控制。由此可见，采用封闭式竞价无法针对定制化标签实现规模化和精细化的广告投放。因此，渐渐发展成将竞价过程公开化，在广告展示时由DSP进行决策是否需要参与竞价，由此产生了实时竞价。因此，整个行业有一个公认的定律，用定制化标签指导广告投放是实时竞价的关键产品目标。

在实际的实时竞价模型中会提前对点击率进行预估，根据历史数据通过复杂的数学模型进行流量分配。点击率预测一般归为回归问题，目前广泛采用的是用逻辑回归(logistic regression, LR)进行点击率预测的模型学习。工业界针对LR模型常采用最大似然估计来求解加权系数。由于LR模型不存在闭式解，其优化方法需要迭代进行。在许多MapReduce下的需求迭代求解的机器学习算法主要有：L-BFGS，即有限内存BFGS(BFGS是一种拟牛顿法，指用BFGS矩阵作为拟牛顿法中的对称正定迭代矩阵的方法)，在目标函数可导的一般优化问题中，拟牛顿法是一类最常用的方法；Trust-Region，即信赖域算法，该算法会带来高维的问题，在实际使用过程中常采用共轭梯度法来处理信赖域算法带来的子问题；ADMM，即交替方向乘子法，通常用于解决等式约束问题；Spark上的模型优化算法，主要解决模型训练的迭代数问题，减少算法的成本支出，其主要思路为降低模型训练次数，增量求解和降低模型收敛所需的迭代次数[65-67]。

在系统平台方面，优化实时竞价模型主要在于优化算法模型，最大限度地利用数据来源和数据的相关性，或从特征上的手段来捕获动态信息。由于线上一般采用统计上的最优策略进行广告投放，但实际投放中并非只有最优组合才有商业价值，数据和数学算法模型不能说明实际的商业环境，也不可能对每个特征空间均匀采取构造训练集，这是在线广告问题区别于其他机器学习问题的重要特点。

3. 广告主投放广告的优化策略

随着程序化广告成为行业趋势，对于广告主或代理商，可以通过以下方式进行广告投放策略的优化。一是由媒体位置的购买向特定属性的人群购买转变。在进行广告投放前，广告主应当以选择广告投放的人群属性作为主体，关注每个广告投放资源的媒体属性、用户画像、人群定向技术等方面，以此作为分配广告投放预算或广告资源选择的判断标准。二是按照目标转化漏斗的分析方式，主要就以下几点进行优化：一是时间方面。由于不同时段的转化数据、广告流量的情况以及广告主对流量的竞争程度导致的价格变化是不同的，一般情况下，选择流量充足的时段进行广告投放，可争夺的流量资源较多，同时投入成本不会太高。另外，点击率也会随着时间有一定的规律表现，如晚上黄金时段的流量虽然较多，但由于此时的广告展示量与用户主要关注的页面内容也较多，用户的广告点击率反而会下降。二是地域方面。地域是广告优化比较关注的对象，围绕基于位置的服务(location based service，LBS)功能，广告主在针对不同地域会尽量选择有相关性的广告素材进行投放，如投放白酒广告到东北地区，广告素材是以家人或朋友相聚的感情主题，而投放至西南地区，广告素材则多以去湿气保健功能为主。三是媒体方的流量属性方面。一般而言，视频类广告平台流量大、投放价格成本低，比较符合品牌广告主需求。而若广告主从事的是本地餐饮类，则建议选择朋友圈这种带有社交属性的广告投放平台，转化效果将会更好。四是广告主要重点关注广告投放周期内的关键绩效指标(key performance indicator，KPI)，包括曝光率、网站流量、注册量、在线咨询量等，根据用户喜好、消费倾向及消费层次等优化投放素材，下线或调整表现不好的广告素材或落地页，积极关注数据波动表现。另外，可以借助效果评估和监测的工具来进行数据的跟踪。例如，一些流量分析软件不仅可以监测到访客来源，还可以监测到访客浏览网站页面的停留时间、跳出率、点击率、点击费用情况、转换率等数据。

4.6 典型案例

1. 力美科技——贝因美"最美母爱45°"

贝因美为提升品牌美誉度，引流提高活动参与度，采用第三方DMP+力美DSP的投放方式，目标人群为育儿、怀孕/备孕、母婴用品购买三大人群，根据精准人群策略，共投放500多万人。投放亮点如下：使用第三方DMP，获得3165万目标人群ID，进行投放指导；匹配力美DSP历史投放数据，根据第三方DMP(Talkingdata移动端受众DMP)提供的用户ID，匹配公司DMP母婴数据库，筛选出5032180个ID；如表4-1所示，使用LBS定向全国3000多个妇幼机构，进行3公里范围内的LBS投放，锁定妇幼保健机构3025个、儿童医院72个、妇产医院398个，以此作为地域定向中心向周边3公里内的人群展开投放；同时根据实时数据反馈，进行不同的技术优化，如提高竞价、定向技术、点击率平衡算法等。

表 4-1 力美科技 LBS 定向投放

投放对象	投放范围	机构总量/个
妇幼保健机构	周围3公里内	3025
儿童医院		72
妇产医院		398

投放执行：首先制定算法、采集数据，然后优化投放媒体，最后对点击过广

告但未进一步操作的人群进行二次投放；使用竞价技术，提高对 14:00～16:00 和 19:00～20:00 两个时间段的竞价成功率；启用重定向、转化率技术，对表现较好的育儿人群，加大投放力度；对表现较好的北京、上海等城市以 LBS 定向技术加大投放，对福州等可竞价流量稀缺的城市提高竞价 11%策略，确保曝光机会。投放效果如表 4-2 所示[①]。

表 4-2 投放效果

投放平台	定向	维度	效果/%
移动 DSP	精准定向	曝光完成率	100.64
		点击完成率	101657108.43
		参与完成率	210.35
		成本降低	34

2. 品友助力某国际快消品程序化投放

止汗露作为个人护理产品在国内市场的接受度有限，某止汗露品牌希望通过程序化广告进行品牌推广，提高品牌受众覆盖的广度和深度，全面提升其影响力。品友根据客户提供的大量详尽的线下品牌调研结果，结合百度指数、品友 DMP 等数据工具，优先划分出九大投放城市，为制定精细的 KPI 体系打下了基础。具体投放方式如下。

1) 人群定向

经过筛选，选取品友中国数字广告人群类目体系(DAAT)人群标签下的时尚人群、爱美人群、高端人群等符合品牌核心人群的强相关人群。同时，根据不同网上商城的止汗露类别，将品友电商数据进行筛选和分类，挑选出浏览和购买过相关产品的人群，完善整个产品八类目标人群的维度刻画。

2) Lookalike 相似人群拓展

此次投放是为扩大品牌的知名度，考虑到止汗露丰富的使用场景，如夏日出汗、运动出汗等，采用 Lookalike 相似人群拓展，以八类人群作为基础模型，在全网寻找相似人群，全面拓宽品牌的人群广度，同时保证其与品牌的强相关度。

3) 确定媒体白名单

采用实时竞价的方式能够覆盖全网流量，而频道定向则可以进一步锁定人群，同时确保与该品牌定位相匹配的曝光环境。此外，对线上视频(online TV，OTV)投放进行频次控制，确保单个媒体和全部媒体的影响次数，可以保证用户对品牌的好感度。

---

① http://blog.sina.com.cn/s/blog_8042e1e40102wg29.html。

4) 加入动态天气指数

由于止汗露使用场景的最大影响因素是气温，所以在此项目中加入动态天气指数。每一版本素材不仅显示各投放地域的实时温度，还根据九大城市当日的最高气温自动切换高温版本和低温版本。技术与创意的完美结合，个性化的用户体验，带来了实时竞价的不断攀升。

最终投放数据显示，超额完成广告主设定的各项 KPI，移动端、计算机端的横幅广告均超过 40%的提升，同时移动端 OTV 投放超 KPI 近 300%，成功影响海量目标受众。与传统的包断采买相比，程序化广告的方式带来了整体媒体效率的提升[①]。

---

① https://finance.huanqiu.com/article/9CaKrnJXuzO。

第 5 章　原生广告与移动互联时代的广告

5.1　原　生　广　告

5.1.1　原生广告的特点及分类

原生广告就是将广告变成内容,以网站和应用程序的用户体验作为出发点,以广告内容作为驱动力,并整合网站或应用程序中的可视化设计的一种广告形式。原生广告的主要表现是把推广内容融入页面设计中,作为媒体资源的一部分,从而提高广告命中率。原生广告具有三大特征:平台属性、内容属性与社交属性。原生广告的主要贡献有:一是原生广告能够提供有价值的内容,也就是说,原生广告不仅能够像其他广告一样传播产品信息与企业文化,还能洞察客户需求,推送对客户有价值的内容,在某种程度上满足客户的需要。二是原生广告强调内容的原生性,即广告变成内容融入媒体环境,将广告形式、风格、内容等与展示平台或使用场景紧密融合。三是原生广告可以提高用户的主动性,因为原生广告强调不影响用户体验、尊重用户的习惯,不把广告主的商业意图强加给用户,降低了用户的反感和排斥,力求用户加入并分享广告[68]。

基于原生化的标准,原生广告主要通过六大基本要素(图 5-1)来体现其特征:①媒介适配性;②内容创意适用性;③用户体验的打扰度;④用户自主选择性;⑤内容价值;⑥数据管理能力。

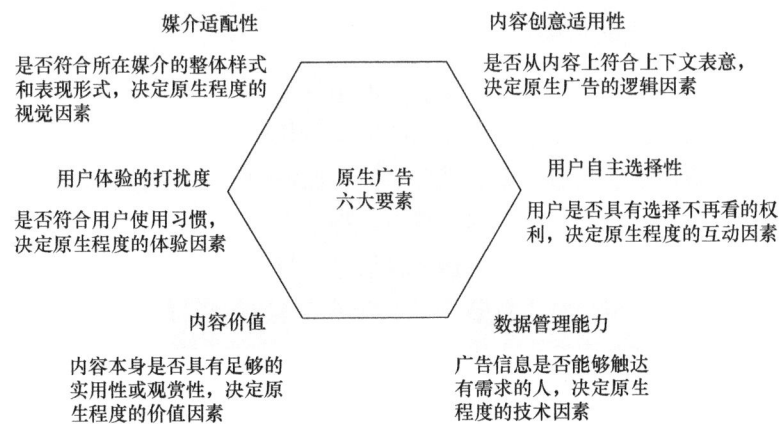

图 5-1　原生广告的六大基本要素

原生广告可以分为内容原生和形式原生,如图 5-2 所示,内容原生一般基于形式原生。内容原生实际上是内容营销,以广告为中心的内容表达,但是随着科技的发展,它的表现形式不再局限于文字,也包括在创意中插入视频广告、音频广告、图文植入广告等。例如,江小白的原生广告在视频领域发挥得淋漓尽致,在电影《火锅英雄》中,江小白作为不可或缺的重庆符号被收录;在电视剧《小别离》中,直接将江小白的文案融入台词,把江小白的观点写入剧情。形式原生是指广告与媒体所承载的内容在风格和形式上保持一致,包括信息流广告和搜索关键字广告等。关键字广告的展现形式包括标题、描述等,前台所展现出来的样式与网络爬虫索引的网站信息是相同的,除非看到右上角添加的"广告"、"推广"图标,不然很难区分。而信息流广告作为最常见的原生广告形式,与上述情况类似,如百度信息流广告前台展现的形式包括标题与图片,与手机百度的新闻资讯形式一致,若没有左下角的"广告"图标,则也很难区分[68,69]。

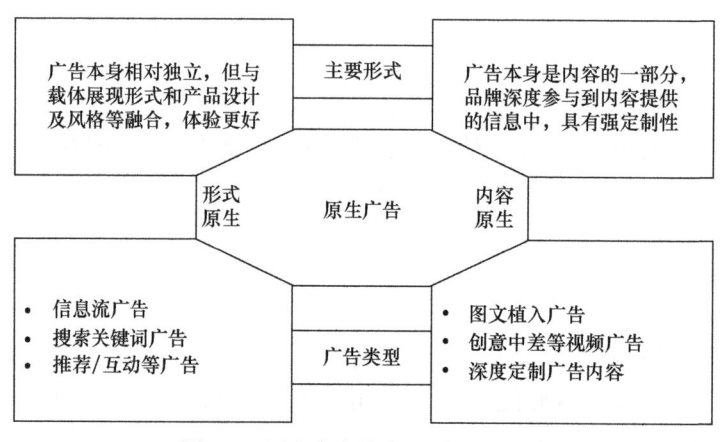

图 5-2　原生广告的主要形式与类型

5.1.2　内容为王的营销策略

喻国明教授认为,原生广告必须满足的条件是在形式上融入媒体环境,内容上提供用户价值,促成产品与用户之间的关联与共鸣[70]。美国互动广告局将原生广告分为信息流广告、付费搜索、推荐工具、促销列表、广告内的原生单元、定制单元六类。原生广告贴合融合这一特点,将广告信息与广告传播渠道有效融合起来,以消费者最易接受的方式传递广告信息。与消费者所处的获取信息场景高度吻合的原生广告,以一种不打断受众现有场景体验的独特形式传递广告信息,隐藏广告意图。例如,一则广告出现在新浪微博上,它就是一条普通的微博;若出现在微信里,它就是一条朋友圈消息。这种方式让消费者与广告信息之间建立起一种和谐共生的关系。结合不同的媒介属性与接触习惯,同时考虑用户在融合场景中连续性的行为特点，通过不同的广告形式以及内容的原生化处理，能够更加有效地诱导消费者。因为在融合化的场景当中，广告展示具有诱导性特点。形式上的原生与内容上的诱导能够使得潜在的消费需求向实际的消费转化，原生广告就是以软性的形式无孔不入地植入消费者的互联网生活中的。

原生广告是技术手段支持的有效内容营销，因此内容营销与原生广告间存在着紧密的关系，形象地说，原生广告更像是进行固定时间、地点的约会，而内容营销是建立长期稳定的信任关系。原生广告的流程是：创造广告内容→放到合适的投放位置→带来曝光和销量。而内容营销的过程是：创造有价值的内容→发布内容→内容吸引用户的注意→带来销量。两者表面相似，实则不同。原生广告更突出广告位置的重要性与即时带来销售的能力。而内容营销则更突出内容本身的价值，以及内容本身在提升客户吸引力、客户信任度方面的能力，从而在长期的过程中影响客户，增加销售额。原生广告的步骤是按顺序执行，即时获得反馈。而内容营销有可能在前两步不断地循环操作，在跟客户建立起一定的信任关系之后才会带来销量。所以就广告效果来说，原生广告更注重于短期见效，而内容营销往往是长期见效。这两种形式搭配起来，既着眼于短期目标，也兼顾长期目标。因此，原生广告和内容营销是绝配。

原生广告与内容营销有着本质的变革关系，包括：营销方式的变革，即原生广告更注重持续不间断的营销；营销对象的变革，即原生广告强调消费者与媒体、品牌三者的共同对话；营销执行的变革，即原生广告关注整合营销来执行营销活动。内容营销更强调内容生产，要有吸引力与互动性的内容，内容创意要与消费者的兴趣相匹配。内容营销的方法论包括"提出概念、渲染场景、讲述故事、引导互动、建立渠道"等，根据潜在的用户的兴趣和需求，广告主通过相应内容与目标用户主动沟通并建立一定的联系。下面以信息流广告为重点，介绍原生广告的投放策略。

信息流广告是位于社交媒体用户的好友动态、资讯媒体和视听媒体内容流中的广告。这个概念最早于2006年出现在Facebook上，即广告形式与好友动态信息展现一致且融于动态信息中。随后信息流广告被引入国内，在阿里、腾讯、百度、小米等老牌互联网企业以及今日头条、陌陌等新兴互联网企业中均受到青睐。究其原因，一方面是其为广告主提供了更多推广渠道，可实现更高效的信息传达与最优化的投资回报率，并让媒体的广告资源得到有效利用而成功变现；另一方面，信息流广告更适合用户的浏览阅读习惯，它的高吸引度和低打扰性都吸引着越来越多的人选择这个行业。从信息流广告发展脉络来看，信息流广告在社交领域兴起，被搜索、资讯等领域迅速引进，并形成了以微信为代表的社交流广告、以百度为代表的搜索流广告和以一点资讯为代表的基于兴趣流的广告。如今衣食住行等各类生活场景已被移动应用所覆盖，贯穿了我们每天 24h 的真实生活。在各种碎片化的场景中移动应用无处不在，各媒体平台信息流占据了用户所有碎片化的时间。信息流广告实现精准营销的具体过程如图 5-3 所示。

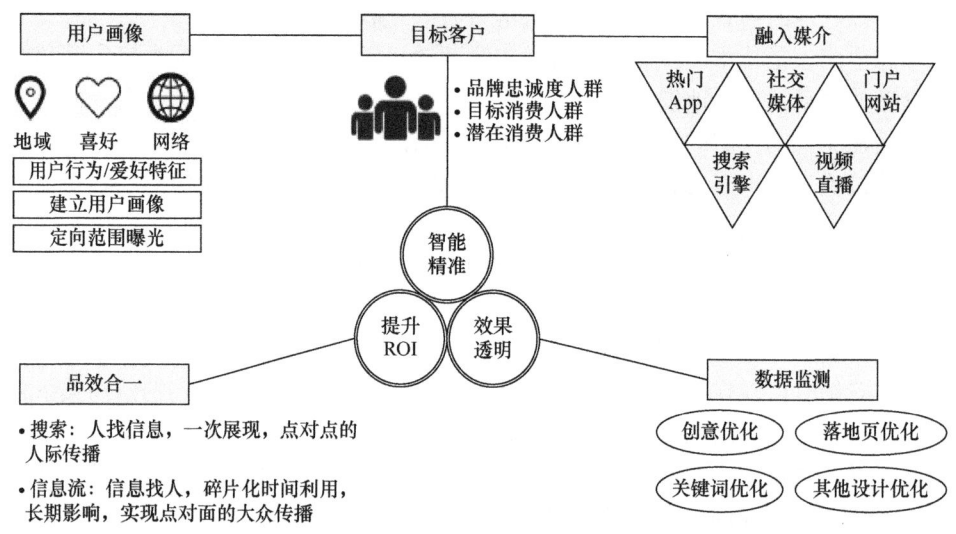

图 5-3 信息流广告的营销策略

1. 搜索与信息流的组合投放

从广告营销的角度来看，搜索与信息流的组合投放可以很好地验证罗杰斯的"创新扩散"理论(在创新面前，一部分人会比另一部分人思想更开放，更愿意采纳创新)[71]。搜索对应的是人找信息，实现点对点的人际传播；信息流则是针对特定人群的内容分发，表达的是信息找人，实现点对面的大众传播。所以这一组合可以同时满足点对点的人际传播和点对面的大众传播，实现广告的品效合一[69]。目前基于单一的投放渠道很难满足广告主对实际销售额和品牌曝光度的双重需求。搜索关键词广告流量有限，且流量的增长与最终转化会成反比。而从目前的投放数据来看，信息流广告流量充足但转化不如搜索关键词广告。所以对这两种渠道的整合势在必行，一方面搜索关键词的投放数据积累可以更精准地构建用户画像，为信息流广告的投放提供数据参考和定向方式。但当品牌广告主有新品上线时，搜索关键词广告显然无从下手，需要其他渠道流量的补充。信息流广告可以基于用户的不同属性实现个性化的展示，能够弥补搜索关键词流量不足的缺陷。另一方面从展示效果来看，搜索是人找信息，一次展现；信息流则是信息找人，充分利用碎片化时间，实现长期影响。搜索与信息流广告进行组合投放可以实现真正意义上的品效合一。

2. 基于用户画像实现精准营销

互联网商业产品的使用场景决定了大数据的维度，如百度基于搜索引擎、手机百度、百度贴吧等商业产品所积累的数据库资源，虽然可构建大部分网民的用户画像，但由于商业产品使用场景的限制，某些维度的数据在精度和广度上依然存在局限[72]。因此，如何精准定位用户并构建用户画像成为精准营销的关键。首先通过用户调研，获得基础数据，包括用户行为特征与爱好特征，前者通过观察不同情境下用户更关注哪些板块来验证用户行为特征，后者则在行为分析后，对人物画像做出假设来反映用户的主要爱好。然后根据搜集的用户标签及对用户的理解尝试建立用户画像，根据不同类型的用户挑选不同的受众定向，关注不同的用户类型、应用场景与该类型用户在特定场景下的具体需求，这样通过受众分类进行精细化投进，可以尽可能提高回报率。接着在定位用户范围内曝光，在信息流广告投放过程中，常常会因为定向筛选过于细致而导致账户没有展现量，但定向作为保证广告投放效果的关键因素，一般是固定的，那么如何在定向范围内获得更多的曝光?这就要了解影响曝光的关键因素——点击率，提高点击率最有效的方法就是优化广告创意。有创意的广告不是涵盖所有卖点就可以，因为实际上用户对产品卖点完全无感，能够让用户成为客户的关键是他们需要利用产品来达成某个任务或解决某个问题，所以推广标题将需求清晰地告知用户，产品卖点能给他带来什么成果，最终达成什么任务，想用户之所想才是广告创意的最佳思路。

3. 优化创意策略维护目标客户

信息流广告吸引人的三大法宝分别是相关性、创意性与互动性。相关性是指信息流广告与用户之间的相关度，提高相关性才能在不影响用户体验的前提下，提高点击率和转化率，具体可以通过数据库和算法来得到提升。互动性的秘诀就在于让用户更多地参与并拥有更多的话语权，如微博的信息流广告的受众参与性较高，包括转、评、赞、投、关注等多种互动形式，目标用户在看到广告内容并产生互动后，相关微博会继续展示给关注该用户的粉丝，帮助广告主更全面、多样地与消费者沟通交流。创意性要注意四大原则：构图简洁、文案清晰、整体协调、主次分明，突出产品或服务的特点、卖点、注意吸引力，还要遵守规则，合理控制字节与特殊符号，注意合法性。创意策略则需要经过不断实践才能得到提升[69]。信息流广告是镶嵌在资讯内容里的，需要和内容抢夺用户眼球，而为了不破坏用户体验，还需要形式上融入且整体不显突兀，内容上提供有价值的信息。如何提供有价值的广告信息？首先根据品牌与用户的亲疏远近程度细分人群，一般将用户分为品牌忠诚度人群、目标消费人群和潜在消费人群。品牌忠诚度人群从投放效果上来说转化率一般最高，也是广告主需要重点守住的对象。针对这类人群，广告创意需要打好"情感牌"，维持品牌在他们心中的美誉度。目标消费人群一般是竞争品牌的用户，或是有刚需但并未做出决策的用户。因此，信息流广告需要提供的创意就是要体现相对于竞争对手的优势，包括促销价格、售后保障等，以便帮助用户做出决策。潜在消费人群则没有表现出明显的消费倾向，但是随着时间的推移有可能成长为品牌的消费人群，创意的作用是让他们记住品牌的优势。

4. 融入媒介环境提升用户体验

信息流广告是原生广告最常见的一种形式，具体而言是要与承载的媒体在设计风格、产品形式上趋于一致，简单来说就是要做到：我不加广告标签，你就不知道他是一条广告。例如，在百度信息流广告展现的平台中，手机百度提供新闻资讯类的内容，而百度贴吧聚焦热门话题。因此，信息流广告的创意也需要与展现平台所提供的内容在形式上无缝承接，否则会影响广告主品牌形象和媒体平台的用户体验。"使用与满足"模式的提出为广告传播效果研究提供了一个新的视角，只有满足用户的需要与欲求，才能取得满意的广告效果。深入分析用户就会发现使用手机百度和使用百度贴吧的用户需求是有所差异的，手机百度用户希望获取最新的信息和知识，百度贴吧用户则更倾向于娱乐和互动交流。因此，在手机百度中投放的信息流广告，文案标题应该像新闻标题，才能吸引用户点击，具体模式分为通知用户型、描述用户型、引出疑问型、道出秘闻型、对比过去型、提示变化型等。文案写作涉及新闻基本要素(时间、地点、人物、事件的起因、经过、结果)，读者就会很容易理解事件的核心。图片方面要求上传未加工的真实图片，类似于看新闻时出现的原生实拍图片，这样与新闻资讯更融合，满足用户获取知识和信息的心理。

5. 根据监测数据优化投放策略

以监测为核心，以数据为依据。对大多数广告从业者来说，尽快建立起高效科学的优化流程，必须以数据监测为中心，来指导关键词优化、创意优化和设计优化。由于用户与广告之间的所有数据均可以被记录，包括传统的广告展示以及更深层级的用户行为。所以广告投放可以基于这些数据做周期性的优化，使广告效果达到最佳。在信息流广告的投放过程中，用户在媒介平台上的行为体现在展现量和点击量上。展现量即广告曝光量，点击量即用户点击广告的数量。同一创意反复向同一人群曝光，吸引点击的能力会逐渐变弱，此时只能通过新增创意来增加点击率。每个创意都有各自的出发点，很难凭经验判断这些创意设计的优劣，只能采取数据监测的方式,观察两种创意的投放效果,来指导创意设计的优化。开始投放前需要为每一个创意都设置链接,每条链接都对应了相关的流量数据(浏览量、退出率、平均停留时间等)。还可以将"点击下载"按钮设置为一个事件进行追踪,这样就可以了解每一个创意把流量带到落地页之后的互动情况,预估最后的下载量。在很难将创意与转化效果直接联系时,利用这种方式可以对转化情况进行很好的预估。经过一段时间的数据采集后,将每个创意前端的花费与后端"点击下载"按钮的互动点击量结合,可以测算出互动点击成本。根据"互动点击数较多,成本相对较低"的原则对所有创意进行比较,可以分别找出最佳文案创意、最佳图片创意和最佳图文组合创意。以数据和热图监测为核心的信息流广告优化,真正实现了以创意为单位、以数据做驱动,从设计到展现、点击,再到落地页互动的全过程精细化监测[73,74]。

5.1.3 典型案例

案例一:某二手车的广告主人群定向案例。

该广告主一直专注于个人二手车交易平台,投放了百度信息流广告,投放目标是获得卖车人群注册转化,在手机百度信息流投放效果尚可但流量不足,期望在保持效果的情况下扩大流量。依据百度信息流广告的人群定向设置,要求客户提供 5000 人的卖车人群作为种子人群,使用扩展人群进行投放。最终得到的投放效果为 CPA(每行动成本)下降 40%。需要注意的是,种子人群对 Lookalike(相似人群)扩展效果的好坏有直接影响,广告主需要根据转化需求,细分种子人群,并定期更新,才能获得更好的效果。

案例二:苏宁易购携手 360 点睛平台打造"双十一"事件营销。

苏宁将移动信息流作为投放重点,通过广泛的媒体资源和坚实的技术基础,提升线上销量。利用移动个性化重定向、Deep Link(深度链接)技术,精准定向浏览过广告主具体产品页面的人群,基于用户关注内容实现无缝化链接,高效进行用户召回和用户唤醒。结合地域、时段、机型等多种用户信息,落地千人千面的广告形式,提升受众认同感,如图 5-4 所示。"双十一"当天,移动信息流投放额占比接近 70%。由于信息流广告点击率较高,误点概率较低,且在数据收集上较有优势,所以带来的后续转化也相对较好。"双十一"期间,360 通过多种广告技术,覆盖近万个媒体资源,共为苏宁易购实现近 20 亿次品牌曝光,带来近 500 万次新客下载①。

案例三:国航搜索+信息流组合投放案例。

本案例的广告投放背景为 70%的用户认为通过 OTA(在线旅行社)平台购买的

---

① 来源:https://www.sohu.com/a/128412855_162522。

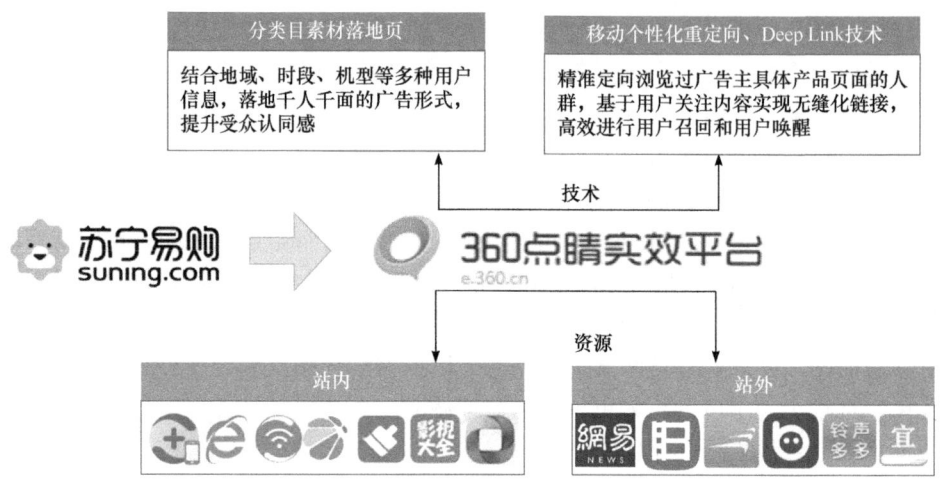

图 5-4 苏宁易购+360 打造事件营销

机票更便宜,但实际上国航会经常有各种促销活动,机票价格比 OTA 平台更有优势。因此,国航希望通过百度的媒介组合投放来改变用户认知,同时实现订单和用户数量的增长。基于改变用户的认知,广告投放的时间点较为重要。百度选择"双十一"这一天,通过搜索+信息流等其他媒介的组合方式,对国航各个活动进行广泛曝光,并最终使国航的直销占比得到提升,帮助国航实现了 950 万人、4700 次的广告精准触达,订单量同比增长了 18%,用户量同比增长 15%[48]。

案例四:原生视频广告正在让品牌与用户的沟通变得越来越有趣和充满想象力。

火爆年轻人社交圈的抖音,携手"最会玩"品牌 Airbnb、雪佛兰、哈尔滨啤酒,开创原生短视频广告新方法,共启"抖音品牌视频广告首秀"计划。抖音聚集 95 后人群中最热衷创造、最敢于表达自己的潮人群体,形成一个独特的创意用户原创内容(user generated content,UGC)平台,每天都有新奇的挑战主题发布,源源不断的作品被用户自发创造出来。抖音希望通过寻找精神契合的品牌,为品牌年轻化营销开拓新的可能。首秀的三个视频都充分运用了抖音的创意表达方式(图 5-5):入驻 Airbnb 的乐趣,通过抖音式的转场和剪辑体现,超酷的视效与音乐互动体验,携手人气房东在抖音开启首场预售直播,大大增加了用户对 Airbnb 的好感度;哈尔滨啤酒,携手欧阳靖注入全新嘻哈能量,为用户呈现《一起 HAPPY 2017》,用嘻哈精神带领大家一起做点新鲜事,一起哈啤;第九代雪佛兰迈锐宝 XL,通过魔性的即兴说唱(free style rap),唱出了创意主题"加州制作精神",同时全情演绎美式嘻哈范儿,与抖音特效完美结合,引发年轻用户共鸣。

图 5-5　Airbnb、哈尔滨啤酒、雪佛兰汽车的抖音视频广告[①]

5.2　多屏融合互动广告

5.2.1　多屏融合下的广告营销生态

如今人们的生活被各种各样的屏幕包围着，家中电视屏、楼宇电视屏，以及手机屏、平板电脑屏，外面的地铁屏、公交屏，公共场所有卖场的液晶显示(liquid crystal display，LCD)屏、户外发光二极管(light emitting diode，LED)屏等，这些屏幕出现在消费者生活轨迹的各个时空点，消费者接受信息的途径也随之增多。美国互动广告局北美广告研究报告显示，2017 年全球 OTT(over the top，指互联网公司越过运营商，发展基于开放互联网的各种视频及数据服务业务)视频广告支出快速增长的趋势没有放缓的迹象，这可能是北美 OTT 在跨平台以及多屏互动之间带来的优势。在国内，近十年的信息传播方式发生了颠覆性的变革。一方面是资讯模式的改变，消费者的资讯模式由电视、报纸开始转向互联网、手机端；另一方面是生活形态的改变，人们的生活形态空间从单一化向多元化、碎片化改变。随着多屏时代正在飞速渗入社会生活的各个层面与细节中，消费者的生活形态也在悄然发生着改变，整个广告营销领域随之变革[75]。

2010 年被许多人称为移动互联网元年，这一年，用户逐渐将重心从计算机端转到移动端。根据 eMarketer 数据显示，2017 年国内用户媒体消费时间有 65.6% 流向了移动端，34.4%流向了计算机端[①]。因此，广告主将大部分经费投向移动端，

---

① https://www.sohu.com/a/280299140_114838。

但投放在移动端的广告效果却不能令人满意。这也说明两点：第一，在某些场景，计算机端有着不可替代的作用，用户在计算机端多为重度行为；第二，用户是在不同场景无缝切换使用多种终端设备，因此营销策略也必须多屏融合。营销先后经历了多屏和跨屏时代，目前已经进入融屏时代(图 5-6)。显然，无论是资讯模式还是生活形态的变化，都必须对应广告主商业逻辑的调整和改变。在多屏时代，广告投放同时在多个屏幕上进行，广告主采用流量思维，注重流量覆盖；但各个屏幕之间的数据没有打通，无法精准识别用户，容易造成资源浪费。到了跨屏时代，各个屏幕之间的数据基本打通，加入用户 ID 识别概念，针对用户兴趣标签化，再通过多个屏幕精准影响用户[76]。这一阶段，广告主采用的是交易思维，核心目标是促进用户购买。但这种思维缺乏用户运营，常常是一锤子买卖，而且无法很好地识别和追踪用户。

图 5-6　互联网媒体环境发展阶段

进入融屏时代的营销，出现了两个值得注意的变化：一是用户行为组合，即用户的消费行为会不经意地拆分到不同屏幕终端，营销需要通过多屏联动去覆盖用户消费过程的每一个环节和场景，如一个用户的消费行为可能是上午从计算机上接触到了广告信息而引起的，接着午休又在平板上再次看到这个广告信息，最后晚上在手机上完成下单。二是用户经营思维，要求不仅触达用户要求，更强调用户的营销价值，将用户作为一种资产去经营，激励用户带来新用户。任何时候，广告主最为关注的都是广告效果和投资回报率。要想提高投入产出比，就要切中有切实需求的用户群体，以确保每一分广告预算都是有价值的，而融屏广告所起的作用就是认清每一个用户的需求，实现设备与用户之间的精准匹配。例如，360 公司依靠积累的大数据资源，从 PC+移动+IoT(internet of things，物联网)三大入口构建用户行为链大数据，方便更加立体化地了解用户。但基于了解的精准推荐远远不够，用户的内容体验至关重要。所以，投放广告可采用互动和激励的方式。通过将游戏和激励引入广告，用户获得礼品、积分、红包等奖品后，能去购买商品或下载应用程序等。这种广告形式将用户的娱乐需求和广告主的曝光、转换需求进行了深入结合。

5.2.2 融屏互动广告的营销策略

1. 基于信息的跨屏组合营销模式

多屏融合互动广告场景营销主要为用户提供多种形式的信息，大致分为三种类型：打折促销类、新产品使用说明类、公共服务类。前两类信息，消费者通过扫描二维码获取可以进一步阅读或者选择观看信息；后一类信息是广告商为提高消费者忠诚度，在社交平台上提供天气预报、交通路况等公共服务类信息。这种融屏互动广告的信息呈现方式多元化，包括文字、动图、动画等。消费者的自主性显著提高，可以根据自己的需求选择是否关注内容。视频直播也在构建基于提供信息的广告场景营销中占有重要位置。拥有新观看习惯的人群规模迅速膨胀，这类群体从单独关注单个视频发展为将多个屏幕结合[40]。例如，在电视中看到广告信息，用户就会在计算机中搜索并进一步挑选商品，最后到手机端完成下单支付。

2. 基于社交互动的广告营销模式

基于社交的场景营销模式借助移动端的互动来实现。两个移动端通过扫描二维码连接起来，共同完成某个游戏或某项任务。移动端互动实际上是人与人之间的互动，关注用户的参与感与互动性，通过构建合作场景让参与者之间建立信任，他们的交流互动会由线上转移至线下。例如，Kappa 推出了一款互动游戏：两人一组通过手机扫描广告上的二维码，进行配对然后开始游戏，一人选上联，另一人选出相应的下联，一分钟游戏结束，手机上显示两人之间的默契度，这是典型的基于社交的广告场景营销模式。但就目前来看，借助手机的跨屏互动广告均是两人一组参加游戏，只能增进两个人之间的默契，而不能增加群体的凝聚力，所以这类游戏还有待改进，才能让喜欢集群的人更感兴趣[77]。

3. 基于用户思维的广告营销模式

用户思维就是站在用户的角度来思考问题，也就是换位思考。例如，在宣传方面运用用户思维，找准潜在客户的聚集点，然后在客户聚集点所在区域做大范围的宣传，即可聚焦核心用户；在文案设计中运用用户思维，就是让用户感知，从用户角度来描述，引起消费者的共鸣[78]。在场景营销中，深入分析消费者的消费场景，了解潜在用户的想法和疑问，形成相关的营销话术，在消费者的每一个场景都提供完美的体验、完美的解决方案。基于融屏时代下用户触媒习惯的分散化和消费行为的组合化，很难简单地利用追求流量变现的方式挖掘用户价值。因此，把用户作为资产来经营，深化交互和运营体系，让用户去影响并带动更多的用户，实现用户价值增值，成为广告主未来需要重点发展的方向[79]。

5.2.3 注重用户体验的投放策略

如何实现最优化的跨屏投放呢？不妨回到广告投放的最初目标——覆盖更多的受众。要达到这一目标，可以通过增加广告的到达率和广告频次来实现。

1. 准确定位自身，明确目标用户

由于用户行为差异和终端媒介偏向，不同行业广告主在选择不同终端投放时，也应有所侧重：注重曝光的行业广告主可以适当保持在屏幕大、视野好的计算机端进行投放，如房产、汽车行业；注重效果转化的行业广告主，可以选择精准度高的移动端进行投放，如追求转化的网络服务类和快速消费品类广告主。不同终端的用户属性、行为等均不相同，在计算机端更多是整块时间沉浸体验，在移动端更多是碎片时间互动体验，所以在选择跨屏投放时，应当合理制定人群策略，实现精准投放。例如，白领人群在计算机端更容易注意到广告，其在计算机端和移动端的广告点击行为比较接近，在计算机端更易对广告留有印象，并促成最后的消费行为；而在移动端更易对广告产生信任，也更易在社交媒体中分享广告。因此，计算机端屏幕大，用户更容易注意到广告，也更容易留有印象；而移动端距离更近，用户分享更为便捷，信任度更高[80]。

2. 融合使用场景，创新营造方式

"扫一扫"或许不能那么快被取代，那么借助图片、音乐、扫码送红包的场景营造方式也应适当创新。首先，运用新媒体技术改变场景营造方式。例如，全景展示图技术改变了球迷看球的方式，同样可以运用到跨屏互动广告中来。全景展示能为用户提供更逼真的产品体验，使其全方位了解产品特征。例如，虚拟现实(VR)全景广告就为用户营造了一种身临其境的拟真体验，对于广告商，可以掌控用户在360°环境中的所见所闻，从而能够传达给用户所有想要传达的信息[62]。这种方式颠覆了传统广告模式，能够短时间吸引受众的全部注意力。场景的营造还可以通过声音实现，在不影响用户做其他事情的情况下用声音展示广告，用户不用滑动和观看就可以得到咨询。其次，想要提升场景营造的价值就要在对的地点选择对的方式。例如，公交地铁站点的广告位以及交通主干道的屏幕可以投放导航类广告，因为出行的主要是关心路况的上班族；而商场出口的大屏幕上最适合呈现打车软件广告，因为购物结束时用户体力不支需要尽快回家休息。另外，场景营造还要兼顾社交场景、支付场景，实现广告业闭环营销，对用户的偏好信息、媒体使用信息、社交信息和消费信息进行全面整合。

3. 挖掘用户价值，实现圈层营销

在这个去中心化传播的时代，传播的路径是由媒介→受众转变为媒介→受众

→受众，传播媒介只能到达第一层受众，如果内容能激发受众，受众会持续传播。从营销角度说，就是把有相同或相近爱好或特质的目标客户当作一个圈层，通过针对他们的一些信息传递、体验互动，圈层本身就构成了一个场景。相比于精准营销，圈层营销更倾向于把人聚到一起，通过小圈子强关系的人际传播形式打通信息流转触点，引爆营销话题，让产品影响力呈指数级扩散，甚至最终影响到圈外人士。

圈层营销最典型的就是基于社交媒体的圈层营销，利用泛在社交媒体的自传播属性，"穿透"层层"圈层"，可以实现多维度、多角度的传播。例如，社交媒体视频(直播和短视频)将社交媒体从过去的图文时期，转变到视频时代，声画融合，让营销更为生动，更加有说服力，其圈层营销的特质，也进一步缩短了"网红-内容-粉丝-购买"的过程。未来的消费主力军更强调个性化和圈层化，跨屏互动广告可以依靠社交媒体评论、转发、分享和点赞的功能发放圈层广告，延长关系链，实现圈层营销。

4. 场景营销和体验、共享相融合

以构建场景和触动情感为基础的场景营销，事实上是体验经济、共享经济的营销手段之一。体验经济强调用户的体验是通过对人感官的刺激实现的，这种刺激离不开一个个不同的场景。体验经济时代，从业人员从机械的劳动者变成表演者，像表演一样工作。表演是强调服务人员要将自己融入塑造的场景之中，并吸引用户到场景中来。营销重点是如何去构思和营造新的消费场景，在客户消费过程中给其创造更多的不一样的惊喜，让其印象深刻并乐于向别人分享与推荐。例如，马蜂窝就建立了旅游场景下一种更为宽松的营销环境，年轻游客不再满足于被广告"告知"或被导游代领，而是更乐于自己挖掘有趣的玩法。这些游客自发寻找的玩法，往往成为网络传播的焦点，也成为目的地和景区品牌内核的重要组成部分。共享经济也处处体现着场景营销的影子，无论是优步还是滴滴打车都是建立在信任基础上的场景营销，均致力于为用户提供干净、舒适、便宜、便捷的体验。如今的跨屏互动广告在形式和内容上都略微单一，将场景、体验、共享相结合或将成为跨屏互动广告的突破口。在营造场景时，要注重用户的参与式体验，增加用户的主动性，同时融合共享成分。共享促进人与人之间的沟通交流，也实现了经济社会的可持续发展。

5.2.4 典型案例

1. 楚楚街的电影《睡在我上铺的兄弟》

楚楚街的电影《睡在我上铺的兄弟》整合营销案例获得 2016 年度最佳多

屏整合营销案例银奖。该案例运用整合营销的方式，打通线上线下传播路径，引发目标人群的广泛关注，强化楚楚街的品牌形象，传递楚楚街品牌内涵。楚楚街通过内容娱乐化营销，用产品道具露出、多重场景植入等内容植入的方式与电影《睡在我上铺的兄弟》建立了深度联系，同时利用高晓松、陈晓、杜天皓、秦岚等人气明星与楚楚街的相关活动配合，不断提升楚楚街品牌关注度。通过互动活动及配合的社会化传播，多屏硬广，为楚楚街赢得"广度+深度"的品牌曝光。

单从品牌曝光效果来看，开播 3 个月，《睡在我上铺的兄弟》网络剧的正片播放量超过 4.2 亿，而同名大电影在上映两周后的票房便超过 1.2 亿，远远高于同期电视剧的曝光人次。与之相对应，在《睡在我上铺的兄弟》的发布会、线上直播、线上传播和社会化传播等多个渠道中，均有楚楚街品牌的高度露出，在节目播出期间，楚楚街应用程序的日常下载量涨幅达到 50%。此外，楚楚街借势媒体资源及平台优势，创新实践了"定制化"营销新方式，开创了行业先例。横向融合了乐视计算机端、手机端、平板电脑端三屏的优质流量，形成依托于乐视平台的内容营销矩阵，全方位、立体化加大楚楚街的品牌传播声量[①]。

2. 伊利谷粒多与《奇葩说》

伊利谷粒多从第二季开始赞助《奇葩说》时，就以独特新颖的方式博得了观众的喜爱，并凭借"奇葩新颖定位+马东老师神口播+社交媒体"蛮横扩散，当时在天猫引发了一阵消费狂潮。而在第三季，马东口播中又出现了"国际扛饿大品牌伊利谷粒多燕麦牛奶"，熟悉的广告、熟悉的品牌，让谷粒多燕麦牛奶在守住大批第二季粉丝的同时，又收获了众多第三季粉丝，观众纷纷留言说：看着马东老师如此卖力地为谷粒多打广告，没喝过国际扛饿大品牌总觉得差点什么。伊利谷粒多燕麦牛奶在声望不断上升的过程中，销量也逐渐增长。

通过两季冠名赞助现象级网络综艺栏目《奇葩说》，谷粒多燕麦牛奶携绰号"国际扛饿大品牌"从天而降，以一种嘻哈的姿态来到了年轻人的面前，并迅速完美融入这个群体的亚文化之中。在微博、论坛中，网友都把谷粒多燕麦牛奶直呼为"国际扛饿大品牌"，可见，谷粒多已经找到打开这一群体的正确方法。在这样的高起点基础上，谷粒多燕麦牛奶的扛饿营销活动进行得更加顺利，让更多的人愿意为"国际扛饿大品牌谷粒多燕麦牛奶"买单。

---

① https://www.chinaz.com/news/2016/0603/537475.shtml。

5.3 移动互联时代的其他广告

5.3.1 社交广告

社交媒体凭借交互性强、传播范围广、运营成本低等优势获得了广告商的青睐，融入消费者的社交场景和生活情景，潜移默化地影响消费者的品牌态度，更强调用户在接受广告时的使用体验。社交媒体拥有强大的客户记忆管理能力及分析功能。客户在平台的所有行为都会被完整地记录下来，通过分析可以精确地推算出客户习惯，从而进行更精准有效的广告投放。同时社交媒体有效地打破了传统广告传播的技术壁垒，为广告信息的传播提供了丰富的时空资源，使得广告营销悄无声息地融入人们的生活当中[81]。

1. 定制化+程序化

社交媒体广告要想走规模化的道路，未来发展需要延续定制模式。社交媒体广告策划团队首先要找准广告受众、确定广告目标，然后盘点媒体平台现在承载的内容，再结合受众兴趣、社交媒体特性提出创意广告方案，选择合适的媒介平台投放，最后还要管理并评估广告效果。程序化方法针对目标消费者市场并根据不同社交媒体的语境特点，对广告创意和内容呈现的形式进行规划，再决定其推广的频次；同时还应评估广告创意的效果，完成最终的优化与完善。程序化方法利用广告制作、推广的流程和各种技术工具提高了原生广告信息的整合效果，还形成了完整持续的受众反馈体系[59,82]。"定制化+程序化"的原生广告生产模式能够帮助社交媒体平台细分流量和用户，有效挖掘用户数据和用户行为的资源价值，提升广告制作、投放及传播的运作效率，降低广告投放成本。程序化创意技术能够有效推动社交媒体原生广告规模化发展，而专业化定制则满足了不同广告商的需求，提高广告传播效果，因此"定制化+程序化"双模式是社交媒体原生广告未来的发展趋势。

2. 融于场景并富有趣味

广告融于场景的趋势是由消费者的选择所决定的。由于传统的"硬广告"在内容和形式上过于僵硬，对于消费者不够友好，随着消费者的媒介选择大大增加，消费者对于传统"硬广告"的容忍度逐渐降低。如今步入移动互联时代，人们接触互联网的终端由计算机变成手机、平板电脑等移动终端，但是移动终端的屏幕普遍偏小，无法同时容纳广告和内容。如果同时出现传统"硬广告"和内容，则容易影响消费者的使用体验，甚至引起消费者对广告内容的厌恶，所以广告融于场景势在必行。广告场景化则是将广告融入场景之中，例如，微信朋友圈是比较私密的互联网虚拟社交场景，将广告化身为微信朋友圈中的信息流，融入微信朋友圈场景，减少微信朋友圈广告对微信用户正常使用过程的干扰，只有当微信朋友圈广告内容足够吸引用户时，用户才会注意到广告信息的存在，很好地顾及了用户的朋友圈使用体验。

3. 通过话题与用户沟通

广告主在投放社交媒体广告时，可以合理利用平台的社交属性，通过引领用户之间的分享和讨论，带动话题传播，其广告效果将呈现指数级增长。广告主选择的广告话题需要具有公共性、延伸性和争议性。公共性是指该话题要能被绝大多数用户接受，或了解一定的相关信息；延伸性是指该话题能够延伸和扩展的范围很广或是能够扩展到其他领域；争议性是指该话题引起用户站队，带动各界民众广泛讨论。例如，用户在微信朋友圈中发表的内容大多是日常生活类的，表达生活中的情绪等，所以广告主在话题内容的选择上需要有所侧重，情感类话题是一个很好的选择。因为如果广告传递一种人们广泛认可的情感，则会在品牌和用户之间形成情感共鸣，进而在用户和品牌之间搭建起情感沟通的桥梁，最终转化成购买行为，树立品牌好感。

5.3.2 移动应用程序广告

移动应用程序广告是以智能手机为平台，将广告嵌入移动应用程序中的一种移动营销方式，主要涉及品牌广告和应用广告两大类。前者是由企业自主研发应用程序，并将广告嵌入应用程序中，作为品牌推广和传播手段的广告类型；后者是指企业利用其他应用程序平台进行广告发布的形式，由于成本低廉而成为多数企业的首选，也是当前移动应用程序广告的主要形式。移动应用程序广告形式多样，常见的有横幅广告、公告、插屏广告、启动页广告、积分广告、私信通知等，如图 5-7 所示。最常见的当属横幅广告，当用户开启应用程序时界面会显示出横幅、竖条式的广告，展示更直观，能快速吸引用户注意。插屏广告一般会出现在用户第一次点击某个功能页时弹出，显示需要提示的具体内容。与传统广告和网络广告不同，移动应用程序广告具有显著的传播优势[83,84]。

1. 用户数据管理

实施移动广告的精准投放，首先要对用户进行细分，构建起全方位的用户数据库，以科学、系统的数据支持，实现力度可控式的定向广告投放和精准传播。

  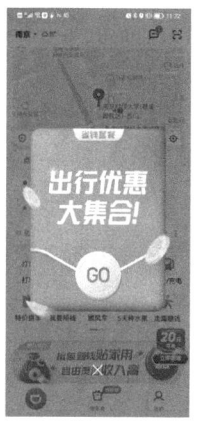 

横幅广告　　　　　启动页广告　　　　　插屏广告　　　　　积分广告

图 5-7　移动应用程序广告类型

移动互联网将受众置于一个全新的维度，它能够自动获取受众的地理位置、行为速度、与物的邻近度、与人的交互方式、音调变化等近百个参数，用以追踪、定向、分析用户行为。具体而言，利用数据挖掘技术，能够获取受众的隐含信息，包括性别、年龄、爱好、收入层次、消费偏好等，构建相应的静态数据库，并持续更新和完善。同时，也可以利用移动互联网对受众动态行为信息加以监测，如受众看到移动应用程序广告时，若感兴趣就会主动点击浏览，甚至拨打电话进行咨询，下载广告产品优惠券、进店消费等，这些行为都可以通过移动互联网跟踪记录，并存储于动态数据库中，以供分析、制定投放与传播方案。在动态和静态数据库建立后，可以采用大数据分析细化受众群。以外卖应用程序广告为例，若目标受众锁定的是学生群体，则广告策划、设计应突出多样化口味、优惠的价格、营养均衡等信息，投放时间集中在午饭、晚饭、夜宵时段；若目标受众为白领阶层，则需调整广告内容，重点凸显送餐及时、快捷等信息，投放时间集中在午餐时段[85]。

2. 发现用户需求

根据精准营销的思想，应该是发现客户的需求，并用产品去满足客户的需求，而不是反过来。移动应用程序广告的投放切忌笼统、广泛地面向所有受众群，而是对受众进行细分，挖掘不同受众群体的需求。根据精准传播理论，在细分受众后就需要了解受众需求，并向其精准推介产品。但影响受众需求的因素较多，这就需要将动态的和静态的数据变量相结合，包括人口统计、行为洞悉、需求种类等具有共性和个性化的变量，继而形成概化的目标受众需求轮廓，再依托移动互联网,对其行为偏好进行跟踪,挖掘其潜在、具化需求。另外在明确其消费频率、周期后,若发现受众近期刚购置过此类产品,则消费周期内购置该类产品的需求将大大降低,可转而推介互补性、配套性产品,这样可以提升传播精确度。广告投放绝非终点,还需要对其投放和传播的效果加以检测,并实时优化。投放方案正式运行后,可以召集一批实验者,以低成本展开小范围测试。同时不断监测市场数据动向,运用移动应用程序广告后台统计软件统计应用程序下载率、注册率以及广告点击率等数据,针对广告投放缺陷进行优化和完善。在进行产品测试后,大体可以确定哪类广告形式更受青睐,哪些传播渠道更具吸引力,如此可以针对性地制定下一阶段传播策略[86]。

3. 开发衍生产品

如今,互动性已成为传播领域的重要推手。为了适应日趋白热化的竞争趋势,需要积极开发移动应用程序广告衍生产品,促进广告的互动式传播。一方面,可以借助O2O模式,打造互动式传播新渠道。受众利用智能手机一键扫描应用程序广告二维码,即可关注该企业平台,并获取最新优惠活动、产品服务等信息。通过互动交流,利用媒介强大的资源优势,打造出系列完整的品牌传播、营销计划,最大限度发挥移动应用程序广告的作用,并对受众群进行全覆盖。例如,可以推出融入产品品牌风格的互动式游戏,增强广告与应用程序的黏度,改善受众对移动应用程序广告的互动体验,从而引导用户主动评论、转载、分享和传播。而广告商应密切关注受众动向,对其评论、转载和分享的内容进行回复,塑造良好的品牌形象。另一方面,第三方平台应加速专属应用程序广告的研发,允许受众使用微信、微博等平台直接通过开放式接口进入第三方应用程序广告,选择产品和服务。同时,增强应用程序广告与消费者之间的契合度,如视频应用程序中可推出护眼类产品广告,食品类应用程序中可发布快递、外卖广告等。

5.3.3 微电影广告

微电影广告是指由广告主发起,为某个产品量身打造,受众群体主要通过以微博为代表的网络社交平台观看、分享和传播的短片。微电影广告之所以在众多广告种类中独当一面,是因为其有着接受度高的特色营销表现。微电影广告中对企业品牌理念的营销手法更含蓄,通过内容丰富的情节演绎,抓住情感因素这个虚拟营销点,对其产品或企业品牌理念进行合理宣传,从而带动进一步的消费产生[87,88]。

1. 精准定位,分众营销

微电影广告主要有两类:一是企业基于自身发展需要,为其产品寻找广告公司,将广告以微电影的形式制作播出;二是各大视频网站基于网站自身盈利需要,自制微电影来寻求企业的冠名或植入式资金支持,制作完成后在网站等平台播出,获取点击率[89]。无论哪一类微电影广告的创作,都建立在精准定位受众的基础上。视频网站制作的视频,在创意筹备阶段可称为自制剧,当有企业投入资金支持后,企业所要营销的产品被植入或理念被融入,就形成了需要为企业理念或产品进行营销的微电影广告。视频网站的角色也就成为广告创意制作者的角色。受众群体在这一过程中角色始终不变,在营销行为中,始终要围绕受众的需要进行,对受众的分析也是重要的组成部分,受众所指的对象是不断变化的。在研究微电影广告的过程中,受众可以简化理解为所有观看或有可能观看的人。信息传播给受众后的说服效果和影响,与受众的心理需要有紧密的关系。

新媒体时代,由于受到互联网等冲击,受众在接收广告信息时,比之传统媒体占领统治地位的时期,具有了以往不具备的选择性,不能引起受众观看兴趣的内容也就很容易被忽视,从而严重影响传播的效果。受到年龄层次、经济实力和社会地位等多种因素的影响,每个受众个体有着自己独特的需求。需求相似的个体被划分组成一个目标人群,因此精准地定位目标人群,有明确指向性的微电影广告才会收到良好的广告效应,定制的概念也就越来越受到重视。分众营销的表现除了对内容方向的选择外,也涉及传播渠道的选择。在视频网站上,当受众选择观看电影或电视剧的视频前,都会有几十秒到几百秒的广告时间,很多微电影广告抓住了这个营销渠道进行播出。这一行为过程中,也需要进行分众化的营销行为。微电影广告本身的目标受众群体要与所选择的电影或电视剧的目标人群保持较高的吻合度,才会更精准地吸引目标人群的眼球,达到播有所值的效果。

2. 病毒式营销,裂变式传播

病毒式传播现象并不是一个全新的概念,在 2005 年,百度公司就制作了唐伯虎系列广告,该系列广告最开始并不是发布在大型视频网站上或通过传统媒体来造势,而是由百度公司的员工作为最初传播者,以电子邮件的形式发送给亲友,随后在一些规模较小的视频网站贴出下载和转发的链接。这部制作拍摄费用仅为 10 万元的系列广告,在一个月的时间里,传播数量超过 2000 万人次,达到了超乎想象的传播效果。病毒营销模式在微电影广告中的应用是使得微电影广告的传播和营销效果最大化的最主要原因。由贾维逊和德雷伯撰写的《病毒营销》是最早阐述这一概念的文章,在文中,他们将病毒营销定义为一种力量强大的营销工具,是利用消费者进行二次传播,传播的渠道是现代化的网络信息交互平台。在进一步分析实际营销行为后,有学者将病毒营销的概念分析总结为:病毒式营销被誉为具有战略价值的营销模式,对于信息的传播有很强的爆发能力,这种战略像病毒一样,可以迅速复制,刺激个体产生主动传递欲望,以几何倍数增长量级速度传播，通过自身的口碑传播网络，传递精心包装制作过的商品或理念信息[90]。通过概念分析可以概括出这种营销模式的特点为：所传播的信息内容具有像病毒一样的不可抗拒的感染力，通过网络媒体传播渠道迅速扩散，受众除了以接受者的角色接收信息参与到营销过程中外，还以传播者的身份以裂变的方式将信息扩散传播出去。

3. 整合多种媒介渠道，构建立体营销网络

病毒式的传播模式是基于互联网这种媒介的发展而产生的，对于有实力的企业，它的微电影广告不会仅仅依靠单一的网络媒介，而是采用多种媒介共同传播，打造立体的营销网络，将微电影广告的作用发挥到最大化。多部优秀的微电影广告都是采用这样的立体营销模式推出的。例如，工银信用卡联合中国银联推出的微电影广告《字谜》，由张颂文领衔主演，除了在视频网站上播出外，在多个省级卫视上也有播放。在传统媒体主导的时代，信息的传播方式是点对面的，在如今这个新媒体传播力量日趋强大的时代，信息的传播方式和受众对信息的接受方式也发生着改变。信息不再被推给消费者，而是人们主动将所需要的信息拉出来，并参与到创造信息的活动中。很多微电影广告并没有抛弃传统传播媒介平台，单向地追逐新媒体的热潮，而是将新老两种传播媒介有机结合[91]。

与新媒体时代出现的移动终端相比，传统的电视媒体虽然在便捷的移动性和播出时间的局限性上处于劣势，但其传播的广度还是不容小觑的。微电影广告在传统电视媒体上播出，将微电影广告传播给了一部分不经常或不熟练使用新媒体的受众。微电影广告在网络媒体上播出，又弥补了传统电视媒体传播过程中缺乏互动性的不足。微电影广告采用新媒体的病毒式传播和电视媒体的点对面传播联动传播，最大限度地优化传播范围和传播效果。例如，百事可乐公司的《把乐带回家》，在通过电视媒体播出时，播出内容是经过剪辑的，不是完整版影片，因此也就标注上了提醒观众上网搜索的字样。这样的传播方式既节约了部分昂贵的电视广告费用，也起到了调动受众期待的作用。这种多媒体联动的传播模式最大的优点就是保证了微电影广告传播的广度。从受众的角度看，微电影广告通过传统电视媒体和网络媒体联合播出，增加了受众广告信息来源的宽度。这种多源的信息获取方式能够加深受众对微电影广告的印象，强化了受众潜在消费的可能。

5.3.4 互联网户外广告

户外广告历经多年，一直发挥着重要的宣传功效和商业价值，之所以能够如此长久地在科技发展迅速、宣传方式日新月异的广告市场固守一席之地，关键在于它具有一般线上广告传媒难以取代的优势，如到达率高、视觉冲击力强、接受度高、成本低。随着线上红利的日渐饱和，户外广告这一线下流量的入口被重新

重视起来。线上线下渠道整合、媒体数字化的深度推进将成为趋势,如今线上媒体数字化、程序化已然成熟,以户外广告为代表的线下媒体数字化、程序化才刚刚开始。智能技术作为我国广告行业的核心生产力,为户外媒体的数字化、程序化转型提供了技术保障,技术的驱动和互联网环境下受众数字媒体接触习惯的养成,使户外媒体数字化转型成为可能和必然[42,92]。

1. 户外媒体助推基于位置的营销

传统户外广告的营销方式性价比较低:首先,投放成本较高,包括租金、折旧甚至闲置期的成本,而且广告牌大都依赖于某个商圈或地标性建筑建设;其次,受制于技术运作模式,广告内容的潜力无法完全释放;再次,粗放的投放方式显然是不可取的,无论对于广告资源还是广告主的资金都是很大的浪费。结合基于地理位置的数字营销战略,户外媒体作为个性化营销战略的核心组成部分,能在最相关的时间和地点触达目标消费者,从而获得增长。广告商创建动态广告系列并提供相关的上下文消息,根据不同的时间段和受众情境显示不同的消息,品牌广告指标平均提升15%[①]。这一点在传统户外媒体上体现得并没有很明显,因为户外广告牌等广告位,对于投放产品类型并没有严格的要求,但是在地铁、机场、电梯等场景,数字化的视频广告就可以基于场景和人群时间来细分广告投放类型。从分众、新潮等平台的动作可以看出,大数据下精细化的投放管理的确是户外广告的趋势。

2. 促进户外媒体与互联网的深度融合

目前传统户外媒体和互联网的融合大多是基于如何解决广告的精准化投放问题,主要从数据打通、广告投放平台、终端升级三方面展开合作,合作领域少且由于处于战略联盟的初期,合作多停留在表层。首先,随着双方的交融,不仅要持续深挖当前合作领域的深度,真正实现线上线下数据的对接和共享,并逐步拓展横向合作领域,如程序化内容生产以及户外广告智能化监管等,打造全数据全场景户外广告营销闭环。其次,随着户外广告电子屏的智能化升级,未来可实现程序化投放甚至程序化创意的广告类别将日渐丰富。以场景为标准,目前围绕社区、办公楼的梯媒走在程序化进程前列,商圈LED大屏广告也紧随其后。再次,户外媒体的互联网进程不能仅局限于同拥有线上广告程序化业务的互联网媒体或电商类公司合作,还需加强与提供程序化内容创意的专业技术服务公司的合作,形成"互联网公司+户外媒体+程序化创意技术公司"三方联合的态势,建立户外广告程序化市场调研、程序化创意、程序化投放的闭环,且随着三方技术与资源的打通,实现真正的个性化、规模化、实时化内容创意生产、投放和优化的闭环,

---

① https://www.zhihu.com/question/22391090/answer/400774300。

更好地服务于数字空间的生活者[93]。

3. 利用互联网技术加速赋能线下终端

户外媒体和互联网技术的融合,从宏观层面看,将显著提升户外数字化、智能化广告终端的普及率,并带动二三线城市户外广告程序化进程。在我国,户外广告智能化发展进程与市场经济紧密相关,因此展现出较强的区域不平衡的现状。北上广深四大城市占据了全国户外广告总量的近半,数字化终端普及率较高,且多集中于核心商业区。随着一线城市优质户外资源供不应求,二线城市户外广告已取得较好发展,未来户外广告线下终端的智能化升级将从核心商业区蔓延至周边区域,三四线城市的户外广告程序化进程也将随着线下媒体点位的数字化、数据化升级而取得突破进展。从微观层面看,将促进线下传统媒体数字化,数字媒体持续精进并加速智能化。未来不仅更多的传统户外媒体可实现数字化从而加入程序化进程,已加入程序化进程的线下点位也将持续深耕,如阿里分众的"U众计划"通过端对端联动,有望实现线上线下全链路打通,推进营销可视化、可量化、可优化。

5.3.5 典型案例

1. 社交媒体广告案例

通过微信公众号互选广告+朋友圈广告组合投放,深入公众号和朋友圈两大流量场景,能满足扩大新品声量、进行日常营销等多种营销诉求,助力提升品牌价值,最大化广告效果。新品上市,如何快速提升新品声量,扩大品牌知名度?朋友圈广告可让新品集中曝光,品牌强势吸睛。而公众号互选广告的广告推荐模式通过筛选与品牌调性相符的关键意见领袖(KOL)合作展示广告,让广告在 KOL 粉丝群体中持续发酵,可实现进一步传播扩散,帮助品牌在上市阶段持续火爆社交圈,扩大新品声量。

新品预热火爆朋友圈:别克在新品上市及品牌持续发酵两大核心营销阶段,组合投放朋友圈广告与公众号互选广告,提升新车知名度。别克投放的朋友圈基础式卡片广告,用更吸睛的大卡片承载温馨的家庭主题创意,为新款 GL6 家庭多功能车辆(multi-purpose vehicle, MPV)新车预热。广告在用户间引发广泛热议,总互动率超行业均值 60%①。

KOL 齐发声助力品牌热度升级:别克借助互选广告丰富而优质的自媒体资源,与亲子派、桃红梨白等与新品调性相关的 KOL 合作,使用互选广告的广告推

---

① http://www.168986.cn/tuiguang/36013.html。

荐模式为新车持续发声。别克借助广告推荐模式进一步扩大新品声量,释放粉丝效应,与消费者达成情感共鸣,强化"幸福,不缺席"的品牌理念,大大增强了用户对品牌的好感度。广告覆盖千万核心 KOL 粉丝群体,迅速扩大新品影响力(图 5-8)。

图 5-8　微信朋友圈广告《别克 GL6:幸福,不缺席》

2. 移动应用程序广告案例

2019 年今日头条推广格外热闹,经常会出现各种创新方法、话题爆点以及创意十足的品牌营销战役等。

例如,家居类品牌慕思的夏天-男篮世界杯项目:今日头条具有浓厚的篮球氛围,每 10 个头条用户就有 1 个关注篮球运动。作为男篮世界杯的赞助商,慕思寝具发起"篮球的夏天"超级话题,将篮球粉丝沉淀为目标受众,联合苏群、杨毅、张宁等体育达人产出优质文章,将男篮世界杯与慕思的健康睡眠文化深度结合。借势男篮世界杯热度,话题影响力翻倍,收获阅读、讨论。慕思品牌指数较投放前提升 100%。

又如,华为 nova 5 系列-数码达人团众测项目:华为 nova 5 新品上市,今日头条甄选平台 20 位科技数码达人量身打造"众测团",从拍摄功能、外观呈现、硬件搭载等多角度深度测评,使 nova 5 产品深入人心。华为 nova 5 机型搜索指数急速上升,登上热搜机型榜前三。同时,华为品牌也收获超高影响力,品牌关注度持续领跑其他各大厂商,华为终端头条侧粉丝增长率高达 14.8%。

再如,快消类的麦当劳《别人家的公司》微综艺项目:麦当劳与今日头条推出职场微综艺《别人家的公司》,与 papi 酱和 5 位达人探秘 5 大代表性公司,解答青年职场困惑。整合全生态资源，头条、抖音、西瓜等多平台流量联合造势，《别人家的公司》知识产权(IP)影响力远超预期。微综艺成为今日头条在带火视频网络日志(VLOG)之后的又一个内容新爆点。IP 热度直接带动品牌及商品热度，"麦当劳超值三件套"品牌关键词在头条平台上的用户阅读热度提升131倍，"职场"属性在年轻职场圈层得到广泛认知[①]。

3. 微电影广告案例

品牌的微电影开头要有引子，以便一开始就抓住消费者的眼球。开始可以设置一个悬念，吸引消费者想解开这个悬念一探究竟；或者从代入感、颓废开始。滴滴出行《城市摆渡人之追念》(图 5-9)：城市再大，我送你回家。刚开始就是一个慈祥的老太太在找药店，滴滴司机告诉她路线以后，不放心又带上她。车上老太太聊起小时候女儿生病用桂花糕吃药的往事，并给司机看了她女儿以前的画，在画背面看到女儿写了这个老太太有健忘症，于是司机送她回了家。开头慈祥的老太太一直说要给她女儿买药，是她女儿病得厉害吗？为什么大晚上她一个人出来？种种疑问吸引了消费者。

图 5-9　滴滴出行《城市摆渡人之追念》

品牌可以用各种困难把主角逼到死角，主角逐渐绝望，开始破罐子破摔，欲扬先抑。随着情节发展，消费者揪着的心随之释放。刚开始主角的遭遇越惨，后面主角成功的时候消费者越能够得到释放。西班牙国家彩票圣诞广告《我的外星女友》讲述的故事是，一个小导游为了改变生活，买彩票时碰到了来自外星的女

---

① https://www.sohu.com/a/360743565_120244113.

孩。在做导游时总是面对对他爱理不理的游客，好不容易碰到一个迷路的女神，他辛辛苦苦教女孩学说话，然而女孩却忽然不见了。看到男主角千辛万苦寻找女孩未果，感觉他已经倒霉到了极点。当公布彩票时，男主角中奖了。在去彩票店的路上跟妈妈报喜，一转身发现了也在寻找他的女孩。这先抑后扬完美的诠释让消费者看完觉得很"嗨"。

品牌的微电影并不是像普通电影一样可以无的放矢，而是需要根据潜在消费者的经历、心理找到他的"嗨"点、痛点、娱乐点，把它们融入微电影里面去。让消费者看完觉得自己就是主人公，并将自己的情感经历迁移到主人公身上去。支付宝微电影《所有的精打细算，都是在为爱打算》，故事中小男孩的妈妈在各种生活琐事中特别节省，让消费者看后觉得感同身受，感觉跟自己的妈妈差不多。然而这么抠门的妈妈，却给小男孩报了一个9800元的冬令营(图5-10)。让我们想起自己的妈妈也是省吃俭用给自己最好的，就达到了很好的情感共鸣。

图 5-10 支付宝微电影《所有的精打细算，都是在为爱打算》

4. 户外广告案例

2018年"双十一"恰逢周末，天津新晋开张的鲁能城购物中心开展精彩活动，为宣传新商场的知名度、为其吸引源源不断的客流，雅仕维广告公司于3号线天塔站以"11·11别样轰趴"为主题，打造网红地铁站，瞬间成为"双十一"的新热点话题，乘客纷纷驻足拍照留念，营造线上节日与线下商场活动共狂欢的火热气氛。同时，雅仕维更开启"地铁媒体+网红联动"的新模式，邀请天津知名的网红走进地铁站，和打卡区的"自己"合影，并发送趣味视频至抖音、微信、微博等社交平台，实现线上线下联动宣传(图5-11)。网红自带的时尚标签及上百万粉丝，将线上流量成功引流至地铁站及购物中心，其营销模式在短时间内迅速火爆社交平台，3 天内传播量超 60 万，二次曝光效果爆棚，成为乘客必去打卡之地。活动后期，雅仕维在线上微信平台征集照片，进行"轰趴人气王"评选活动，通过网络投票的互动形式吸引乘客积极参与，最终选出 20 位"轰趴人气王"并赠予小礼物，通过社交平台使活动效果持续发酵。

图 5-11　天津地铁站 "11·11 别样轰趴" 活动

第6章 广告监测、广告归因与广告计划优化

6.1 广告监测

6.1.1 广告监测的意义

1. 广告监测是广告交易的货币

广告是一种特殊的商业交易过程,媒体卖出受众流量,广告主支付费用购买流量,获得让受众观看广告的机会。而交易需要"货币"来衡量交易物的价值。广告监测所扮演的角色就是广告交易中的货币,是广告交易流程中不可缺失的核心环节,可解决交易双方互信问题。第三方的广告监测为广告市场中交易的双方甚至多方提供了公开透明的数据基础。

2. 广告监测是广告优化的前提条件

管理学家德鲁克(Drucker)在 *The Practice of Management* [93]一书中说"If you can't measure it, You can't manage it",这意味着在广告交易中,没有测量,就无法对预算进行管理和优化。

第三方监测对广告投放平台来说是不可缺少的基本功能。完备的监测体系能帮助广告主获得由第三方广告监测公司提供认证的、真实有效的广告数据,以此进行深度分析。

3. 广告监测及数据分析是促进数字广告市场繁荣的基础

大众媒体时代,传统电视广告也有第三方监测和测量体系,即通过样本组建立的收视率和广告毛评点(GRP)测量系统,支撑了以电视媒体为核心的大众广告市场和一系列的广告公司。

但相对于今天的数字广告,电视收视率系统可提供的分析功能和优化效率都相对简单。

中国数字广告发展的历史中,视频贴片广告最先基于秒针系统①等第三方公司的监测系统,提供在线广告毛评点(IGRP)测量指标,使互联网视频广告统一采

---
① http://www.miaozhen.com/cn。

用与电视广告一样的标准衡量效果,这极大地加速了视频广告的交易。

可以说,第三方的广告监测是促进整个数字广告生态繁荣的重要基础。除广告主和媒体方以外,还连接了技术方、数据方、服务方等多方共同参与市场,通过技术不断提升数字广告的效率。也正是优秀的效率吸引了越来越多的广告主在营销投资上选择数字广告。

4. 广告监测对抗作弊

有交易,就可能有不透明的作弊行为。为净化数字营销环境,保护广告主权益,每年"3·15"前夕,秒针系统都会发布年度异常流量报告,推出的《2019年度中国异常流量报告》[94]数据显示,2019 年,中国在线广告异常流量占比为 31.9%,品牌广告市场因异常流量造成的损失高达 284 亿元。而据世界广告主联合会(World Federation of Advertisers,WFA)预估,若不采取措施,2025 年虚假广告花费将高达 500 亿美元,仅次于毒品交易金额,成为世界第二大非法营收。

有广告监测,才有可能对抗各种类型的作弊行为。本书将在第 12 章中专门介绍各类作弊行为及其识别方法。

6.1.2 广告监测的 3R 模型

广告的终极目标都是帮助企业赢得消费者,促进销售。而不同广告活动所侧重的目标不同,如促销类广告的主要目标是短期提升销售量;品牌类广告则侧重于品牌形象的建立,在长远时间范围内对销售产生影响。

全面评估在线广告效果,需要以消费者感知为中心,依据消费者对广告接受过程,测评他们在不同阶段被广告影响的程度,形成完整的评估框架。目前市场的广告监测与评估,基本都以 3R 模型(图 6-1)为框架。

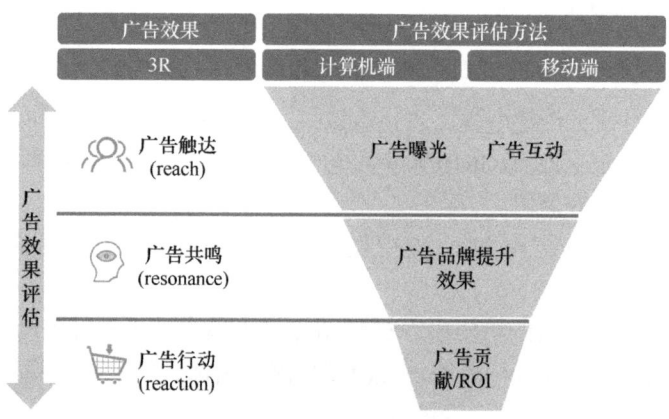

图 6-1 广告监测 3R 模型

(1) 广告触达。广告活动最主要的目标是将广告送达到消费者眼前。理论上，没有被广告送达到的受众不可能受到影响，只有看过广告的受众才有可能受到广告影响，从而产生行为和改变。

广告触达测量主要通过第三方广告监测公司进行，第三方广告监测公司对采集到的监测数据进行清洗、加权、分析、处理后生成监测结果，提供给相关需求方(广告公司、广告主、网站等)。

(2) 广告共鸣。消费者看了广告后，是否记得广告的内容？是否正确记得广告中的品牌？是否理解了广告传递的信息？是否喜欢这则广告？所有这些消费者脑海中的反应，称为"广告共鸣"，广告共鸣直接或间接影响消费者未来对该广告指向的产品、服务可能采取的行动。广告共鸣测量的基本方法是 AB 测试。

(3) 广告行动。广告活动的最终效果体现在对消费者行为的影响上，即是否购买产品，购买量有多少。不同行业"广告行动"效果也会衍生出新指标，如网站浏览量、应用程序下载量、到店人次等。广告行动测量主要方法包括 AB 测试、多触点归因、时间序列等。

以上三步环环相扣，缺一不可，构成广告受众感知广告效果的完整路径。3R 模型以外，经常使用的广告测量指标还包括广告贡献(advertisement contribution)和投入产出比(ROI)。

广告贡献：用于评估每种广告投放所贡献的消费者行动量。由于各类广告投放通常发生在不同的时间段或不同的市场，所以通过多年市场数据的回归模型，可以拆解出每种广告类型对消费者行动变化产生的贡献，并最终计算出其带来的消费者行动量。以产品销售为例，可得到不同广告类型贡献的净增销售，并可相互比较以判断不同广告类型对业务的重要性。

投入产出比：是指广告主每一元的广告花费，能够带来多少的消费者行动，如注册会员、关注账号或购买商品。通常对不同的广告类型(如横幅广告、视频前贴片、搜索广告等)进行投入产出比的比较，可以对投入产出比低的广告类型进行优化和评估，并在未来的媒体计划中优先考虑投入产出比高的广告类型，从而帮助广告主实现广告资源的产出最大化。

6.1.3 广告监测关键指标

根据国家标准《互动广告 第 3 部分：效果测量要求》(GB/T 34090.3—2017)，对于广告监测的关键指标有以下定义。

1. *广告曝光量*

广告曝光量(advertisement impression)是在某一网站的指定时间周期内，广告被展现的总次数。一般地，对于视频广告，视频素材首帧画面被展现即为曝光(展示），视频播放过程可分为 1/4 展示点、1/2 展示点、3/4 展示点和全部观看完毕。完全播放完毕为完整曝光。

2. 广告独立访客

在指定时间周期内访问网站的一台设备即被记为一个访客，在指定时间周期内相同的设备只会被计算一次。一般地，每个访问者都具有唯一标识，独立访客(advertisement unique visitor，UV)即网络唯一访客的标识称呼。

3. 广告独立点击者

独立点击者(advertisement unique clicker，Clicker)的计算方法与独立访问者类似，即统计访问者产生的点击日志中用户唯一标识的数量。

4. 平均频次

平均频次(average frequency)是接触广告的浏览者或者访问者平均每个人接触同一个广告的次数。

5. 点击量

点击量(click)是在指定时间周期内，来访用户点击广告的总次数。一般地，"广告点击"的广义理解可以扩展到用户与广告的有效交互行为，如点击、摇晃、滑动等，此行为将促成后续的页面行为。

6. 点击者

点击者(clicker)是指在指定时间周期内，点击过某按钮或广告的总人数。一般地，每个访问者具有唯一标识，点击者即周期内产生点击行为的唯一标识的数量。

7. 点击率

点击率是某一广告内容或区域被点击的次数与被展现次数之比，即点击量(CL)与曝光量(PV)的比值，计算公式为

$$CTR=CL/PV$$

8. 落地页到达

落地页到达(landing)是用户通过点击广告、搜索引擎、点击其他链接、直接输入等方式成功打开完整着陆页面的次数。

9. 广告内互动

移动互联网技术和传感器的发展为广告内互动(in advertisement interaction)提

供了各种可能性。广告内互动是指包含了多种交互形式及事件的广告,这里的交互包括但不限于扫一扫、摇一摇、喊一喊、滑动、拖动、触摸等;事件包括但不限于扩大广告、滚动广告、播放视频、播放音频/静音等。此行为在广告内完成,不促成后续的页面行为。

10. 广告内互动访客数

广告内互动访客数(in advertisement interaction unique visitor)是在指定周期内,成功进行各种广告内交互事件的互动访客数,根据每个访客的唯一标识进行统计。

11. 广告内互动率

广告内互动率(in advertisement interaction rate)是广告内互动量与曝光量的比值。

12. 社交性互动

社交性互动(social interaction)引导用户将自身体验或感受发送到社交平台,包括但不限于分享、转发、评论、点赞、关注等。

13. 触达

在指定时间周期内,观看过某广告 N 次及 N 次以上的访问者人数,称为"$N+$ 触达"。"1+触达"即"独立访问者人数"。$N+$触达的计算方法与独立访问者计算类似,即统计访问者产生的曝光日志中出现 N 次及 N 次以上的用户唯一标识的数量。

14. 可见系数

可见系数(visibility index)是某广告位广告被受众看到的平均概率。

15. 效用系数

效用系数(utility index)是在同等可见的情况下,某广告对人认知、情感、行为的影响力高低的平均比值,根据广告目标不同,有多种指标可供选用。

16. 等效曝光

等效曝光(equivalent impression)指同时考虑可见系数和效用系数调整后的曝光数,用于不同屏幕类型、不同广告形态的广告的统计与报告。等效曝光数为各曝光量与对应的可见系数、效应系数乘积的和:

$$等效曝光数 = \sum(监测广告曝光量 \times 可见系数 \times 效用系数)$$

6.1.4 广告监测方法

广告监测一般是由第三方监测公司提供具有采集日志功能的监测代码(tracking tag)，被监测评估的媒体预先嵌入监测代码，当广告活动发生时，可以采集到日志记录；第三方公司收集这些日志后，对数据进行处理，清洗无效数据，按广告活动信息计算其曝光、点击和到达率等指标，形成报表提供或通过监测服务系统展示给需求方的过程(图6-2)。

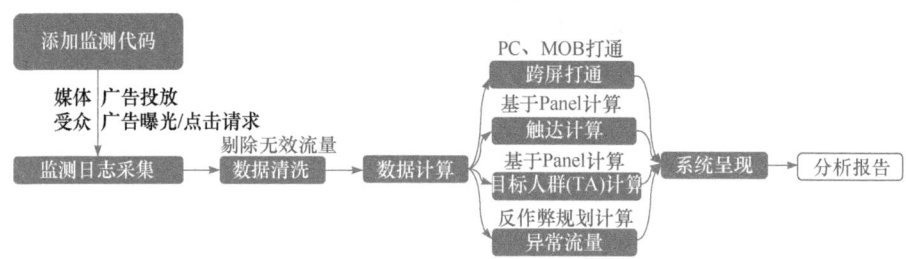

图 6-2 广告监测流程与方法
PC 指计算机端，MOB 指移动端(包括手机和平板电脑)，Panel 指样本组

广告监测的实现技术属于客户端计数(client-side counting)。当用户浏览或点击到广告时，用户客户端触发监测代码，向监测方服务器发送一条超文本传输协议(hyper text transfer protocol，HTTP)或超文本传输安全协议(hyper text transfer protocol over securesocket layer，HTTPS)请求。监测服务器收到合法的曝光/点击监测代码请求后，将会返回 HTTP 200/302 响应，并在服务器上记录该条日志，用于后续计算相关指标。监测服务器在响应时，会使用 no-cache 等 HTTP header(指 HTTP 头部字段中的不缓存设定)以避免浏览器缓存。监测代码同时也支持随机数宏以避免缓存。

在线广告中，需要监测的广告类型不同，对使用的监测代码也有不同要求，表6-1 展示了主要广告物料类型和其应使用的监测代码的类型。Flash tag 被嵌入 Flash/富媒体物料中，并在 Flash 开始播放时被触发。JavaScript tag 或 Pixel tag 被录入媒体或第三方广告投放系统(如 DFP、Sizmek AdServing 或媒体内部投放平台)中，广告曝光时代码被触发。这些监测代码添加方法同样适用于桌面浏览器、移动 Web、移动应用程序环境。

表 6-1 广告监测各物料类型使用的监测代码

创意类型	曝光	点击
视频	Pixel tag	URL
富媒体	Flash tag	URL
图片	JavaScript tag (如果可用) 或 Pixel tag	URL

根据以上广告监测的方法介绍可以看出,广告监测最基础的实现条件是数据的获取,目前通用的数据获取方法为客户端到服务器(client to server,C2S)、服务器到服务器(server to server,S2S)、安全文件传输协议(secure file transfer protocol,SFTP)上传三种,如表6-2所示。

(1) C2S 是最常应用的在线广告监测数据采集方式,通过媒体添加监测代码,直接在广告行为发生的用户客户端采集数据,其数据为实时回传,广告监测的透明度最高,最受广告主信赖。

(2) 目前也有一些媒体无法支持在线的广告监测,会选择 S2S 离线监测,由媒体方或投放方的服务器直接对接第三方服务器,按约定时间(天、小时等)传输数据的方式采集日志。这一方法解决了从"没有监测"到"可以监测"的问题,但在透明度上弱于 C2S。

(3) 一些特殊媒体如双向有线电视和 IPTV,其客观现实是封闭的内网环境,无法做到公网数据实时客户端传输,这时可选择 SFTP 上传等非实时的方式。

表 6-2　广告监测中数据获取方式对比

对比	计算机端/移动端/智能电视端在线广告监测	计算机端/移动端/智能电视端离线广告监测	双向有线电视和 IPTV 广告监测
数据源类型	监测代码	监测代码	媒体自传
监测方式	C2S	S2S	SFTP 上传
日志回传时间	实时	按天、小时、分钟	按天、小时、分钟

同时,针对不同的客户端,第三方监测公司也提供不同的监测方式,主要为 SDK 和 HTTP 代码监测两种:

(1) SDK 监测,主要应用于移动端应用程序,通过获取设备 ID 统计广告独立访客,其优势是监测误差降低、广告独立访客统计更精准、作弊难度更大。

(2) HTTP 代码监测,是计算机端的监测方法,也可以应用在移动媒体的无线应用协议(wireless application protocol,WAP)环境,此时在独立访客统计上使用 fingerprint 指纹算法,这一方法相比较移动端 SDK 来说,数据差异大,判断独立访客的准确性略低。

在数据获取之后,广告监测的核心问题是解决广告独立访客统计问题。广告独立访客统计的挑战是每个设备都必须提供监测方可识别的设备标识符,而可识别的设备标识符背后同时存在着广告交易中的作弊行为。可识别的设备标识需解决两个问题:一是标识符不全,需要使用 fingerprint 技术来进行推论;二是设备标识符可能被伪造,需要监测方基于大数据和智能技术进行反作弊排查。

广告监测的另一个关键问题是目标人群的计算,即在广告独立访客的基础上识别用户的属性(性别、年龄段)，而且实际中很难获得每个设备用户的真实属性信息。因此，Panel 数据被引入作为样本，利用推及的方法估算基于人的独立用户指标。

目标人群比例计算方法：在一个活动中全部的触达人群会包含 Panel 中的部分用户。因为 Panel 用户的选择是独立于活动的，故可以将相交部分的 Panel 用户作为样本去推及活动触达用户的目标人群分布，并估算抽样导致的偏差。Panel 的大小、相交样本量、标准差等统计指标将会在监测报告中披露(图 6-3)。

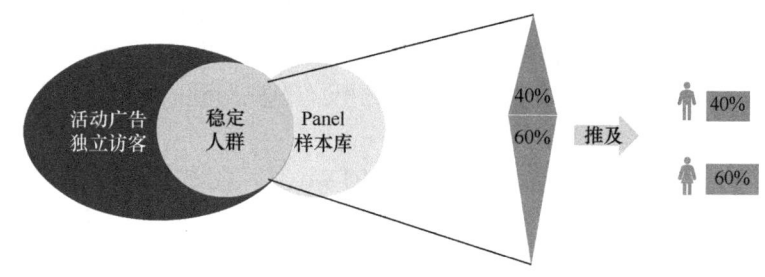

图 6-3　广告监测目标人群计算

有了目标人群和广告独立访客，还需要计算触达率指标。触达率计算中的主要挑战是跨屏的打通和识别，目前第三方监测公司使用基于 IP 地址和相似行为的算法进行打通。除了可计算得出属于同一用户的设备结果，还会得到这些结果的可靠性概率。

跨屏打通的计算公式为

$$可信度(\text{IP}_i) \propto \frac{两个设备分享相同\text{IP}地址的次数}{某一个设备和所有其他设备分享相同\text{IP}地址的次数}$$

$$相似性(A, B) = \sum 可信度(\text{IP}_i) \cdot 匹配次数(\text{IP}_i) \tag{6.1}$$

其中，在不同 IP 地址下，A、B 两个设备的可信度为两个设备分享同一个 IP 地址的次数和某一设备与其他设备分享同一个 IP 地址的次数。而 A、B 两个设备之间的总体相似性为两个设备分享同一个 IP 地址的次数和可信度的加权和。结果越接近于 1，设备 A 和 B 越相似。

目前在广告监测中，更多精细化的指标还在不断增加，帮助广告主提升测量的有用性。例如，广告的可见性监测、广告的等效性测量、广告的反作弊等，都是通过不断建立新的监测规则与标准，推动广告行业的透明化。

6.1.5　广告等效曝光体系

不同屏端、不同广告位广告的曝光的价值存在差异。为实现跨屏、跨形态曝光量统计比较以及统一换算，需要在广告测量中引入等效曝光体系。等效曝光体系是指为不同广告位明确量化可见系数与效用系数的应用框架,可提供可见系数和效用系数的标准测量方法和系数参考。

在现有曝光统计基础上,加入可见系数与效用系数,可以构建通用的等效曝光体系。构建方法为

$$等效曝光数 = 曝光数 \times 可见系数 \times 效用系数$$

等效曝光为应用在同样地域和同类目标人群的曝光。

(1) 可见系数:是某广告位广告被受众看到的平均概率,基于广告位统计的可见系数能体现媒体的价值,排除创意影响。可见系数的区间在0～100%。

广告位的可见性受到目标受众特征、广告位类型、位置、大小及周边环境的影响,可见系数可以通过眼动试验法等方法获取。

(2) 效用系数:是指在同等可见的情况下,某广告对人认知、情感、行为的影响力高低的平均值。

效用系数为不同广告位效用与某一标准广告位效用的比值。标准广告位建议采用15s视频前贴广告的完整曝光为基准。

效用系数的获得方法包括眼动试验法、后测对比法等。

(3) 等效曝光数的计算:等效曝光为各广告位曝光数与可见系数、效用系数乘积的和,计算公式为

$$等效曝光数 = \sum(监测广告曝光量 \times 可见系数 \times 效用系数)$$

(4) 其他相关指标的计算:在等效曝光体系中,还提供其他相关指标,如可见曝光、可见独立访客等。

可见曝光:考虑到可见系数后的曝光量,计算公式为

$$可见曝光 = \sum(监测广告曝光量 \times 广告位可见系数)$$

可见独立访客:考虑到可见系数后的独立访客数。计算方法为按独立访客分别计算可见概率,然后加总,计算公式为

$$可见独立访客 = \sum_{独立访客}\left[1 - \prod_{单访客曝光}(1-可见系数)\right] \quad (6.2)$$

6.2 广 告 归 因

6.2.1 广告从曝光到效果的三条路径

广告从曝光到产生购买行为的效果,会有三条路径(图6-4),为即时转化效果、短期转化效果和长期转化效果。

(1) 即时转化效果:即看过广告后马上产生点击行为,通过广告提供的跳转链

接和购买渠道,浏览商品,进行购买。在其他行业,如应用程序广告,也可以体现为看到广告、点击、下载、安装行为的一次性完成。

(2) 短期转化效果:即看过广告,形成认知后,产生短期的效应行为,如搜索此类商品信息,并在较短的周期内(一般为 4 周以内)有购买行为发生。

(3) 长期转化效果:即看过广告后,并没有在较短周期内产生可追踪的行为或购买效果,但在消费者心智层面,对品牌产生了情感的改变,在接触广告较长时间后,也会转化为购买行为。

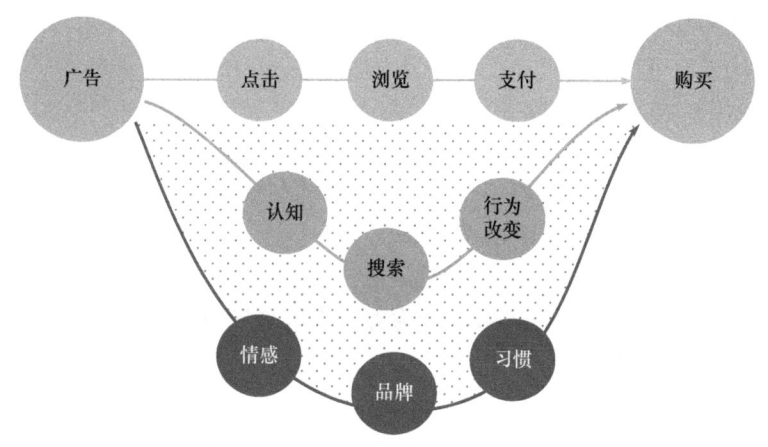

图 6-4　广告从曝光到效果的三条路径

广告归因的目的是量化计算每一类广告曝光量对广告主所期望的目标效果行为(如商品购买量、产品下载量)的贡献比例。

实际广告投放中,大部分广告活动都是多渠道、多广告形式的投放,而效果数据也分布在企业自身、电商渠道等。由于广告渠道间的数据隔离、广告数据的获取不完整等,并非每个受众、每个行为节点、每类型广告都可以直接追踪测量,这给广告归因造成挑战。

对于广告主,尤其是效果类广告主,在第三方监测平台上,会依据归因模型进行归因分析,区分和确认各个广告投放渠道甚至各个广告位、各类广告素材的转化效果,获取完整的广告投放反馈。

在互联网数据领域,归因模型主要是指一种、一组规则或算法,用于确定用户通过多个渠道访问时,将转化效果(应用程序下载、应用程序付费、商品下单量等)分配给哪一个渠道。

目前,受限于归因的投入成本、时间效率、归因数据采集难度等条件,市场上有三种典型归因的实践方法:AB 测试、多点归因(multiple touchpoint attribution,MTA)模型、营销混合模型(marketing mix model,MMM)。

6.2.2 AB 测试

AB 测试是用两组及以上随机分配的、数量相似的样本进行对比,实验组和对比组的实验结果相比,在目标指标上具有统计显著性,那就说明实验组的功能可以导致想要的结果,从而帮助验证假设或者做出决定。

AB 测试的用途非常广泛。小到一个按钮用红色好还是用黑色好,大到朋友圈对微信日活数(每日活跃用户数)的影响,都可以通过 AB 测试来解决。在广告领域,AB 测试被广泛应用于体验优化/转换率优化和广告效果归因的场景中。

(1) AB 测试在体验优化中的应用。例如,为网页、应用程序界面或流程制作两个(A/B)或多个(A/B/n)版本,在同一时间维度,分别让组成成分相同(相似)的访客群组(目标人群)随机地访问这些版本,收集各群组的用户体验数据和业务数据,最后分析、评估出最好版本,正式采用。

(2) AB 测试在转换率优化中的应用。例如,在电商场景中,影响销售转化率的因素有产品标题的设计、描述文案、展示图片、定价等,通过 AB 测试分析这些相关因素的影响,不仅可以直接提高销售转化率,长期进行也能提高用户体验。

(3) AB 测试在广告效果测量与归因中的应用(图 6-5)。在真实的媒体环境中,通过技术手段识别目标受众中看过广告(曝光组/测试组)和没看过广告(非曝光组/

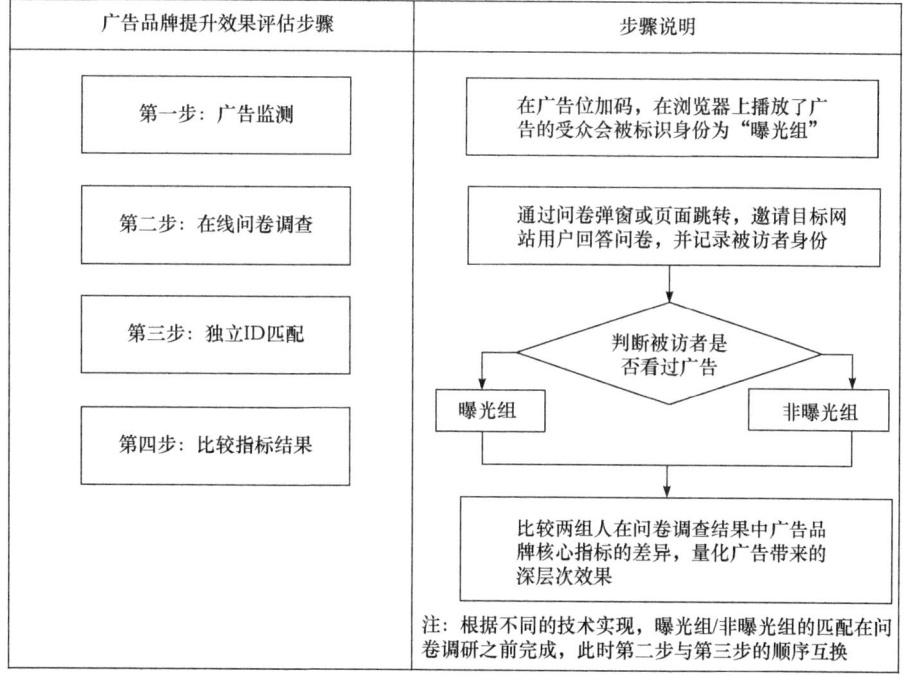

图 6-5 AB 测试广告品牌提升效果的步骤

控制组)的群体。由于曝光组与非曝光组来自相同的网站，具有类似的人群特征(目标人群属性一致)，他们对于品牌感知的差异主要来自是否被广告曝光。因此，可以将两组人群的品牌指标的提升归功于广告。这一方法可以衡量媒体广告位的价值差异，实现媒体投放的优化，提升广告投资的效率。具体的操作流程通过以下步骤实现：

(1) 设计指标。挑选关键指标，验证广告如何改变受众对品牌的感知。

(2) 加码监测。在广告位嵌入监测代码，用于识别受访者曝光与否。

(3) 问卷采集。通过问卷弹窗或网页跳转随机出示调研问卷进行调研。

(4) 匹配人群。使用独立 ID 将受访者匹配为曝光组和非曝光组。此步骤根据采用的实际技术的不同，可在问卷采集之前或之后完成甄别。

(5) 给予建议。根据广告表现的评估结果，针对广告创意、广告平台(网站、页面)、广告时长(15s/30s/60s)、节目类型等影响广告表现的不同方面进行分析并给出建议。

AB 测试评估中必须注意的事项如下：

(1) 多终端调研。针对同一轮广告活动或同一个广告创意，需要在多种终端(计算机及手机)上进行测量，以获得全面数据并进行不同终端的对比分析。

(2) 样本去重处理。分媒体曝光组样本量需要进行去重处理，将来自不同媒体的样本进行汇总，并删除来自不同媒体样本数据中包含相同 Cookie(移动端采用独立设备 ID 作为唯一标识)的问卷样本，用只在某一个媒体曝光的用户问卷数据计算得出该媒体的广告效果，并进行媒体间广告效果的对比。尽可能做到跨屏去重，以避免在分析每个媒体时受到不同媒体间的交叉干扰，去重后结果是指被访者只在单个媒体上看过广告。

(3) 动态控制样本。在样本采集过程中，需要根据实时采集的结果情况对样本的采集过程进行合理的动态控制，当曝光组人数不足时，可以适当调整问卷弹出/展示率。

(4) 最小样本量。所分析的各类受众人群，需要满足最小样本量为 100 的要求，以在计量科学上产生显著性意义并作为对结果有效性的判断依据。

(5) 评估指标。设计用于评估广告品牌提升效果的指标时，需要根据广告活动的目的进行选择和设定。常用的评估指标包括品牌认知、品牌熟悉、品牌态度、品牌喜好、品牌偏好、品牌参与、品牌预购和品牌推荐。

(6) 结果分析。广告投放中，广告创意、投放力度、持续周期、竞争者影响和媒体环境变化等诸多因素都会影响广告的实际效果表现。在分析评估结果数据时，需要考虑受众在被广告曝光后影响品牌相关指标改变的多重因素。基于 AB 测试方法进行品牌提升效果评估广告有效性，是综合了这些因素的现实影响下的实时测量结果，反映了广告在真实媒体环境中的实时表现。

AB 测试在实践中有诸多应用场景：一方面，广告主可以基于不同的广告创意、不同的投放平台、不同的广告曝光频次、不同的广告目标人群、不同的城市级别，以及不同的用户属性等维度分类比较、评估广告活动的有效性，从而为如何优化找到方向；另一方面，媒体方也可以采用这种方式来测量其自身不同广告形式、不同媒体渠道的价值差异。

随着实践中积累的案例不断增多，还可以通过统计学的测量计算原则，推导出有利于广告行业发展的广告效果评估基准值，使得未来能够在更为全面的视角下对广告效果进行更为客观、准确和细致的评估。

AB 测试也同样可应用于广告与销售数据的效果分析，特别是引入电商渠道的销售数据后，可以从个体级别识别广告曝光人群最终是否在电商上产生转化。对比曝光组与控制组后，可以得到广告对销售的贡献；对比不同条件的曝光组在转化提升率上的差异，可以识别分析出最优销售转化贡献的投放策略和渠道。

图 6-6 展示了广告监测数据与电商数据打通后，通过 AB 测试进行广告效果分析的方法。值得注意的是，由于数据安全和隐私的限制，虽然在技术上可以实现到个体级别的打通，但在实践的案例操作中，均基于不同组别人群的"统计级"数据进行匹配和输出。

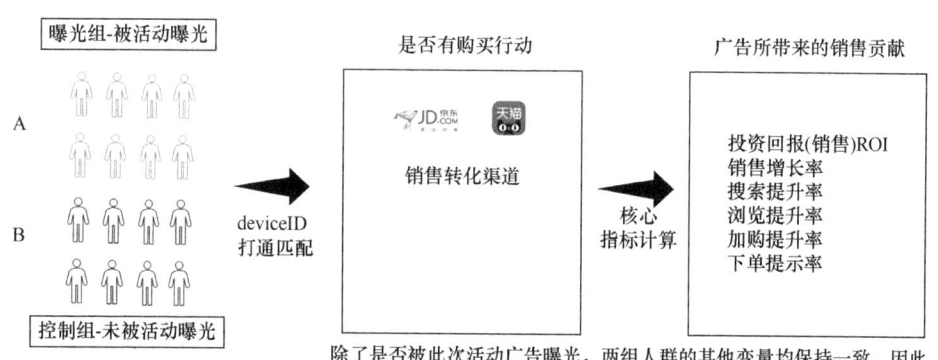

图 6-6 AB 测试广告——电商转化效果分析的应用

最后需要特别说明的是，AB 测试在实践中，由于投资较低、时效快、适用场景多，得到非常普遍的应用，但这一方法也存在局限性和挑战，主要体现在以下三方面：

(1) 统计功效问题。当 A、B 两组条件对于行为的影响减小时，所需要的能够准确统计分辨效果的样本量相应增加。而且随着测试增加，不可避免会出现假阳性现象。

(2) 统计偏差。较难找到完全 100%随机对等的样本作为控制组/对照组，有时会存在统计偏差。

(3) 无法分析复杂因素。当影响广告效果的因素过多时,无法区分复杂因素。

6.2.3 多点归因模型

美国互动广告局对广告归因的定义①是:归因是指识别一组以某种方式有助于实现预期结果的用户操作(事件),然后为这些事件中的每一个事件赋值的过程。

1. 归因模型首先要整合用户旅程数据

归因分析是指在特定时间周期内,用户旅程中所经历的不同营销渠道的不同接触点对达成转化目标的贡献价值评估。

在线广告归因的解决步骤:首先通过广告监测(加码)追踪采集尽量多的广告触点和行为数据;其次通过技术手段匹配数据,将不同平台的 Cookie、设备等匹配起来;最后也是最重要的一步是选择合适的模型进行分析。

选择模型时,需要考虑不同消费者、不同行业品类,在广告到效果的影响过程都是不同的。图 6-7 展示了同一行业的不同个体、不同行业的用户行为旅程差异,可以看到,在汽车行业中,不同消费者的决策旅程完全不同,而汽车行业与应用程序行业的消费者相比,行为旅程也完全不同。因此,在归因中,必须深刻理解广告投放的实际转化路径(用户行为旅程)的特征,针对不同的营销场景和不同的渠道组合营销策略,应用适合的归因模型。

不同人差异:两个汽车消费者从广告-效果(有效leads)的旅程

展示广告1 → 展示广告2 → 搜索广告1 → 社交媒体广告 → 垂直媒体广告 → 有效leads

垂直媒体广告1 → 垂直媒体广告2 → 展示广告1 → 有效leads

不同行业差异:应用程序用户从广告-效果(下载)的旅程

社交媒体广告1 → 展示广告1 → 展示广告2 → 社交媒体广告2 → 点击下载应用程序

图 6-7 不同个体、行业用户的行为旅程(leads 指销售线索)

2. 常用的归因模型

一个有效的归因模型(归因分析方法),能够传递给广告主这样的信息:哪些渠道转化效果最好,哪些渠道能促进业务增长,哪些渠道有助于转化。

在数字广告生态中,有多种模型可以选择,其中首次点击归因和最终点击归

---

① 原文如下:Attribution is the process of identifying a set of user actions ("events") across screens and touch points that contribute in some manner to a desired outcome, and then assigning value to each of these events.

因由于便于测量与使用，相关监测工具和手段比较成熟，得到了较为广泛的应用。图 6-8 为首次点击归因模型的图示。

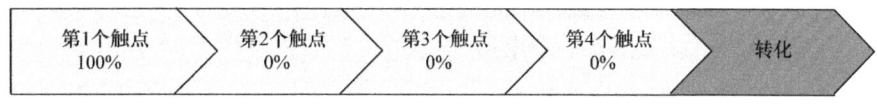

图 6-8　首次点击归因模型

首次点击归因模型：产生用户点击行为的第一个广告渠道被认为是产生转化效果的渠道。

首次点击归因模型的优点是适合于打造具有品牌知名度、辨识度的广告；缺点是割裂了与最终转化的联系，忽视了其他因素的影响，较为片面。

图 6-9 为最终点击归因模型的图示。

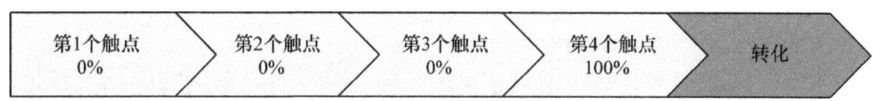

图 6-9　最终点击归因模型

最终点击归因模型的定义：产生用户点击行为的最后一个广告渠道被认为是产生转化效果的渠道。

最终点击归因模型经常在网站分析工具和搜索中应用，优点是相对容易测量；缺点是单触点模式不考虑产品宣传的认知度和兴趣作用的过程，可能是用户看到其他相同的广告促成最后的点击转化。

上面的模型中，触点的权重分配看起来都比较武断，并非根据数据计算出每个渠道的权重，无法直接指导广告投放的优化。还有一些算法也可以用在归因分析中的触点权重设置上。

算法一：回归或逻辑回归。

应用这种算法可以有效地分析各个因素的影响，从而更科学地确定不同触点的权重。

算法二：夏普利值(Shapley value)方法。

夏普利值方法是指所得与自己的贡献匹配的一种方式，由诺贝尔奖获得者夏普利提出，它对在理论上的重要突破及其以后的发展带来了重大影响。

算法三：生存分析(survival analysis)方法。

生存分析是来源于医学研究的一种方法，根据试验或调查得到的数据对生物或人的生存时间进行分析和推断，研究生存时间和结局与众多影响因素间的关系及其程度大小，也称为生存率分析或存活率分析。这种方法在医疗处理领域比较成熟，可以通过以下方法应用到归因分析领域。

在实现分析中，可以使用 COX 回归方法，又称比例风险回归模型(proportional hazards model)。COX 回归可以对多个因素进行分析，和逻辑回归(LR)有些相似，都是通过训练过程找几个参数，不同的是 COX 回归中考虑了时间的因素；通过 COX 回归计算，可以算出每一个渠道的权重。

算法四：通径分析(path analysis)。

通径分析的基本原理是美国学者赖特(Wright)于 1921 年创立的，是利用通径系数分析变量间相关关系的方法。

通径分析是进行相关系数分解的一种方法，它的意义不仅在于揭示了在 x_1, x_2, $\cdots$, x_m 和 y 的相关分析中，$x_i(i=1,2,\cdots,m)$ 对 y 的直接影响力和间接影响力，而且还可以在 x_1, x_2, $\cdots$, x_m 和 y 间的复杂相关关系中，从某个自变量与其他自变量的关系中得到对 y 的最佳影响的路径信息，即从复杂的自变量相关网络中，得到某个自变量决定 y 的最佳路径。

算法五：马尔可夫链(Markov chain)模型。

马尔可夫链模型来自数学家马尔可夫所定义的一种特殊的有序列。马尔可夫链描述了一种状态序列，其每个状态值取决于前面有限个状态。马尔可夫链是具有马尔可夫性质的随机变量的一个数列。

在应用当中，序列中的每个点通常映射为一个广告触点，每个触点都有一定概率变成真正的转化。通过这种建模，可以选择最有效、概率最高的触点路径。这种方法需要较多的数据，计算也比较复杂。

最后要强调的是，多点归因方法在实践中遇到许多挑战，在应用中也必须考虑到这些挑战对结果的影响。

挑战一：难以获得消费者历程的全部触点数据，特别是对于决策复杂的产品的购买，获取消费者的触点数据几乎是不可能的。

挑战二：多点归因分析跨场景识别用户行为，需要有统一的 ID；在数据获取过程中，用户 ID 和行为有被伪造的可能。

挑战三：模型选择造成的归因偏差。一些媒体天然地会靠近用户的购买行为，如购买场景的媒体往往可能获得高于实际的贡献表现，也被称为"占归因的便宜"。

挑战四：当用户决策非常复杂时，无法用简单的归因模型体现效果。

6.2.4 营销混合模型

有的场景下，广告主并不知道广告投放和效果间的发生过程，或难以采集到广告触点的数据(如在非数字化的渠道投放)。这种情况可以类比为个体消费者如何受广告影响对广告主来说完全是"黑匣子"，广告主只知道输入(广告投放数据)和输出(销售额)是什么。此时就可以应用基于时间序列的营销混合模型进行广告归因分析。

营销混合模型的基本逻辑是认为一段时间内的总销量 = 基础销量(不做广告也会产生的销量) + 增量销量(因广告而带来的销量)。其中基础销量是长期因子带来的，如品牌价值、铺货基础、价格和原有的市场份额等，增量销量则是因广告投放、促销等短期因子所驱动的销量。

基于这个基础逻辑，营销混合模型使用测量数据 + 数据时间序列转型 + 多元回归方法，打开营销投资输入与销量输出的"黑匣子"。将销量根据投资、时间、价格等因素分解为基本销量与动态销量，并且分解出不同营销要素的贡献，模型可以评估每一类广告营销活动对总销售的贡献，继而结合各类广告的成本投入，评估其营销效率(ROI)，如下所示：

$$Y_t = \alpha_{0t} + \sum_{j=1}^{T} \gamma_{jt} \times \delta_{jt} + \sum_{i=1}^{n} \beta_{it} \times \chi_{it} \quad (6.3)$$

式中，Y 为因变量；α 为可变常数项；γ 为季节系数；δ 为季节周期；β 为变量系数；χ 为各类营销投入因素，包括分渠道广告、价格、铺货等因素。式(6.3)也可写为

$$\text{Response}_t = \text{Base}_t + \text{Seasonality}_t + \{\text{Action\_Component}_t\} \quad (6.4)$$

式中，Response_t 代表响应；Base_t 代表基线；Seasonality_t 代表季节因素；$\text{Action\_Component}_t$ 代表行动成分。

营销混合模型构建需要具备以下数据条件：

(1) 时间序列的销售数据。

(2) 时间序列的广告数据。

(3) 时间长度到 2 年以上，颗粒度越细越好，按日、周提供数据，好于按月提供。

(4) 广告数据必须有花费和直接的效果数据，如电视广告的毛评点(GRP)、在线视频广告的流量数(imp)、独立访客数(UV)或在线广告毛评点(iGRP)、社交媒体广告中的声量和互动量等。

(5) 广告数据覆盖渠道越细化、越完整越好，线上线下、传统的数字广告渠道全部覆盖。

(6) 其他非媒体广告的影响因素数据，如本品竞品的促销数据、竞品广告投放和效果数据、市场环境数据(如市场的经济指标)等。

营销混合模型的分析产出包括：按时间序列的基础销量与短期销量的分解；按各营销活动渠道的量化评估的销售贡献分布；结合营销费用后的各渠道 ROI 计算等。

营销混合模型的优势在于，通过历史数据完成建模后，可继续用时间持续监

测模型不断采集新数据，观察模拟计算的目标指数与市场实际表现间的关系，以确保模型的有效性。

对比营销混合模型与多点归因模型，其差异主要在于，营销混合模型更偏宏观规划，可以帮广告主分析全局化的营销投资与最终销量间的关系。多点归因模型相对更适用于数字广告领域，更多用于分析具体广告活动，细分广告资源对目标受众的效果贡献，对线上广告的实时优化可起到直接指导作用。

这两种归因模型在实践中可以结合运用，图6-10展示了在广告不同阶段如何使用两种归因模型的建议和方法。

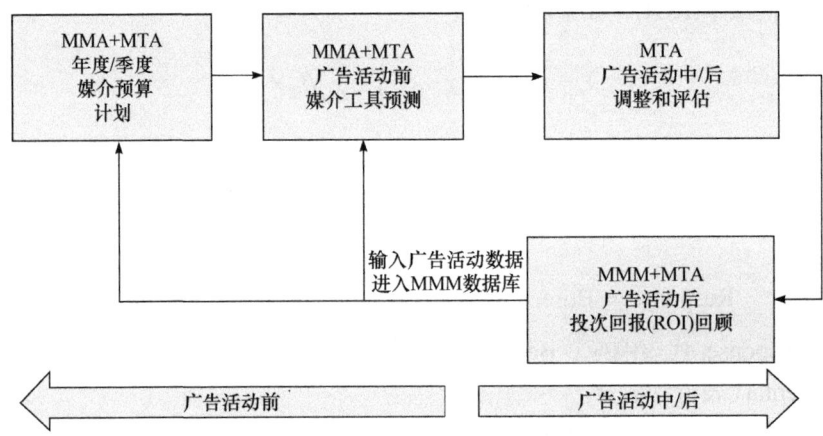

图 6-10　多点归因模型和营销混合模型的使用指导

6.3　广告计划优化

广告是一项经济活动，需要进行大量的优化。对于短期点击率的优化，本书专门在第9章进行阐述。对于兼顾传播效果的品牌广告，因为广告作用复杂，优化的流程也相对复杂：首先要在确认传播目标和传播内容的基础上，设定有效频次目标；其次根据历史数据或模拟数据的到达曲线(reach curve)，确认合适的预算范围；最后分配预算到不同的媒体，甚至实现跨媒体的预算分配。

6.3.1　有效频次设定

1. 科学设定有效频次的重要性

广告的效果有显著的累计效应。广告曝光的频次过低，受众没有感知就没有效果，曝光频次过高可能会使受众反感，也会导致曝光浪费。

频次策略是广告投放优化的重要步骤，一般在优化和制定广告策略前，需要先设定广告的目标频次，如式(6.5)所示，因为目标频次的高低会直接影响整体投放效率。

$$平均频次 \times 触达 = \text{GRP} = \frac{曝光量}{人口} \tag{6.5}$$

多数广告的费用按 GRP 或按 CPM 结算。在总预算固定，也就是曝光量固定的前提下，频次高低会影响最终广告触达规模，因此频次是做广告优化前第一步要考虑的问题。

2. 有效频次是一个根据环境变化的变量

广告多少次是有效的？这一问题早在 20 世纪 70 年代的大众传播时代，已有研究结论，赫伯特·克鲁门(Herbert E. Krugman)博士 1972 年在"为何刊播三次就够"中提出以下主张[95]。

第一次：刺激消费者试着了解信息，去问"这个广告是什么"。第二次：刺激消费者评价，去问"广告内容是什么"、"我曾经看过这个广告吗"。第三次：接触时，回忆并开始逃离广告。概括起来，经典频次理论就是消费者对广告的反应有三个阶段，三次足以对消费者产生作用。三次以上可能产生浪费，低于三次则难以跨越门槛效应，因此三次是有效接触。

克鲁门认为，人们普遍相信的"广告需要不断强化才能防止受众忘却"的观点是片面的，广告不断暴露，不如广告发布的最初二至三次有效。消费者对于产品是否符合需求，三次广告接触就可以明确了解，以后再看多少次效果都是一样的。

纳普勒斯(Michael Naples)在 1979 年"有效频次：频次与广告有效性的关系"中，进一步提出 3+有效频次的理论(effective theory)，强化了这一理论。

20 世纪 70 年代建立的经典频次理论，于 90 年代由美国广告代理商协会(American Association of Advertising Agencies，4A)引入中国。在中国电视收视率体系建立后，成为中国广告行业通用"3 次有效"投放的理论依据。这一标准也随着视频广告的发展，延续到在线广告中。

但必须意识到，现在的媒体环境与 20 世纪 70 年代相比，已发生巨大变化，数字化、媒体碎片化、信息爆炸、消费者注意力分散等因素，使普通的广告越来越难通过 3 次接触就能在消费者心中形成有效记忆。

我们认为，目前在线广告环境下，有效频次目标不是一个固定的常量，应该是根据环境变化的变量。引用最简单的示例，当高成熟度的品牌曝光时，与新品牌/新产品上市时，所需要的频次显然是不同的。而以认知和形象为目标的品牌类广告，与以销售和转化为目标的效果类广告，所需要的频次也会有差异。

3. 有效频次设定方法

两种方法可以帮助广告主设定科学有效的目标频次：一是综合应用前文所介绍的 AB 测试，通过不同条件下频次的实测案例对比，找到能驱动消费者行为改变所需要的最优频次。此方法依赖于使用投放效果的数据指导优化策略，适用于投放数据反馈较快的效果类广告投放场景中。第二种方法则是根据广告活动的目标、品牌、创意、市场环境和竞争环境等因素，建立有效频次预估的数学模型。当广告活动符合增加频次的条件时，如新品牌的新产品、竞争对手广告投放量大、创意元素复杂等，通过模型计算出更高的频次；当广告活动符合较低频次的条件时，如成熟品牌的成熟产品、竞争对手广告投放量小、创意元素简单、创意冲击力大等，通过模型计算可控制频次。

6.3.2 基于历史到达曲线优化预算

1. 什么是到达曲线

到达曲线是基于历史广告活动的监测效果数据进行建模拟合，得到的一条横坐标为 iGRP、纵坐标为到达率的拟合曲线。

如图 6-11 所示，数字媒体到达曲线可用于衡量市场中各媒体资源在不同条件下(如不同城市、不同目标人群)，各 GRP/iGRP 购买量对应的 n+reach% 到达效果，确定媒体预算目标，评估媒体触达效率。

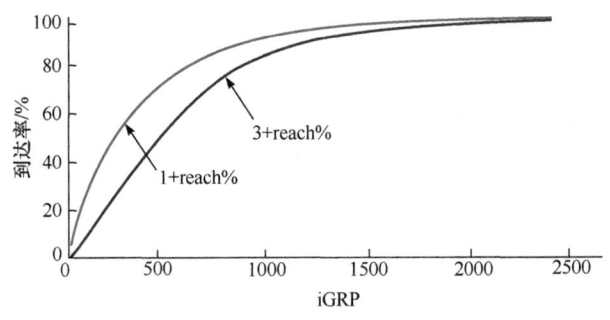

图 6-11 数字媒体到达曲线

2. 如何应用到达曲线

在不同投放策略(行业、品牌、城市、目标人群、频次和购买方式等)下，通过对比各媒体的到达曲线，可帮助广告主确定最优媒体的关键绩效指标，其应用场景主要有以下几种。

场景一：评估了解自身品牌触达效率表现，知己知彼。

对比自身品牌与行业基准的触达效果，了解自身品牌触达能力在行业中的位置,探寻可优化的空间。例如,当自身品牌的到达曲线显示在 100GRP 时,可达到的 3+reach%为 15%,而行业或竞品的基准值为 18%,说明本品牌在媒体使用的触达效率上弱于行业,需要优化提升。

场景二:选择优质媒体。

了解不同媒体/广告形式在不同目标人群下的触达效果差异,挑选优质资源,提升投资回报率。同等条件下,广告更倾向于选择相同 GRP 下,到达率更高的媒体资源。

场景三:解决"个性化组合"投放难题。

随着近年大量新兴媒体的出现,新的广告形式不断出现,没有投放过的广告主可以通过到达曲线,了解这些新资源触达效果,合理分配广告预算。

场景四:设定正确的媒体目标,避免效果不足和浪费。

通过分析到达曲线的趋势,找到曲线的临界拐点,在该拐点之后,随着 GRP/iGRP 增大,n+reach%并未有显著提升,此时继续投放意味着浪费。基于拐点设定不同媒体的合理关键绩效指标,可避免曝光过度。应用同样的方法,也可以找到各媒体曲线的高效上升点,即在此点之前,媒体投资的增长可带来明显的 n+reach%提升,当预算充分、广告投放到达率目标较高、媒体库存有限时,应充分投放优质媒体,投放量达到上升点以上,以最优效率获得触达的增长。

6.3.3 基于同源数据优化触达效率

基于同源数据来优化媒体组合的整合触达效率,是有效的广告优化方法之一。广告优化的目标是在整体预算一定的情况下,如何将广告主的预算按最优的媒体投资组合方式分配到每一个媒体上,以达到最高的触达(一定有效频次下的触达)。

首先需要有一个充分代表真实媒体环境的同源样本数据,在这个数据中包括若干受众与不同媒体的历史触达数据,代表着媒体对于受众的触达能力。这些媒体可能都是应用程序,也可以是包括移动端、计算机端、电视端等。数据包括 M 个媒体对于 N 个受众在一定时间范围内的接触频率 $f_{m,n}$,如表 6-3 所示。

表 6-3 基于同源数据优化触达效率

接触频率	受众 1	受众 2	受众 3	…	受众 n
媒体 1	$f_{1,1}$	$f_{1,2}$	$f_{1,3}$	…	$f_{1,n}$
媒体 2	$f_{2,1}$	$f_{2,2}$	$f_{2,3}$	…	$f_{2,n}$
媒体 3	$f_{3,1}$	$f_{3,2}$	$f_{3,3}$	…	$f_{3,n}$
⋮	⋮	⋮	⋮		⋮
媒体 m	$f_{m,1}$	$f_{m,2}$	$f_{m,3}$	…	$f_{m,n}$

通过数学方法，构建算法模型，计算固定样本条件：目标人群属性(即样本条件)和地域条件。得到固定投资条件：预算费用，获得最高到达率的数学最优解，即输出到达率指标最大的媒体组合求解方案，方案包括是否选择某媒体以及在某媒体上的投资量。

优化方法论的数学模型理论基础在于：媒体整体触达是依赖于不同媒体的触达能力构建的，且不同受众对不同媒体存在一个基础触达概率 f，即受众对媒体触达可以形成以下矩阵：

$$F = \begin{bmatrix} f_{11} & \cdots & f_{1n} \\ \vdots & & \vdots \\ f_{m1} & \cdots & f_{mn} \end{bmatrix} \tag{6.6}$$

这里假设共有 n 个受众，m 个媒体。

以以上媒体基础触达为历史样本库，在预算固定的情况下，在特定限定条件(品牌/行业、市场、目标人群、频控、广告形式等)下找到最优的媒体投放组合，并确定每个媒体的花费占比，最终推算出符合优化要求的到达率：

$$\text{reach}\% = F(\text{Cost}_i), \quad \text{TotalCost} = \sum \text{Cost}_i \tag{6.7}$$

在每个媒体的费用 Cost_i 的总和 TotalCost 不变的情况下，通过 F 函数矩阵预估出不同费用组合下的到达率(reach%)。

确定媒体投放组合及相应媒体费用后，将媒体费用 Cost 根据媒体 i 自身 CPM 转化为曝光投放量 imp，即

$$\text{imp}_i = \frac{\text{cost}_i}{\text{CPM}_i} \times 100 \tag{6.8}$$

确定各媒体具体投放曝光量 imp 后，将媒体流量库存(与受众触达的概率)按照自然时间排序，根据限定条件，随机抽取各媒体等量库存，所有媒体库存随机抽取完后，将所有库存打包，计算整合后的整体触达效果。

6.3.4 跨屏预算分配

目前市场并不存在全量级的跨屏整合测量，如知道具体哪些受众看了电视广告，也知道具体哪些受众看了户外广告，市场也就无法基于全行为样本进行最大化触达的优化。

科学合理地对各媒体屏端进行预算分配，需要一个统一的跨屏测量标准作为前提。从媒介测量方面，在业内长期的实践过程中，到达和频次已逐渐被业界和学术界广泛认为是一个可以作为所有媒体测量标准的指标。也就是说，到达和频次也可以作为各媒体屏端的有效衡量指标。到达和频次的直观数据主要由媒体

GRP 进行表达。

当前，越来越多的第三方数据公司可以提供与测量电视媒体的 GRP 系统相类似的 iGRP 系统来评估新兴媒体屏端。GRP 的概念迁移到互联网视频媒体后称为 iGRP，具体含义与 TV GRP 类似，指特定时间段内某广告在目标受众中的总曝光数占目标受众总人口数的百分比，表达式为

$$iGRP = \frac{impression}{universe} \times 100 = reach\% \times Av.frequency \quad (6.9)$$

式中，iGRP 为在线广告毛评点；impression 为曝光量；universe 为目标受众总人口；reach% 为到达率；Av.frequency 为广告的平均频次。

一个广告活动投放结束，iGRP 能够从深度和广度两方面全面地评估在线广告投放效果，即广告投放共覆盖到了多少个 1% 的人。

综上所述，对于不同媒体屏端的 GRP 的统一测量与横向对比，可以作为统一跨屏投放标准的起点，让跨屏投放策略科学地开展并实施。下面介绍一种利用该跨屏起点进行跨屏投放的规划工具 MixReach，该工具由秒针系统研发。

1. 运用 MixReach 进行跨两屏计算

MixReach 跨屏投放工具旨在提供创新的跨屏广告投放计划。该工具以跨屏媒体行为调研为分析依据，以单一媒体屏端的 GRP 测量数据为计算基础，计算并分析不同跨屏组合方案中单一媒体屏端的到达以及多屏综合到达的情况，最终制定或优化广告跨屏投放计划。在跨屏投放测量过程中会面临两方面的难题：同源和去重。其中，关于同源，理想状态下可以同源假设分析，但当前现实条件下并不可能实现同源测量。对于去重，MixReach 系统有较好的解决方法。

运用 MixReach 工具进行两屏(假设两屏为媒体 A 和媒体 B)规划时，相应的解决方法如下：

(1) 计算两媒体到达。根据 A、B 两媒体的预算以及到达曲线计算 A、B 两媒体的到达率。

(2) 统一两媒体的覆盖人口(universe)到全部目标人群。

由于不同媒体的 GRP 和到达率都是以各个媒体本身的覆盖人口来计算的，各个媒体覆盖人口的不同，会导致 GRP 之间不能进行简单的加和计算。MixReach 工具采用了统一分母的方法，将不同媒体的覆盖人口统一到全人口，这样就使得各个媒体的 GRP 和到达率的分母得到统一，即

$$reach\%_{全人口} = reach\%_{媒体覆盖人口} \times 媒体覆盖率\% \quad (6.10)$$

$$媒体覆盖率 = \frac{媒体覆盖人口}{全人口} \times 100\% \quad (6.11)$$

(3) 统一到达的估算：

$$\text{MixReach} = A媒体到达 + B媒体到达 - r \times (A媒体到达 \times B媒体到达) \qquad (6.12)$$

式中

$$r = \frac{重合样本}{A媒体覆盖样本 \times B媒体覆盖样本} \qquad (6.13)$$

r 值是计算媒体重叠时的系数，由媒体基础调研数据得来，其中媒体重合样本的计算涉及的相关问题为"最近一次看电视/上网看视频/使用手机上网是什么时候？"

r 值主要是由所选的目标市场和目标人群决定的，为使其不受频次差异影响，不同频次时，r 值默认一致。A 媒体覆盖样本和 B 媒体覆盖样本都是通过调研数据得到的，以媒体 A 为例，相应的计算方法为

$$A媒体覆盖样本 = \frac{到达A媒体样本总量}{总样本量} \times 100\% \qquad (6.14)$$

一次跨屏投放的总到达曲线可实现对整合投放策略的科学指导，解决无量化数据支持、无优化方案可寻的困扰。MixReach 工具将两个媒体预算的分配，演绎为动态的媒体到达与投放成本之间的权衡博弈，企业(或品牌)从中找到一个多屏投放的优化点，获得最大的成本效益。图 6-12 为应用 MixReach 工具对电视和网络视频两屏进行预算分配优化的结果展示，c 代表投资花费，R 代表回报。当单一电视投放时，逐渐增加预算，相应的投资回报率会有提升；但当使用电视和网络视频混合投放，逐渐增加预算并将一部分预算投入网络视频时，相应的投资回报率提升效果更显著。

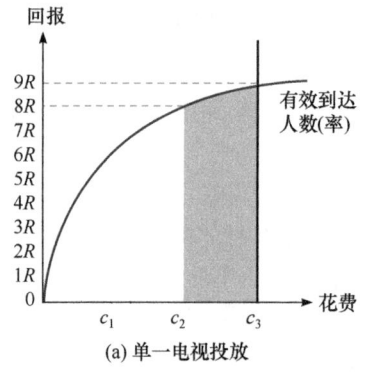
(a) 单一电视投放

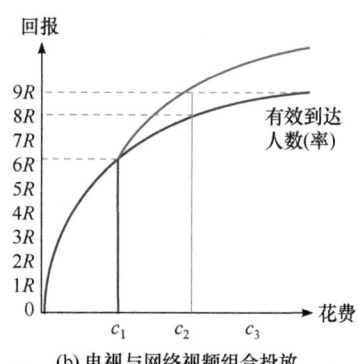
(b) 电视与网络视频组合投放

图 6-12　MixReach 工具对电视和网络视频两屏预算分配优化结果

2. 运用 MixReach 工具进行跨多屏计算

应用 MixReach 工具不仅可以进行跨两屏计算，而且可以实现跨多屏计算。

跨多屏计算原理与两屏计算原理相同，MixReach 工具依据各媒体屏端 GRP 数据，采用概率空间的计算模型来计算多屏的重叠率，分别计算不同受众到达每个媒体 N 次的概率，再计算不同受众累计到达多个媒体的 N+概率值。

以下为详细的计算过程，以电视屏 TV、计算机屏 OTV、楼宇屏 LCD 三屏为代表。

第一步，根据各媒体屏端的到达曲线计算不同媒体 GRP 组合下各媒体的到达率。对三个媒体的不同 GRP 值进行组合，以计算某一跨屏组合方案为例：将每个媒体的到达曲线数据表中的第一个 GRP 值作为一个组合 $\{GRP_{11}, GRP_{21}, GRP_{31}\}$ 三个媒体的累计到达率 1+至 N+（N+指频次为 N 及以上的到达比例）。

第二步，统一媒体的覆盖人口到全部目标人群。与两屏计算相同，MixReach 工具采用统一分母的方法，将不同媒体的覆盖人口统一到全人口，这样就使得各个媒体的 GRP 和到达率的分母得到统一，即

$$\text{reach\%}_{全人口} = \text{reach\%}_{覆盖人口} \times 媒体覆盖率\% \tag{6.15}$$

第三步，计算在 GRP 组合 $\{GRP_{11}, GRP_{21}, \cdots, GRP_{a1}\}$ 下三个媒体的累计到达率 1+至 N+。MixReach 工具使用概率空间的算法估算媒体组合的累计到达率。

以下为估算三媒体累计到达 1+(即 total reach 1+)的过程。

已知三个媒体的独立到达分别为 TV reach 1+、OTV reach 1+、LCD reach 1+。在媒体基础数据调研中，假设 M 个样本访问某个媒体的频次为集合 $F = \{f_1, f_2, \cdots, f_m\}$。估算每个样本到达每个媒体 N+的概率值。假设每个样本到达一个媒体 N+的基础概率为一常数 α_{N+}，则该样本到达该媒体 N+的概率值为 $1-(1-\alpha_{N+})^{频次}$。所有样本到达一个媒体 N+概率均值，等于到达曲线数据中对应的 N+reach%值，由此建立方程，计算得到每个样本到达每个媒体 N+的概率值，形成概率空间：

$$P_i(\text{TV reach } 1+), P_i(\text{OTV reach } 1+), P_i(\text{LCD reach } 1+) \tag{6.16}$$

并且满足以下条件：

(1) 所有样本的某一媒体的到达概率均值等于该媒体的整体到达率；
(2) 每个样本的到达率与该样本与该媒体的接触时间呈正比关系。

计算每个样本累计到达三个媒体的整体到达概率为

$$P_i(\text{Total Reach } 1+) = 1 - \left[1 - P_i(\text{TV Reach } 1+)\right]\left[1 - P_i(\text{OTV Reach } 1+)\right]$$
$$\cdot \left[1 - P_i(\text{LCD Reach } 1+)\right] \tag{6.17}$$

此概率空间的算法实现了重度用户、中度用户、轻度用户的整合到达计算，同时还实现了用户在不同频次时的整合到达计算。最终将不同媒体的 GRP 系统进行融合，可以看到在不同投放组合情况下的最终效果，以指导实现多屏整合的最优投放效果。

运用 MixReach 工具，可以计算多种媒体混合到达预算分配，能为广告主在跨媒体投资中遇到的四大难题提供针对性的优化解决方案，以帮助广告主获得更高的投资回报率。

(1) 节省预算。当广告主的广告投放到达目标一定时，MixReach 工具能够通过较为灵活的组合方式帮助广告主选择总预算最低的媒体组合。

(2) 提高效率。当总预算固定，需要通过不同媒体组合获得最优效果时，MixReach 工具可以提供多种组合建议，并找到最优方案。

(3) 合理分配预算。当总预算固定且其中电视预算也已固定，需要合理分配剩余预算时，MixReach 工具能够在设定固定条件的前提下找到最优的解决方案。

(4) 补充投放效果。当广告主跨媒体投放时，因为单一媒体效果不足，需要选取其他媒体补充投放获得最佳 ROI，对媒体进行灵活的组合可以帮助广告主找到最优的组合方式，实现投资优化。

第三篇 技 术 篇

第 7 章 合约展示技术

7.1 流量预测

流量预测[97]作为广告网络中的一种基础支撑技术：一方面用来辅助在线分配算法，决定在线流量分配效果，以达到高效、准确的目标；另一方面依据定向条件和出价估算广告展示量来辅助决策，同时判断出价是否合理。预测问题一般描述为：给定一组受众标签组合和一个千次展示期望收入(eCPM)的阈值，估算将来某个时间段内符合这些受众标签组合的条件且市场价格在 eCPM 阈值以下的广告展示量，在担保式投放(GD)广告系统中，eCPM 一般被设置为一个很大的常数。

流量预测的方法有很多，在定向条件比较少的情况下，可以利用简单的统计方法进行预测；在定向条件一般较多且这些条件间存在一定的联系时，如在广告网络中，需要采用倒排索引等更为复杂的预测方法。

在广告检索中，查询是(u,c)上的标签(u 表示用户，c 表示上下文页面)，文档集为 a，而在流量预测检索过程中，将查询视为 a，即广告设置的受众条件，文档集变为(u,c)上的标签。相比于广告检索，流量预测检索中的(u,c)是简单的特征集合，不存在复杂的表达式；同时，流量预测检索对实时性要求不高，秒级响应即可满足要求。

如表 7-1 所示，以上下文页面(c)为例，利用倒排索引可以实现流量预测。

表 7-1 上下文页面参数表

c	#impression$_c$	p_c(eCPM)
上下文页面	该页面流量	该页面 eCPM 分布

索引的内容是所有的上下文页面 c，正排表中的两个量分别是该页面的流量和该页面 eCPM 分布，皆可从历史数据中统计得到。预测过程包括：对指定的 a，通过 c 的索引找出所有符合条件 c 的集合；估计每个 c 的 eCPM；但是在竞价系统中，通过自己的广告系统不一定能得到所有的流量，因此还需要根据 eCPM 得到 a 在 c 上胜出的百分比 $p(a,c)$，最后将 a 的流量累计：$p(a,c) \times \#\text{impression}_c$。

7.2 频次控制

频次控制是指控制用户在一定时间段内看到某个广告或相似广告的次数。传统的电视媒体只能通过总收视点除以到达率，计算得到每一个人接触广告信息的次数；而在线广告可以严格控制一个人接触广告信息的最高频次，即在线广告投放中，频次的控制对象比其他媒体更广泛，如广告的浏览、点击、转发、下载等行为，因此互联网的频次指的是访客与广告发生互动的最高次数，而互动的行为设定则需要能够在广告系统中进行。合适的广告投放频次能够对广告效果产生正向影响，并且能够节省广告预算，实现投放效果最大化。引入频次控制策略对频次进行优化，基于频次控制可以增加触达受众数量，提高广告点击率(CTR)和转化率(CVR)。

在线广告频次控制的原理是当用户通过浏览器访问页面时，会请求放置在页面的广告位代码，广告位代码与服务器进行交互，将用户的 Cookie 信息(包含对广告的访问次数)传输给服务器(如果没有 Cookie，服务器会自动生成)，服务器进行频次的匹配，超过设定频次的广告将不会被投放，同时在判断其他定向条件的基础上，服务器回传合适的广告到浏览器进行投放，在返回信息的同时，还会将用户 Cookie 上的此广告的浏览次数加 1。

7.3 在线分配

在线广告遇到的常见问题之一是在流量以及广告位有限，且不同广告受众用户群体重叠较多的情况下，如何在尽可能满足合约的同时实现利益的最大化。这就需要对广告进行在线分配。常见在线分配算法有贪心分配(high water mark, HWM)算法、SHALE 算法、出价缩放(Bid Scaling)算法等。

7.3.1 HWM 算法

HWM 算法[98]分为两部分，即离线计算和在线实时计算，其核心在于：引入一种离线计算分配方案的轻量级算法，分配方案是无状态的且是基于服务率的；提出一个反馈模型，根据最近的历史数据来调整流量预测带来的误差。

首先对问题进行定义。定义三个广告主的合约和六个流量节点，每一个都被标注定向条件，如图 7-1 所示。

若某一个流量符合某一个合约，则用实线将其相连。对于 200KB{Male}的需求，可以给其分配{Male, CA, Age=5}的 100KB 流量，那么 200KB{CA}的需求就无法满足了，除非只把{Male, CA, Age=5}的 100KB 流量给{CA}。

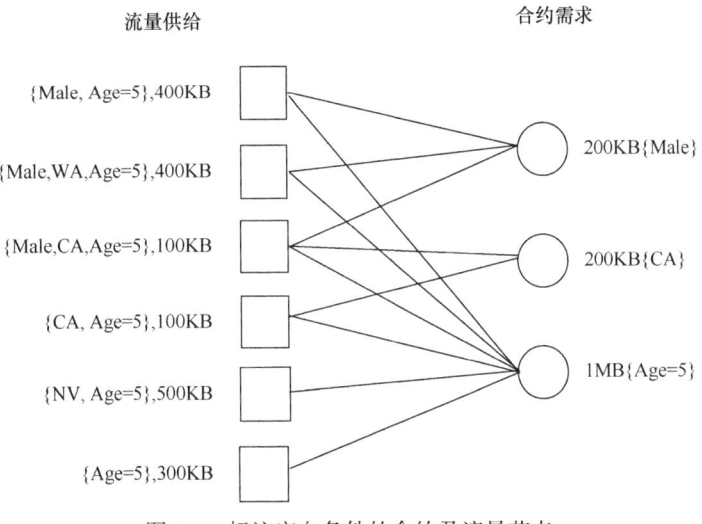

图 7-1 标注定向条件的合约及流量节点

设 I 为预测的流量供给集合，J 为合约需求集合。将分配问题定义为一个二分图 G，任意边 e 代表流量满足合约 j，每一节点流量用 s_i 标记，表示该节点的展示量，每一合约节点用 d_j 标记，表示合约约定的展示量。因此，该分配问题的核心是求解 x_{ij}，x_{ij} 表示每一个流量节点 i 分配给合约 j 的流量比例。x_{ij} 必须满足：

$$\begin{cases} \forall j, \sum_{i \in \Gamma(j)} x_{ij} s_i \geq d_j & \text{（合约需求约束）} \\ \forall i, \sum_{j \in \Gamma(i)} x_{ij} \leq 1 & \text{（合约需求约束）} \\ \forall (i,j) \in E, \quad x_{ij} \geq 0 & \text{（非负性约束）} \end{cases} \qquad (7.1)$$

其中，E 为实数集。

每一个合约的服务率将通过 HWM 的离线算法生成，且服务率大小取决于合约的紧急程度。算法会将每一个合约需求连同符合条件的流量供给进行标记，假设对于合约 j，将所有满足条件的流量节点的流量总和记为 S_j，按照 S_j/d_j 升序排序，值越小的合约越被优先展示。依据该值对合约进行升序排序，得到显示分配顺序的排序结果。服务率的计算步骤如下：

(1) 假设 r_i 为每一个流量节点的剩余流量，设定 $r_i=s_i$。

(2) 对于所有的合约 j，先按照分配顺序排序，再求解 a_j。即对每一个流量节点求出 $\min\{r_i, s_i \times a_j\}$ 的值，并求和，使得和等于 d_j。若无解，则令 $a_j=1$，且更新每个 r_i。

对上述步骤进行进一步解释，a_j 表示合约应该被展示的概率，$s_i \times a_j$ 表示流量节点 i 应该给予合约 j 的量，当流量节点 i 无法满足量的需求时，给予 j 的量为 r_i，因此对每一个节点 i 取最小值，对所有符合条件的节点 i 都求出展示量并且求和，即节点 j 可以得到的展示量，这个值应该等于合约量 d_j。至此，求出一个合约的 a_j，然后更新流量供给的 r_i 值，再进行下一次迭代。

在求出每一个合约的服务率 a_j 的基础上，利用在线实时算法确定此次展示的合约，步骤如下所示：

(1) 给定一个展示 i，设 $J = \{c_1, c_2, \cdots, c_{|J|}\}$ 为所有符合条件的合约集合，并且按照分配顺序进行升序排序。

(2) 假设 I 是 $[1, |J|]$ 中的最大值，$A = a_1 + a_2 + \cdots + a_I \leqslant 1$，但 $a_1 + a_2 + \cdots + a_{(I+1)} > 1$，那么令 $a_{(I+1)} = 1 - A$。

(3) 对于 $1 \leqslant j \leqslant I$，每一个合约 j 的服务率为 a_j，而 $j = I+1$ 的服务率为 $a_{(I+1)}$。将服务率作为这些合约的概率，从中选出此次展示的合约。

7.3.2 SHALE 算法

SHALE 算法[99]试图通过预测的流量以及线下流量分配方法来指导在线的流量分配。另外，SHALE 算法的收益不再考虑广告主的出价，而是更多地考虑未完成合约的损失。

优化目标为

$$\min \frac{1}{2} \sum_{j, i \in \Gamma(i)} s_i \frac{v_i}{\theta_j} (s_{ij} - \theta_j)^2 + \sum_j p_j u_j$$

$$\text{s.t.} \begin{cases} \sum_{i \in \Gamma(j)} s_i x_{ij} + u_j \geqslant d_j, & \forall j \\ \sum_{j \in \Gamma(i)} x_{ij} \leqslant 1, & \forall i \\ x_{ij}, u_j \geqslant 0, & \forall i, j \end{cases} \quad (7.2)$$

式中，s_i 为预测的流量单元 i 的流量；d_j 为广告主 j 的合约流量数目；$\theta_j = d_j / S_j$，其中 S_j 为符合广告主 j 要求的流量总和，θ_j 用来衡量对广告主 j 的流量分配是否均匀；p_j 表示对流量投递不足的惩罚；u_j 表示合约 j 当期投递不足的流量；x_{ij} 为流量单元 i 分配给广告主 j 的流量比例。

SHALE 算法同样包括在线服务和线下计划两部分。线下计划部分进行离线计算并保存与合约相关的优化参数，在线服务部分将这些参数还原最优解，该算法所取得的分配方案多数情况下比 HWM 算法好。

1. 在线服务部分

(1) 令 $\hat{s}_i = 1$，求解满足 $\sum_{j \in \Gamma(i)} g_{ji}(a_j - \beta_i) = 1$ 的 β_i，若 $\beta_i < 0$ 或无解，则 $\beta_i < 0$；

(2) 按分配顺序依次计算 $x_{ij} = \min\{\hat{s}_i, g_{ij}(\varsigma_{ij} - \beta_i)\}$，使得 $\hat{s}_i \leftarrow (\hat{s}_i - x_{ij})$；

(3) 当流量到达时，对合约 j 按照 x_{ij} 的分配概率进行投放。

2. 线下计划部分

初始化：$a_j = 0$。

步骤 1：循环迭代直至达到指定时间。

(1) 求解满足 $\sum_{j \in \Gamma(i)} g_{ij}(a_j - \beta_i) = 1$ 的 β_i，若 $\beta_i < 0$ 或无解，则令 $\beta_i = 0$；

(2) 求解满足 $\sum_{i \in \Gamma(j)} g_{ij} s_i (a_j - \beta_i) = d_j$ 的 a_j，若 $a_j > p_j$ 或无解，则令 $a_j = p_j$。

步骤 2：初始化 $\hat{s}_i = 1$。

(1) 循环遍历所有的流量 i，求解满足 $\sum_{j \in \Gamma(i)} g_{ij}(a_j - \beta_i) = 1$ 的 β_i，若 $\beta_i < 0$ 或无解，则令 $\beta_i = 0$；

(2) 循环遍历所有的合约 j，求解满足 $\sum_{i \in \Gamma(j)} \min\{\hat{s}_i, g_{ij} s_i (\varsigma_j - \beta_i)\} = d_j$ 的 ς_j，若无解，则令 $\varsigma_j = \infty$；

(3) 对合约 j 合法的每一个用户 i，执行 $\hat{s}_i = \hat{s}_i - \min\{\hat{s}_i, g_{ij} s_i (\varsigma_j - \beta_i)\}$，并上传 a_j 和 ς_j 至线上广告服务器。

7.3.3 Bid Scaling 算法

Bid Scaling 算法[①]即针对每一次广告请求，对每一个符合要求的广告的出价乘以或减去一个缩放因子(关键词广告是乘以一个因子，展示广告是减去一个因子)，选择值最大的广告进行投放。理解 Bid Scaling 算法，需要对问题进行数学化的描述，即

$$\max \sum_{uv} x_{uv} \text{bid}_{uv}$$

$$\text{s.t.} \begin{cases} \forall u: \sum_v x_{uv} \leq B_u \\ \forall v: \sum_u x_{uv} \leq 1 \\ x_{uv} \geq 0 \end{cases} \tag{7.3}$$

---

① https://www.cnblogs.com/computing-ad/p/4190754.html。

$$\min\left(\sum_u B_u \alpha_u + \sum_v \beta_v\right)$$
$$\text{s.t.} \begin{cases} \forall u,v: \alpha_u + \beta_v \geq \text{bid}_{uv} \\ \alpha_u \geq 0 \\ \beta_v \geq 0 \end{cases} \quad (7.4)$$

上述公式中，式(7.3)为原问题，式(7.4)为对偶问题。其中，x_{uv} 为流量 v 分配给广告主 u 的量(值为 1 或 0)，bid_{uv} 为广告主 u 对流量 v 的出价，B_u 为广告主 u 需要的流量。由 KKT(非线性规划最佳解)条件可知，上述问题的最优解 x_{uv}、α_u、β_v 应满足如下条件：

$$\begin{cases} x_{uv} > 0 \Rightarrow \text{bid}_{uv} - \alpha_u = \beta_v \\ \alpha_u > 0 \Rightarrow \sum_v x_{uv} = B_u \\ \beta_v > 0 \Rightarrow \sum_u x_{uv} = 1 \end{cases} \quad (7.5)$$

即当流量 v 分配给 $\text{bid}_{uv} - \alpha_u$ 最大的广告主时，可以得到最优解。

因此，Bid Scaling 算法即对每一个广告请求，对于满足要求的广告主计算 $\text{bid}_{uv} - \alpha_u$，将流量分配给值最大的广告主。其算法核心是如何选择 α_u，以下提供一种选择 α_u 的方式，这种方式在最坏情况且满足广告主预算较大的条件下，竞争率为 $1 - 1/e \approx 0.63$，其选择方式为

$$\alpha_u = \frac{1}{n_u\left[\left(1+\frac{1}{n_u}\right)n_u - 1\right]} \sum_{j=i}^{n_u} \text{bid}_j \left(1+\frac{1}{n_u}\right)n^{j-1} \quad (7.6)$$

7.4 受众定向技术

7.4.1 受众定向技术分类

基于受众进行售卖已经成为绝大多数广告产品的基础，因此受众定向是非常重要的支持技术。同时，受众定向由于其本身的重要性和应用范围已经超出合约广告领域，在其他各种竞价广告产品中也尤为重要。各种各样的受众定向方法随着在线广告技术和业务的发展而不断出现，从而使得广告的精准度逐步提高。一般从两个方面来评估定向方法的性能：一是定向的效果，即符合该定向方式的流量上高出平均 eCPM 的水平；二是定向的规模，即这部分流量占整体广告库存流量的比例。在定向方法的选择上，以效果好、覆盖率高作为目标，但一般情况下难以实现，因而广告系统有必要同时提供多种定向方法的支持，从而实现整体流

量上质的最优化。

总体上来看，按照计算框架的不同，受众定向技术可以分为以下几种类型，如图 7-2 所示。

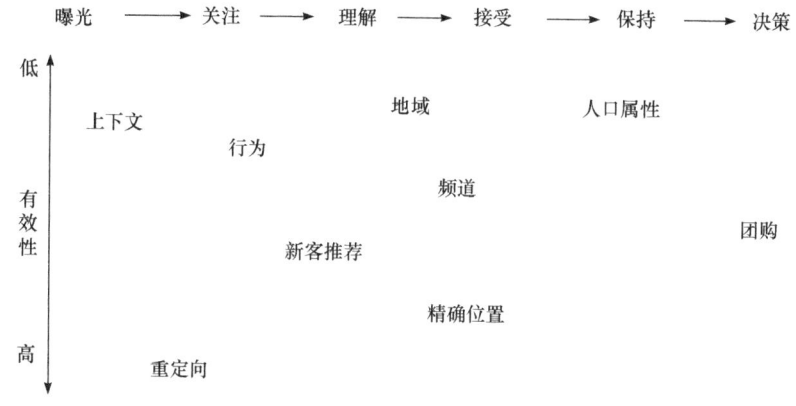

图 7-2 常见典型受众定向方法

7.4.2 上下文定向技术

上下文定向主要有如下几种思路[100]：①通过规则将页面归类到一些频道或主题分类，这种方法比较简单；②对页面中的关键词进行提取，这种方法是将搜索引擎的关键词匹配技术推广到媒体广告上时自然产生的，也是上下文定向的基本方法；③提取页面入链锚文本中的关键词，该方法需要一个全网的爬虫作为支持，因此已经超出了一般意义下广告系统的范畴；④提取页面流量来源中的搜索关键词，这种方法除了页面内容，还需要页面访问的历史记录作为支持，从技术方案上来看更接近后面介绍的行为定向；⑤用主题模型将页面内容映射到语义空间的一组主题上，泛化广告主的需求，提高市场的流动性。

near-line 上下文定向系统也称为半在线抓取系统，是一个非实时但接近实时抓取的系统，其不做任何离线抓取，而是在产生相关实际需求之后才尽快抓取。系统工作原理如图 7-3 所示，用在线缓存系统存储 url->特征表以提供实时访问，不预先加载任何缓存内容。当在线广告请求出现时执行如下方案(触发式抓取+离线分析+缓存)：当请求的上下文 URL 存在于缓存中时，直接返回对应标签；当请求的上下文 URL 不存在时，立即返回空特征，同时触发相应的页面爬虫和特征提取，并设置缓存系统合适的失效时间以完成特征自动更新。

该方案不仅使得在线缓存系统的使用效率非常高，同时也提升了页面的信息覆盖率，这对于设计高效低成本的广告系统尤为重要。

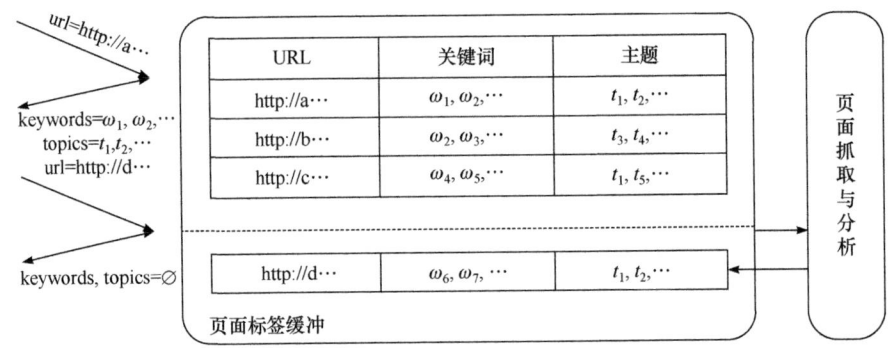

图 7-3 near-line 上下文定向系统原理示意图

7.4.3 文本主题模型

1. LSA 模型

潜在语义分析(latent semantic analysis, LSA)[101]模型是对文档和词组成的矩阵 X 进行奇异值分解(singular value decomposition, SVD),找到矩阵的主要模式,其分解过程可以表示为

$$X = (a_1\ a_2\ \cdots\ a_k)^T \times \mathrm{diag}(s_1, s_2, \cdots, s_k) \times (\beta_1, \beta_2, \cdots, \beta_k) \tag{7.7}$$

式中,k 为矩阵 X 的秩;$s_1 \geqslant s_2 \geqslant \cdots \geqslant s_k$ 为 X 的 k 个奇异值;矩阵 X 表示将潜在语义空间中的主题映射到某个文档的变换矩阵;矩阵 $(a_1\ a_2\ \cdots\ a_k)^T \times \mathrm{diag}(s_1, s_2, \cdots, s_k) \times (\beta_1, \beta_2, \cdots, \beta_k)$ 表示主题映射到某个文档词表中某个词的变换矩阵。最多可以得到的主题数目等于矩阵 X 的秩 k,一般情况下将会选择一个远小于 k 的主题数目来建模,对 X 进行近似,即

$$X' = (a_1\ a_2\ \cdots\ a_k)^T \times \mathrm{diag}(s_1, s_2, \cdots, s_T) \times (\beta_1, \beta_2, \cdots, \beta_T) \tag{7.8}$$

因此,去掉了绝大多数非主要因素的影响,使得整个语义空间得到较为平滑的描述,从而得到文档相应的主题。

2. PLSI 模型

Hofmann 在 SIGIR'99 上提出了基于概率统计的潜在语义索引(probabilistic latent semantic indexing, PLSI)[102]模型,并且用 EM 算法学习模型参数。该方法通过对文档生成的过程进行概率建模来实现主题分析。文档生成的过程可表示为:根据每个文档 d_n 生成一个对应的主题 z;给定主题,对应一个词的多项式分布为 $p(\omega_n | z, \beta)$,据此生成一个词 ω_i,其中为 $\beta = (\beta_1, \beta_2, \cdots, \beta_k)$,$\beta_k$ 为当 $z_k = 1$ 时对应

的多项式分布参数。

PLSI 的概率图模型如图 7-4 所示，N 表示文档集共有 N 篇文档，M 表示文档 d_n 的长度，K 表示参数集合。

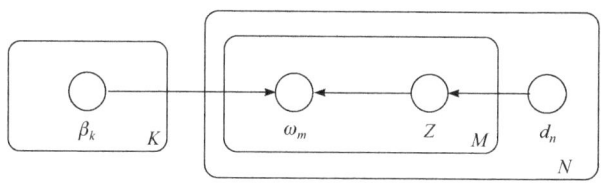

图 7-4　PLSI 的概率图模型

基于上述文档生成过程，文档集 X 的生成似然值可表示为

$$\ln P(X) = \sum_{n,m} P(d_n) P(\omega_m | d_n)$$
$$= \sum_{n,m} x_{n,m} \ln \{ P(d_n) P(\omega_m | z) P(z | d_n) \} \quad (7.9)$$
$$= \sum_{n,m} x_{n,m} \ln \left\{ \sum_z P(\omega_m | z) P(z | d_n) \right\}$$

式中，$P(z|d_n)$ 为文档 d_n 下每个主题 z 的生成概率；$P(\omega_m|z)$ 为每个主题 z 下单词 ω_m 的生成概率。若 $P(z|d_n)$ 和 $P(\omega_m|z)$ 都采用多项式分布形式，即为 PLSI 模型。PLSI 是概率化的 LSA 模型，因此 $P(z|d_n)$ 和 $P(\omega_m|z)$ 的参数可以分别对应 LSA 模型中的两个变换矩阵。

在 PLSI 模型中，主题分布和其中的词分布用多项式分布来描述，而若采用泊松过程来建模，即假设用独立的 γ 分布来描述每个主题生成的概率，且主题中的词分布服从泊松分布，则构成 γ 泊松(GaP)模型[103]。与 PLSI 模型相比，GaP 模型由于没有对每个文档中各个主题变量的强度进行归一化操作，对内容相似的长文本和短文本的概率描述互不相同。泊松词产生概率更加适合离散到达事件的描述，因而 GaP 模型在主题建模上也存在一定的合理性。

3. LDA 模型

潜在狄利克雷分配(latent Dirichlet allocation，LDA)[104]模型，即在文档信息不足或噪声较大时利用贝叶斯的框架对结果进行有效平滑。在 LDA 模型中，PLSI 模型的参数将被视为随机变量，对于任一文档，其生成过程可以描述如下[105]：

(1) 根据一个泊松分布选择文档的长度 M。

(2) 根据 ω 的先验分布 Dir(α) 生成 ω。

(3) 对每个文档中的词 $m \in \{1, 2, \cdots, M\}$，根据 Multi($\omega$) 分布选择一个主题 z；

给定主题，对应一个词的多项式分布 $P(\omega_m|z,\beta)$，据此生成一个词 ω_m。

若采用经验贝叶斯的方法来确定超参数 α（α 为 Dir 分布的参数），那么此时原来的参数 ω 就变成了隐变量，优化的参数有 α 和参数 β，优化的目标函数可写为

$$P(\omega_m|\alpha,\beta) = \int P(\omega|\alpha)\left(\prod_{m=1}^{M}\sum_{z}P(z|\omega)P(\omega_m|z,\beta)\right)d\omega \tag{7.10}$$

7.4.4 行为定向过程

找出在某类型广告上 eCPM 相对较高的人群是行为定向问题的目标。如果假定在该类型的广告上点击价值近似一致，那么可将问题转化为找出在该类型广告上点击率较高的人群。

因点击行为属于离散到达的随机变量，故一般采用泊松分布来描述点击行为的概率分布。泊松分布的形式为

$$P_t(h) = \frac{\lambda_t^h \exp(-\lambda_t)}{h!} \tag{7.11}$$

式中，h 为用户在定向类别广告上的点击量；t 为受众标签；λ_t 为控制点击行为到达频繁性的参数。

行为定向模型可将用户行为与频繁性参数 λ_t 联系起来，利用线性模型来联系用户行为和 λ_t，则有

$$\lambda_t = \sum_{n=1}^{N}\omega_{tn}x_{tn}(b) \tag{7.12}$$

式中，$\omega = (\omega_{t1}, \omega_{t2}, \cdots, \omega_{tN})$ 为标签 t 对应的行为定向模型待优化的参数；n 为不同的行为类型；$x_{tn}(b)$ 为行为 b 的特征选择函数。

常见的特征选择函数 $x_{tn}(b)$ 是将一段时间内的原始用户行为映射到确定的标签体系上，并计算出各行为在对应标签上的累积强度，以此作为模型的特征输入。滑动窗口法和时间衰减法是两种常用的将行为累积控制在一段时间内的方法。

滑动窗口法计算公式为

$$\tilde{x}(d) = \sum_{\delta=0}^{D}x(d-\delta) \tag{7.13}$$

式中，$\tilde{x}$ 为累积特征，以区别于单时间片特征 x。

时间衰减法计算公式为

$$\tilde{x}(d) = a\tilde{x}(d-1) + x(d) \tag{7.14}$$

行为定向计算过程不需要设定目标值，只需利用滑动窗口法或者时间衰减法

求出累积特征，再根据 ω_m 加权求和得到得分 λ。该计算过程是线性的，当采用时间衰减法时，得分 λ 也可以通过上次的得分衰减后累积此次得分的方式得到，即

$$\lambda_t(d) = \sum_n \omega_n a\tilde{x}_{tn}(d-1) + \sum_n \omega_n a\tilde{x}_{tn}(d) = a\lambda_t(d-1) + \sum_n \omega_n x_{tn}(d) \tag{7.15}$$

行为定向可以通过 reach/CTR(人群规模/点击率)曲线进行半定量的评测。在一般情况下，人群规模越小，评测越精准，即对该类型广告的点击率越高；而随着人群规模的增大，点击率也会逐渐降低。

第8章 搜索与竞价技术

8.1 搜索广告系统

竞价广告系统是目前业界应用较广的在线广告模式之一,其应用场景并不仅局限于搜索引擎的关键词的竞价,也常应用到展示广告方面,这是在线广告营销精细化的必然趋势。而搜索广告是竞价广告系统中最典型的系统之一,它本质上是一个广告位的竞价拍卖问题,问题描述如下:

(1) 问题的核心是要将 A 个广告置于 S 个广告位上。广告可表示为 a_i,其中 $i=\{1,2,\cdots,A\}$,广告位可表示为 s_j,其中 $j=\{1,2,\cdots,S\}$。

(2) 设广告 a_i 的出价为 bid_{ai},则将其放置在位置 j 上的预期收益为

$$p_{ij} = \text{bid}_{ai} \times \text{CTR}_{ij} \tag{8.1}$$

设 $\text{CTR}_{i1} \geqslant \text{CTR}_{i2} \geqslant \cdots \geqslant \text{CTR}_{ij} \geqslant \cdots \geqslant \text{CTR}_{iS}$,其中 CTR_{ij} 为用户对广告 a_i 投放在广告位 s_j 的点击率,S 通常不为 1。

(3) 问题可描述为一个对称纳什均衡问题,其目标是

$$\left(\text{bid}_{sj} - \text{bid}_{sk}\right) \times \text{CTR}_j \geqslant \left(\text{bid}_{sj} - \text{bid}_{sk}\right) \times \text{CTR}_k \tag{8.2}$$

式中,bid_{sj} 表示广告位 j 的实际收费情况;CTR_k 表示广告位 k 投放的广告的点击率,一般 $k=j+1$。

搜索广告系统的一般架构如图 8-1 所示。

当一个用户查询满足某些竞价关键词时,该查询的广告投放会被自动触发,进入广告投放平台。广告投放平台通过解析用户输入的查询,决定是否对该用户查询投放广告,在决定投放后,广告投放平台通过线上服务模块从线上存储器根据索引选出候选的投放广告集合,经过多层的过滤筛选,选出其中相关性较高的结果返回给后续模块。

经过线上服务模块的处理后,剩下的广告数目通常较少,接下来对剩余广告集合中的每条广告进行用户点击率预估。在进行点击率预估时,为了准确计算广告的点击率,通常需要更多的广告特征,这些特征被存储在线上存储模块中,经过模型计算得到每个广告的预测点击率。当点击率预估完成后,广告系统结合用户出价及上下文环境,综合考虑平台收益和一些实际业务层面的策略,从中选出

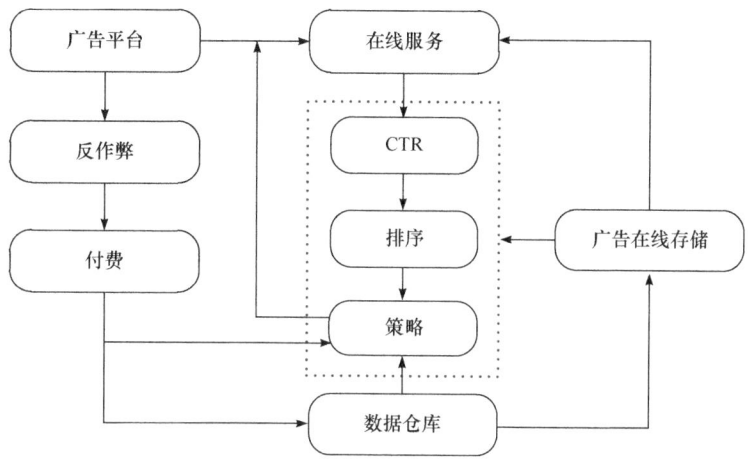

图 8-1 搜索广告系统架构

最合适的广告，作为最终展示给用户的广告集合。在广告投放完成后，用户的点击浏览日志会通过流量反作弊系统的检查，最终以日志的方式存储到离线的文件系统中，以方便后续通过日志进行一些整体的统计分析。若用户发生点击，且用户流量为真实流量，则会对相应的广告主进行扣费。

8.2 查询扩展

在用户使用搜索引擎查询相关内容时，有时不能准确地选择表达意图的查询关键字，因此搜索广告系统会对用户输入的关键词进行扩展，即查询扩展。常见的查询扩展方法包括：基于词共现的扩展词选取方法、基于语言模型的伪相关反馈技术、基于 LDA 主题模型的查询扩展方法、基于深度学习的查询扩展方法等。

8.2.1 基于词共现的扩展词选取方法

目前搜索引擎在理解用户的查询意图上已经做了很多工作，它们可以消除中文查询中存在的歧义和拼写错误等问题，因此可以将 D_k 作为与查询相关的文档集合，从中选取扩展词进行广告查询扩展[106]。D_k 表示将用户查询 Q 输入搜索引擎中得到的前 k 个网页的查询结果，记 $D_k = \{d_1, d_2, \cdots, d_k\}$。

用户查询 $Q = \{q_1, q_2, \cdots, q_{|Q|}\}$ 含有多个词项 $q_i (1 \leq i \leq |Q|)$，每个词项 q_i 在 D_k 中都有一些相关的词项，如何选择一些相关的词项来进行查询扩展成为首要的问题。在网页查询结果集上，将词共现信息作为扩展词项的选取评分标准，定义文本窗口为：D_k 中某一个网页查询结果 d。

定义扩展词 t 和查询词项 q_j 在网页查询结果集 D_k 中的共现度为 co_degree$(t,q_j|D_k)$，即

$$\text{co\_degree}(t,q_j|D_k) = \frac{\sum_{d \in D_k} \log(\text{tf}(t,d)+1) \times \log(\text{tf}(q_j,d)+1)}{\log(k)} \quad (8.3)$$

式中，k 为 D_k 中网页查询结果总数；tf$(*,d)$ 为词项在网页查询结果 d 中出现的频率。

通过共现度从网页查询结果集 D_k 中选取与 q_j 共现度高的词作为扩展词。同时，为解决由于只是简单地扩展而产生的主题漂移问题，考虑 t 和所有查询词项的 q_j 共现度信息。

假设查询词之间相互独立，不存在任何依赖关系，引入词项在广告数据集中的文档频率来度量词项对于广告检索的重要性，得到扩展词的评分公式，即

$$\text{co}_{\text{score}(t,Q|D_k)} = \sum_{q_j \in Q} \text{idf}(t,C) \times \text{idf}(q_j,C) \times \log\left(\text{co}_{\text{degree}(t,q_j|D_k)}+1\right) \quad (8.4)$$

$$\text{idf}(*,C) = \log\frac{N}{\text{idf}(*,C)}+1 \quad (8.5)$$

式中，C 为广告数据集；N 为广告数据集中广告的总数目；idf$(*,C)$ 为词项在广告数据集中的文档频率。

8.2.2 基于语言模型的伪相关反馈技术

语言建模计算文档排序的思路不同于向量空间模型，语言建模[107]是通过计算查询生成每篇文档的后验概率。模型构建思路是：给定查询，若某篇文档所对应的文档模型可能产生该查询，则查询词项往往在该文档中频繁出现，表明该文档能较好地匹配本次查询。语言模型的本质是基于概率的，在语言建模的方法中，对文档按照后验概率 $p(d|q)$ 进行排序，公式为

$$p(d|q) = \frac{p(d|q)p(d)}{\sum_{d \in D} p(d|\overline{q})p(\overline{d})} \propto p(d|q)p(d) \quad (8.6)$$

若 $p(d)$ 是均匀的，则上述过程可表示为

$$p(d|q) = \prod_{t_q \in q} \left(\lambda \frac{\text{tf}(t_q|d)}{|d|} + (1+\lambda)\frac{\sum_{d \in D}\text{tf}(t_q,\overline{d})}{\sum_{d \in D} t|\overline{d}|}\right) \quad (8.7)$$

式中，$p(d|q)$ 表示从文档 d 中随机抽取词汇产生查询 q 的概率。

为了实现平滑，词项的采样分别来自当前文档 d 和所有的文档集合 D。这两个事件为互斥事件，概率分别为 λ 和 $1-\lambda$。同时使用文档中查询项的似然概率对查询和文档间的相关性进行排序，公式为

$$\omega(q,d) = \log P(q_i|d) = \log\left(\frac{d_l}{d_l+\mu}p_{ml}(q_i,d) + \frac{\mu}{d_l+\mu}p_{ml}(q_i|c)\right) \quad (8.8)$$

式中，c 为文档集合；d 为当前文档；d_l 为文档长度；μ 为平滑因子；q_i 和 p_{ml} 分别为不同的概率函数。

在语言模型检索过程中，基于语言模型的反模型倾向于出现频率较高的词项，从而违反了为甄别反馈项的选择所需的逆文档频率(inverse document frequency, IDF)这一约束条件，因此可以在反馈阶段用加法平滑代替基于集合语言模型的平滑，优化平滑结果。基于语言建模的方法根据文档中查询项的计数来估计文档的相关性，对这些词的位置以及同文档中其他词项的关系不做过多的分析，使得查询和文档之间的潜在语义关系没有被充分挖掘出来，因此还存在较大的改善空间[108]。

8.2.3 基于 LDA 主题模型的查询扩展方法

基于 LDA 主题模型的查询扩展方法对于初次检索得到的排序靠前的 K 篇文档，利用 LDA 主题模型进行建模[109]。基于 LDA 主题模型得到的候选扩展词与查询词有更好的语义相关性，使得扩展得到的查询词能够更为准确地描述查询意图。

基于 LDA 主题模型的查询扩展算法处理流程(图 8-2)如下：

(1) 对于一个查询词，在文档集合上对初始查询词进行检索，并得到初始检索的文档集合。

(2) 对于检索得到的文档集合，利用主题模型对排序靠前的 K 篇文档进行建模。

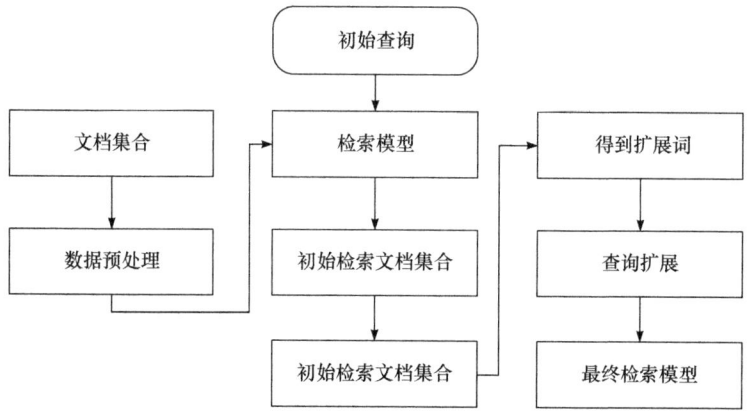

图 8-2　基于 LDA 主题模型的查询扩展算法流程

(3) 利用基于 LDA 的查询扩展模型获得扩展词。

(4) 把查询扩展词与初始查询词进行整合，构成二次查询的查询词。

(5) 检索系统对于得到的新的查询词在文档集合上进行再次检索，并得到新的文档排序结果。

LDA 主题模型作为一个生成型模型，相较于 PLSI 解决了过拟合问题。本节使用 LDA 主题模型为伪相关反馈的文档集合建模，每个词的特征表达是基于主题上的概率分布，把反馈文档中词与词的统计分布的扩展词转变为基于语义相关的扩展词选择。LDA 主题模型构建过程如下。

(1) 选择变量 N，使 N 服从参数为 ζ 的泊松分布，N 为文档的长度。

(2) 选择变量 θ，使 θ 服从狄利克雷分布，θ 表示概率分布，其向量之和为 1。

(3) 对文档中每个单词的操作如下：

选择主题 z_n，使 z_n 服从参数为 θ 的多项式分布；

依据选择主题 z_n 以及 $P(\omega_n|z_n,\beta)$，选择单词 ω_n。

通过设置 K 控制 LDA 的主题数目，参数 β 为一个 $K \times V$ 的矩阵，$\beta_{ij} = P(\omega_j=1|z_i=1)$，通过以上生成的文档，可得到联合概率分布，有

$$P(\theta|\alpha) = \frac{\Gamma\left(\sum_{i=1}^{k}\alpha_i\right)}{\prod_{i=1}^{k}\Gamma(\alpha_i)}\theta_1^{\alpha_1-1}\theta_2^{\alpha_2-1}\cdots\theta_K^{\alpha_K-1} \tag{8.9}$$

$$P(\theta,z,\omega|\alpha,\beta) = P(\theta|\alpha)\prod_{n=1}^{N}P(z_n|\theta)P(\omega_n|z_n,\beta) \tag{8.10}$$

$$P(\omega|\alpha,\beta) = \int P(\theta|\alpha)\left(\prod_{n=1}^{N}P(z_n|\beta)P(\omega_n|z_n,\beta)\right)d\theta \tag{8.11}$$

生成语料库的联合概率分布为

$$P(D|\alpha,\beta) = \prod_{d=1}^{M}\int P(\theta_d|\alpha)\left(\prod_{n=1}^{N_d}\sum_{z_{nd}}P(z_{nd}|\theta_d)P(\omega_{dn}|z_{dn},\beta)\right)d\theta_d \tag{8.12}$$

式中，D 为语料库中的全部文档；N_d 为文档中词的数目；K 为用户设置的主题数目。LDA 主题模型贝叶斯网络如图 8-3 所示。

通过 LDA 主题模型能够得到查询词 ω_i 在主题 z 上的后验概率，概率表示为 $P(\omega_i|z_n)$ 或 $P(\omega_i|z)$，查询词集合为 $Q\langle q_1,q_2,\cdots,q_i\rangle$，基于此获取与查询词最相关的主题，公式为

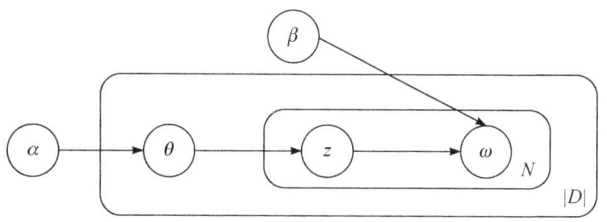

图 8-3　LDA 主题模型贝叶斯网络

$$z_p = \arg\max\left(z_p(Q|z)\right) = \arg\max\prod_{i=1}^{m}\left(P(q_i|z)\right) \tag{8.13}$$

通过式(8.13)得到与查询最相关的主题即生成查询概率最高的主题，假设选择的相关主题包含一系列的多个主题，那么在多个被选择的主题上的每个候选扩展词的概率分布为

$$P_{z_q}(\omega|z_p) = \frac{\sum_{\theta_i>\tau}\theta_i P(\omega|z_i)}{\sum_{\theta_i>\tau}\theta_i} \tag{8.14}$$

式中，θ_i 为每个主题与查询词的概率。

利用相对熵距离从已经得到的主题中选择需要的查询候选扩展词，评估候选扩展词在选择的主题上的概率分布和整个文档集合的分布，重新对扩展词集合按照重要性进行排序。基于上述词的概率分布，反馈模型的候选词的扩展词的概率分布为

$$p(\omega|\theta_F) \propto p(\omega|z_p) \times \log\left(\frac{p(\omega|z_p)}{p(\omega|C)}\right) \tag{8.15}$$

式中，C 为数据集；θ_F 为整个候选扩展词的选择，可求出各候选扩展词的得分为

$$\text{score}(\omega) = p(\omega|z_p) \times \log\left(\frac{p(\omega|z_p)}{p(\omega|C)}\right) \tag{8.16}$$

将检索反馈得到的文档集合 $\text{score}(\omega)$ 作为所有候选扩展词的排序得分结果。

8.2.4　基于深度学习的查询扩展方法

基于深度学习的查询扩展方法通过研究不同的候选扩展词集取交集，提取出与查询短语最相关的词项，解决伪相关反馈可能引起的查询漂移问题[110]。

1. 反馈信息扩展词提取

反馈信息扩展词提取模块利用 BM25 模型对初始查询短语进行检索，收集前 100 篇反馈文档，采用 TF+WE(词频和词向量相似度计算)方法提取出反馈文档集合中与查询短语最相关的查询扩展词集作为反馈信息扩展词集。在伪相关反馈中，这些反馈信息扩展词相当于相关反馈中用户交互过程返回的信息词，因此在非交互的情景下通过反馈信息扩展词也能充分理解用户意图。

2. 概念相关簇分类

1) 基于 LSTM 的概念相关簇分类

对于无标记的检索数据，将带有标记的文档进行有监督的训练之后，对检索文档进行分类。本节采用多层长短期记忆(long-short term memory, LSTM)模型[111]，将检索文档中的每个词表示成词向量的形式，采用双层 LSTM 模型对文档进行训练，再经过三个全连接层，将结果传递给最后的分类函数 softmax，得到最终的概念相关簇标签，如图 8-4 所示。

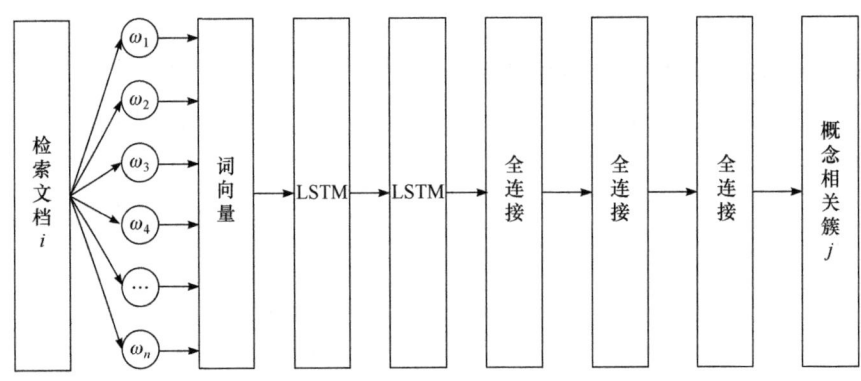

图 8-4 LSTM 模型结构图

基于 LSTM 模型的详细步骤如下：

(1) 通过"忘记门"判断需要过滤的信息。这个值为 0～1，0 表示抛弃该输入的全部信息，1 表示保留该输入的所有信息，即

$$f_t = \sigma\left(W_f\left[h_{t-1}, x_t\right] + b_f\right) \quad (8.17)$$

式中，σ 为 sigmoid 激活函数[112]；W_f 和 b_f 分别为"忘记门"网络需要学习的权重矩阵和偏置向量；h_{t-1} 为上一刻隐藏单元向量；x_t 为 LSTM 网络的输入向量。

(2) 通过"记忆门"确定需要存储的信息，有

$$i_t = \sigma\left(W_i\left[h_{t-1}, x_t\right] + b_i\right) \quad (8.18)$$

式中，W_i 和 b_i 分别为"记忆行"网络需要学习的权重矩阵和偏置向量。

(3) 更新细胞状态。根据上一步的结果，通过一个激活层构建新的更新向量，将新信息添加到细胞中，代替需要忘记的旧信息，有

$$C_t = f_t \times C_{t-1} + i_t \times \tanh(W_c[h_{t-1}, x_t] + b_c) \tag{8.19}$$

式中，C_{t-1} 为上一时刻细胞状态；W_c 和 b_c 分别为需要学习的权重矩阵和偏置向量。

(4) 通过"输出门"选择需要输出的信息，有

$$O_t = \sigma(W_o[h_{t-1}, x_t] + b_o) \tag{8.20}$$

$$h_t = o_t \times \tanh(C_t) \tag{8.21}$$

式中，W_o 和 b_o 分别为需要学习的权重矩阵和偏置向量。

本节模型包括两个 LSTM 单元，重复上述步骤。

将 LSTM 单元的最终输出作为全连接层的输入，经过三个全连接层，得到一个一维向量。

将 softmax 函数作为分类器，得到与输入相对应的若干个概念相关簇的概率，根据概率大小确定概念相关簇的标签，即

$$y_i = \frac{e^{a_i}}{\sum_{k=1}^{C} e^{a_k}} \tag{8.22}$$

式中，C 为概念相关簇的个数。

2) 基于 CNN 的概念相关簇分类

在卷积神经网络(convolutional neural network，CNN)模型中，输入带有概念相关簇类别标签的文档集合，通过第一层将输入文本表示成词向量的形式，再采用一层卷积神经网络和池化操作对文档进行训练，经过全连接层，将结果传递给最后的 softmax 分类器，得到最终的概念相关簇标签[113]。

(1) 输入，即将输入文本的每个词的词向量拼接作为输入，有

$$x_{1:n} = x_1 \oplus x_2 \oplus \cdots \oplus x_n \tag{8.23}$$

式中，$\oplus$ 表示连接符号；x_n 表示词向量。

(2) 卷积，卷积操作是对 h 个词建立一个窗口，生成一个特征图。

(3) 最大池化，即对特征图进行池化操作，选择最大池化方法，选取特征图中的最大值，即

$$\hat{c} = \max\{c\} \tag{8.24}$$

(4) 全连接层，实现状态序列从多维空间向低维空间的转换。

(5) softmax 部分，将 softmax 函数作为分类器得到输入相对应的概念相关簇

的概率,最终依据概率大小得到概念相关簇的标签,即

$$y = w(z \circ r) \tag{8.25}$$

式中,z、r 分别为概念相关簇;"∘"表示复合映射。

3) 查询短语映射

采用基于潜在语义索引的映射思想,将查询短语与概念相关簇相互对应,在明确查询短语对应的商品类别的基础上,提取出每个查询短语对应的概念相关扩展词。

4) 概念相关扩展词提取

利用深度学习的方法得到检索文档的概念相关簇,通过潜在语义索引(latent semantic indexing,LSI)得到查询短语对应的概念相关簇,采用词频-逆文档频率(term frequency-inverse document frequency,TF-IDF)+WE(词向量相似度计算)的方法得到概念相关簇中的概念相关扩展词。

5) 取交集

获取概念相关扩展词集后,将该词集与反馈信息扩展词集取交集,保留与原始查询短语最相关的词集,通过减少扩展词的数量和缩小扩展词的范围,从而有效控制反馈信息扩展词集导致的查询漂移现象。

8.3 广 告 放 置

在线广告放置问题主要包括最小化空间问题及最大化空间问题。在线广告放置问题描述如下[114]:给定一个时间段集合 T(计划周期),在每个时间段内在线广告将在同一个网页的同一个矩形区域内显示;将每个时间段中网页给定的矩形区域都称为一个箱位,用 slot 来表示,即 $slot_j$ 表示第 j 个时间段网页上那个给定的矩形区域,每个箱位的高度和宽度都相同;给定一个广告集合 $A = \{A_1, A_2, \cdots, A_n\}$,广告 $A_i(i=1, 2, \cdots, n)$,其宽度与矩形区域的宽度相同,高度为 $s_i \leqslant S$ (s_i 为广告 A_i 的尺寸)和频率为 $w_i \leqslant |T|$ (w_i 为广告 A_i 在 T 个时间段内显示的次数),在箱位 $j(j=1, 2, \cdots, T)$ 的所有广告的尺寸之和称为该箱位的丰满度。

最小化空间问题描述如下:网站经营者如果想在一个计划周期内放置所有广告主的广告,那么广告需要最佳的放置。该问题的整数规划模型为[115]

$$\begin{aligned} &\min F \\ &\text{s.t.} \quad F \geqslant \sum_{A_i \in A} s_i x_{ij}, \quad j=1,2,\cdots,T \\ &\quad \sum_{j=1}^{T} x_{ij} = w_i, \quad i=1,2,\cdots,n \end{aligned} \tag{8.26}$$

式中，x_{ij} 为

$$x_{ij} = \begin{cases} 1, & 广告A_i被分配到时间段 j显示 \\ 0, & 其他 \end{cases}$$

最小化空间问题一般采用最早结束最迟开始(LSLF)算法求解：将广告按尺寸从大到小排序；按照排序，把广告 A_i 放到 w_i 个丰满度小的箱位里。

最大化空间问题描述如下：由于箱位高度的限制，所有的广告都不能放在箱子里时，需要找到一个广告子集 $A' \subseteq A$，使得每个 $A_i \subseteq A'$ 在 w_i 个广告时间段中(每个时间段长度相等)的每个时间段中各显示一次，且使得每个箱位的丰满度都小于或等于 S，以 $\sum_{A_i \in A} s_i x_{ij}$ 最大化为目标。此模型基于 CPM 计费方式，故最大化 $\sum_{A_i \in A} s_i x_{ij}$ 即最大化收益。

定义二进制变量 x_{ij}、y_i，有

$$x_{ij} = \begin{cases} 1, & 广告A_i被分配到时间段 j显示 \\ 0, & 其他 \end{cases}$$

$$y_i = \begin{cases} 1, & 广告A_i被分配到T个时间段的某些时间显示 \\ 0, & 广告A_i在T个时间段中的任一时间段都不显示 \end{cases}$$

该问题的整数规划模型为[116]

$$\max \sum_{i \in n} \sum_{j \in T} s_i x_{ij}$$

$$\text{s.t.} \quad \sum_{A_i \in A} s_i x_{ij} \leq S, \quad j = 1, 2, \cdots, T \tag{8.27}$$

$$\sum_{j \in T} x_{ij} = w_i y_i, \quad i = 1, 2, \cdots, n$$

式中，$x_{ij} \in \{0,1\}$，$y_i \in \{0,1\}$。

式(8.27)中第一个约束条件表示在每个时间段内满足：该时间段被显示的所有网络广告尺寸之和不超过给定的矩形区域的高度。式(8.27)中的第二个约束条件表示广告 A_i 被分配到任何一个时间段，该广告恰好被显示了 w_i 次。

最大化空间问题用 LSLF(u, S)算法求解：在广告集 u 中运行 LSLF 算法，当放置某一广告使箱位丰满度超过 S 时，将该广告删除，即该广告不被显示。

8.4 广告检索

不断加快的生活节奏对于广告系统的速度要求也越来越高，这需要广告系统在用户无感知的短时间内从多个广告中选择一个或几个呈现给用户，这便是广告

检索问题。本节介绍几类常见的广告检索方式。

8.4.1 布尔表达式检索

广告投放条件过滤可以视为布尔表达式检索问题[117]。它不同于 Web 搜索中关键词的搜索,如广告主投放条件可能是年龄属于第三年龄段,地区是纽约,或地区是加利福尼亚州,性别是女性的用户,可以用(age∈{3}∧state∈{NY})∨(state∈{CA}∧gender∉{M})表示。广告定向条件的析取范式(disjunctive normal form,DNF)是一组或的条件,即某种定向条件下,DNF 可以分解成 Conjunction,Conjunction 表示按或的方式分开,并且同一定向条件在某 Conjunction 里只出现一次,如上述例子就可以分解成 age∈{3}∧state∈{NY} 和 state∈{CA}∧gender∉{M},这里 state 在两个 Conjunction 中就各出现了一次。Assignment 是一组属性名称和值的集合$\{A_1=v_1, A_2=v_2,\cdots\}$,如一个在加利福尼亚州的女性用户可能有{gender=F, state=CA}的集合。sizeof(Conjunction)是 Conjunction 中∈的个数,即一个广告中的定向条件个数,在上例的 age∈{3}∧state∈{NY} 中,如果查询只有一个条件,那么该条件不可能满足这个定向条件,因此在检索的过程中可以借助这种方式进行一定的加速。

利用索引维护两层倒排关系,Conjunction->DocID 是普通的倒排索引,Assigment->ConjunctionID 可能会考虑 sizeof(Conjunction),但如果 sizeof(Conjunction)>sizeof(query),则无须考虑。

建立第一层索引:遍历文档 DNF 的 Conjunction,若为新,则分配一个新 ID(从 0 递增),否则用之前分配的 ConjunctionID;文档分配 DocID(从 0 递增),写入 Donjunction 到 Doc 的倒排关系,形成第一层索引。

建立第二层索引:将 Conjunction 切成 Assignment 流,Term 为(属性,值),如 age∈{3; 4}切成 Term: (age, 3),(age, 4);state∉{CA; NY}也切成两个 Term: (state, CA),(state, NY),∈和∉体现在倒排链表上;计算 Conjunction 的 size,将 size 体现在 Term 中,最终的 Term 的组成是(sizeof(Conjunction), 属性, 值);对于 size 为 0 的 Conjunction,添加一个特殊的 Term: (Z, ∈);写入倒排关系,Term->(ConjunctionID, ∈|∉)+。

在检索时,先查看 sizeof(query),即查询中的定向条件,仅当查询的定向条件少于广告的定向条件时,才会查找广告,否则不用查找,这样可以减少查找的工作量。

8.4.2 Weight-And 检索

Weight-And(WAND)算法[118]在广告系统中主要应用于相关广告场景,即需要搜索一个页面内容的相似广告。该算法首先要估计每个词对相关性贡献的上限,最简单的相关性就是 TF-IDF,一般查询中词的 TF 均为 1,IDF 是固定的,即估计一个词在文档中的 TF 上限,鉴于 TF 需要归一化(除以文档所有词的个数),因此就是要估算一个词在文档中所能占到的最大比例。当求出一个词的相关性上限值后,就可以知道一个查询和一个文档的相关性上限值,显然就是它们共同的词的相关性上限值之和。获得一个查询所有词的相关性贡献上限,然后选取出文档和查询中出现的共同词,并求出这些词的贡献和,将其同预设值比较,若超过预设值,则进入下一步的计算,否则丢弃。

8.4.3 近似最近邻检索

近似最近邻检索主要用于解决大规模数据集中最近邻检索技术的耗时问题。近似最近邻检索的目标是从给定的查询样本中以次线性甚至是常数时间复杂度尽可能高的概率找到该查询样本的最近邻。近似最近邻检索相较于最近邻检索,其表达更为紧凑,虽然会导致部分信息损失和检索精度降低,但检索速度大大提高。近似最近邻检索算法变种有很多,比较典型的有基于树的方法、散列算法和基于量化的方法。由于基于树的方法已逐渐被后两种方法所取代,本节主要介绍散列算法和基于量化的方法。

1. 散列算法

散列算法[119]是将任意长度的输入(预映射(pre-image))变换成固定长度的输出(散列值)。该转换是一种压缩映射,散列值的空间通常会远远小于输入的空间,不同的输入可以散列成相同的输出,但无法从输出的散列值来确定输入值。通过设定的散列函数以及冲突处理方法将关键字映射到有限的地址区间上称为散列表,散列表中的存储位置以关键字在地址区间中的象作为标记,所得存储位置称为散列地址。散列表作为一种线性数据结构,同表格或队列相比,具有较快的查找速度。

散列函数能够使我们更加迅速有效地对数据序列进行访问,并且快速定位数据元素,常用散列函数构造方法有:直接寻址法,取关键字或关键字的某个线性函数值为散列地址;数字分析法,即分析数据,找出数字的规律,尽可能利用这些数据来构造冲突概率较低的散列地址;平方取中法,取关键字平方后的中间几位作为散列地址;折叠法,将关键字分割成位数相同的几个部分,最后一部分位数可不相同,取这几部分的叠加和(去除进位)作为散列地址;随机数法,选择随机函数,选取关键字的随机值作为散列地址,通常在关键字长度不同的场景下利用该方法;除余数法,取关键字被某个小于等于散列表表长的数除后所得的余数为散列地址。

常见的散列函数主要有 MD-5、安全散列算法(SHA)等,本节侧重于介绍 SHA。SHA 是美国国家标准与技术研究院(National Institute of Standards and Technology,

NIST)和美国国家安全局(National Security Agency，NSA)设计的一种标准的散列算法，安全性很高，主要用于数字签名。SHA-1算法实现步骤如下：

(1) 将消息摘要转换成位字符串。SHA-1 算法的输入必须为位，因此首先要将输入转化为位字符串，以 "*abc*" 字符串为例，'a'=97,'b'=98,'c'=99，转换为位字符串后为 01100001 01100010 01100011。

(2) 对转换后的位字符串进行补位操作。补位操作即对输入的数据进行填充，使得数据长度对 512 求余的结果为 448，填充位的最高位补一个 1，其余的位补 0，如果在补位之前已经满足对 512 取模余数为 448，则在其后补一位 1 即可。补位至少补一位，最多补 512 位。

(3) 附加长度值。在信息摘要后面附加 64 位的信息，用来表示原始信息摘要的长度，在这步操作之后，信息报文便是 512 位的倍数。通常来说用一个 64 位的数据表示原始消息的长度，如果消息长度不大于 2^{64}，那么前 32 位就为 0。

(4) 初始化缓存。一个 160 位消息摘要缓冲区(MD buffer)用以保存中间和最终散列函数的结果，它可以表示为 5 个 32 位的寄存器(H_0, H_1, H_2, H_3, H_4)。

(5) 计算消息摘要，主要为计算过程中用到的方法或定义。

2. 基于量化的方法

在近似最近邻检索中，量化是指将大规模数据库用一个有限的重构点集合来表示。例如，给定一个字典 $A = (a_1, a_2, \cdots, a_k)$，其中 A 中的元素称为中心点，数据库中的数据点 x_n 用字典里与该数据点距离最近的中心点来表示：

$$\bar{x}_n = a_{kn} = \arg\min_{a \in A} \|x_n - a\|_2^2 \tag{8.28}$$

式中，$\bar{x}_n = a_{kn}$ 为 x_n 的重构点。

给定查询点 q，q 与数据点的距离近似为 q 与该数据点的重构点的距离，即 $\|q - x_n\|_2^2 \approx \|q - \bar{x}_n\|_2^2$。利用如下假设来保证近似距离与原始距离之间的重构误差。

假设 8.1 近似距离与原始距离之间的重构误差有上界，即

$$\|q - \bar{x}_n\|_2 - \|q - x_n\|_2 \leq \|\bar{x}_n - x_n\|_2 \tag{8.29}$$

由上述假设可知，基于量化的近似最近邻检索的优化目标为 $\sum_n \|x - \bar{x}_n\|_2^2$。

1) 笛卡儿量化

笛卡儿量化是指将空间划分成若干个子空间，每个子空间学习一个子字典，对整个空间进行量化的重构字典由子字典的笛卡儿积组成，其数学表达式为

$$C = C_1 C_2 \cdots C_M \tag{8.30}$$

式中，C 为重构字典；$(C_1, C_2, \cdots, C_M)$ 为子字典，$C_m = \left(C_{m_1}, C_{m_2}, \cdots, C_{mK_m}\right)$ ($m=1$,

$2,\cdots,M$) 表示 K_m 个子中心。重构点的组成为不同子字典的子中心点，即 $c=(c_{1i_1},c_{1i_2},\cdots,c_{Mi_M})$。

笛卡儿量化的优势在于：用包含 $\sum_{m=1}^{M}K_m$ 个子中心点的 M 个子字典生成包含 $\prod_{m=1}^{M}K_m$ 个重构点的重构字典；计算查询点 q 与重构点 $(c_{1i_1},c_{1i_2},\cdots,c_{Mi_M})$ 的距离只需将查询点 q 与组成重构点的每个子中心点的距离相加。由于查询点 q 与每个子中心点的距离可以提前计算并生成一张查阅表，在计算查询点 q 与重构点的距离时可将 $O(M)$ 个查阅表相加，以降低时间复杂度。

2) 乘积量化

乘积量化是一种经典的笛卡儿量化，它将向量分成若干个子向量，并对每个子向量集合进行聚类操作。设有一个数据集，K-means 算法是给定类别数 K，将所有样本到类中心的距离和最小值作为目标函数，采用迭代计算优化目标函数，求得 K 个类中心和每个样本所属的类别。乘积量化步骤如下：

(1) 数据集为 K，以 vector 的形式表示每个样本，d 表示维数，将 vector 的各个分量分成 m 组；

(2) 将所有 vector 的某组分量作为数据集，利用 K-means 算法得到 $k^{1/m}$ 个类中心，运行 m 次 K-means 算法，则每组都得到 $k^{1/m}$ 个类中心，将 $k^{1/m}$ 个类中心记为一个集合；

(3) 将上述得到的集合记作笛卡儿积，即求得整个数据集的 K 个类中心。

8.4.4 深度语义匹配模型

深度语义匹配模型(deep semantic similarity model，DSSM)的原理是通过搜索引擎中 Query 和 Title 海量的点击曝光日志，利用深度神经网络将 Query 和 Title 表达为低维语义向量，并通过余弦来计算向量间的距离，从而训练出语义相似度模型。该模型可以用来预测两个句子的语义相似度，同时能够获得某句子的低维语义向量表达。

图 8-5 为 DSSM 基本结构。由图可知，DSSM 从下向上可以分为输入层、表示层和匹配层。

输入层主要是将句子映射到一个向量空间并输入到深度神经网络(deep neural network，DNN)中，其对于英文和中文的输入层处理方式有很大的不同。英文的输入层处理方式是通过 Word Hashing，如用 Letter-Trigams 来切分单词(三个字母为一组，#表示开始和结束符)，"boy"被切为#-b-o, b-o-y, o-y-#，如图 8-6 所示。通过 Word Hashing 进行操作，不仅能够压缩空间(如 50 万个词的 one-hot(独热)向量空间可以被压缩为 3 万维的向量空间)，还可以增强泛化能力，英文中的前缀

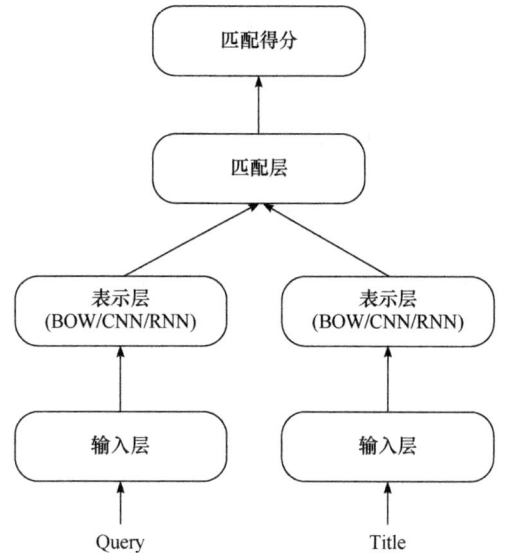

图 8-5　DSSM 基本结构(RNN 为循环神经网络)

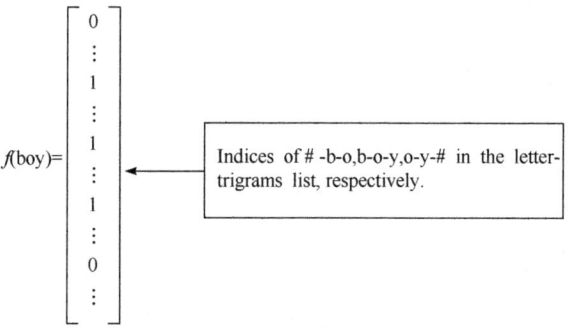

图 8-6　Letter-Trigams 切分结果

和后缀往往具有通用的语义，而利用三个字母就能将其表达出来。中文的输入层处理方式与英文大不相同，由于中文分词会导致误差出现，仿照英文的处理方式，对应到中文的最小粒度就是单字。

DSSM 的表示层采用词袋(bag of word，BOW)的方式，把字向量的位置信息抛弃，不分先后顺序。接着转换为一个含有多个隐层的 DNN(图 8-7)，W_i 表示第 i 层的权值矩阵，b_i 表示第 i 层的 bias(偏离率)项。则第 1 个隐层向量为 l_1，第 i 个隐层向量为 l_i，输出向量为 y，可分别表示为

$$l_1 = W_1 x \tag{8.31}$$

$$l_i = f(W_i l_{i-1} + b_i), \quad i = 1, 2, \cdots, N-1 \tag{8.32}$$

$$y = f(W_N l_{N-1} + b_N) \tag{8.33}$$

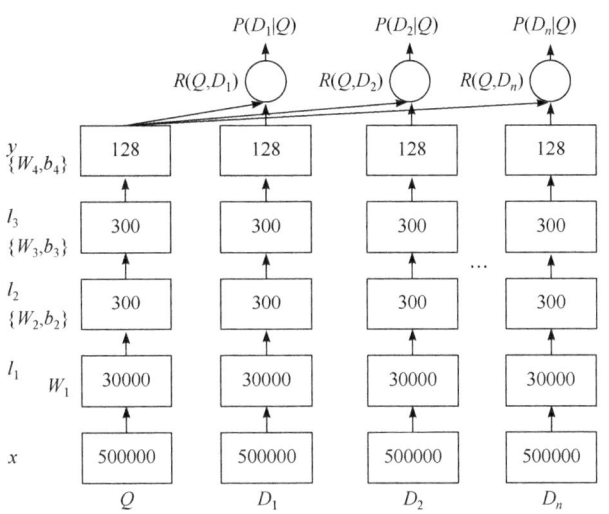

图 8-7　DSSM 训练结构图

将 tanh 作为隐层和输出层的激活函数，最终输出低维语义向量，有

$$f(x)=\frac{1-\mathrm{e}^{-2x}}{1+\mathrm{e}^{-2x}} \tag{8.34}$$

匹配层中，Query 和 Doc 的语义相似性用这两个语义向量的 cosine 距离(余弦相似度)来表示，有

$$R(Q,D)=\mathrm{cosine}(y_Q,y_D)=\frac{y_Q^{\mathrm{T}}y_D}{\|y_Q\|\|y_D\|} \tag{8.35}$$

通过 softmax 函数把 Query 与正样本 Doc 的语义相似性转化为一个后验概率，有

$$P(D^+|Q|)=\frac{\mathrm{e}^{\gamma R(Q,D^+)}}{\sum_{d\in D}\mathrm{e}^{\gamma R(Q,D^+)}} \tag{8.36}$$

式中，γ 为 softmax 的平滑因子；D^+ 为 Query 下的正样本；D 为 Query 下的整个样本空间。

在训练阶段，通过极大似然估计最小化损失函数，有

$$L(\Lambda)=-\log\prod_{Q,D}+P(D^+|Q) \tag{8.37}$$

残差在表示层的 DNN 中反向传播，最终通过随机梯度下降(stochastic gradient descent，SGD)使模型收敛，从而得到各网络层的参数$\{W_i,b_i\}$。

第 9 章 点击率预估与推荐技术

9.1 点击率预估

9.1.1 点击率预估问题描述

点击率预估问题[120]被视为一个典型的回归问题,如图 9-1 所示。其可描述为:学习系统基于给定的训练数据集 $T=\{(x_1, y_1), (x_2, y_2), \cdots, (x_N, y_N)\}$,构建一个预估模型 $Y=f(x_i)$,预估系统依据预估模型预估每个符合投放规则的广告对于新到达的曝光机会 x_{N+1} 的点击率 y_{N+1}。其中,(x_i, y_i) 表示训练样本 i,x_i 是样本 i 的特征向量,y_i 表示广告是否被点击,$y_i=1$ 表示发生过点击,$y_i=-1$ 表示没有发生点击。

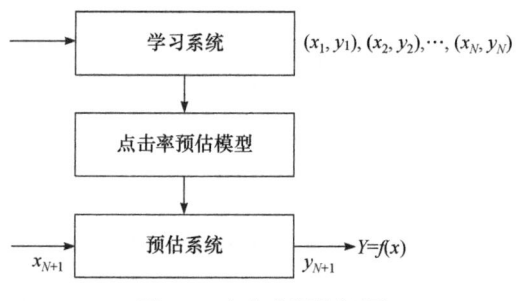

图 9-1 点击率预估问题

在点击率预估模型的学习过程中,需要确定三个要素:①模型,即 f 的形式,可采用逻辑回归(LR)、因子分解机(factorization machine,FM)、深度神经网络(DNN)等模型;②策略,即学习最优模型的准则,在有监督学习中通常引入损失函数 L 来度量预估错误的程度,学习使损失函数最小化的模型参数,点击率预估问题可以描述为 $\min_{\theta} L(f(x_i), y_i)$,不同的模型可以设计不同的损失函数,如逻辑回归中通常使用对数似然损失函数[121];③求解最优模型中参数 θ 的方法,包括梯度下降算法和随机梯度下降算法[122]。

9.1.2 广告点击率特征处理

点击率是衡量访问网站、点击广告等事件次数占展示总次数(即看到广告的总人数)比例的指标,用百分比表示,有

$$P = \sum_{i=1}^{N} h_i / N \times 100\% \tag{9.1}$$

式中，N 为展示总次数；h_i 为第 i 次操作是否被点击，若被点击则取值 1，否则取 0。

在广告点击率预估问题中，特征工程决定预估模型性能的上限。特征一般可以分为广告自身特征、用户特征、上下文特征、反馈特征、交叉特征等。特征处理一般是指特征提取及变换的过程，包括单特征提取、连续特征离散化、非线性变换、特征组合学习等。对于特征的预处理的方法有很多，具体的实现细节本节不做详细阐述。

9.1.3 点击率预估基本模型

针对点击率预估问题，最早的解决方案是利用逻辑回归来学习点击率预估模型。目前很多公司的广告点击率预估都是基于逻辑回归的预估模型[123]。由于该模型比较简单，非常适合解决概率预估问题，其主要公式为

$$p(y_i = \pm 1 | x_i) = \frac{1}{1 + e^{-y_i(\omega^T x_i)}} \tag{9.2}$$

式中，x_i 为广告展示机会的特征向量；y_i 为广告是否被点击，$y_i = 1$ 表示发生过点击，$y_i = -1$ 表示未发生点击；$\omega \in \mathbf{R}^{n+1}$ 为模型中参数的向量，n 为特征向量的维度。

在逻辑回归模型中，通常使用对数损失函数(即负的对数似然函数)，同时为了解决模型过拟合问题，通常在损失函数中加入 L2 正则化项，通过最小化损失函数来学习逻辑回归模型的参数 ω：

$$\begin{aligned} L(\omega) &= -\sum_{i=1}^{m} \log\left(\frac{1}{1 + e^{-y_i(\bar{\omega}^T x_i)}}\right) = \sum_{i=1}^{m} \log\left(1 + e^{-y_i(\omega^T x_i)}\right) \\ &\min_{\omega} \left\{ \sum_{i=1}^{m} \log(1 + e^{-y_i(f(\omega, x_i))}) + \frac{\lambda}{2} \|\omega\|_2^2 \right\} \end{aligned} \tag{9.3}$$

式中，m 为训练集中的样本数；λ 为正则化参数。

采用 L-BFGS(limited-memory BFGS)方法来优化逻辑回归模型，它是基于拟牛顿法 BFGS 算法的改进。模型中损失函数使用零均值和标准差的正态分布的交叉熵函数，每一个广告特征都归一化为期望值为零、单元标准差的数，归一化同样应用于训练和测试广告特征数据集。模型效果评估采用 KL(Kullback-Leibler)距离，它简化了 log 似然模型，忽略了测试数集的熵，同时将均方差增加为评估指标。

9.2 常见点击率预估模型

9.1 节介绍了点击率预估基本模型，除此之外，还有其他常见的点击率预估模型。本节介绍 GBDT+LR 模型、MLR 模型、FM 模型等点击率预估模型。

9.2.1 GBDT+LR 模型

梯度提升决策树(gradient boosting decision tree，GBDT)[124]是一种基于决策树的集成模型，被称为多重累积回归树或者 TreeNet，它采用加法模型(即基函数的线性组合)，通过不断减小训练过程产生的残差来达到将数据分类或者回归的目的。模型训练思路为：通过多轮迭代，每轮迭代产生一个弱分类器，每个分类器在上一轮分类器的梯度(若损失函数是平方损失函数，则梯度就是残差值)基础上进行训练。弱分类器一般会选择为 Cart Tree(分类回归树)，由于上述高偏差和低方差的要求，每个分类回归树不会有很深的深度，将每轮训练得到的弱分类器加权求和(加法模型)得到最终的总分类器。

GBDT 模型公式可描述为

$$F_m(x) = \sum_{m=1}^{M} T(x, \theta_m) \tag{9.4}$$

每轮产生一个弱分类器 $T(x, \theta_m)$，弱分类器的损失函数为

$$\hat{\theta}_m = \arg\min_{\theta_m} \sum_{i=1}^{N} L(y_i, F_{m-1}(x_i) + T(x_i, \theta_m)) \tag{9.5}$$

$F_{m-1}(x_i)$ 为当前的模型，下一个弱分类器的参数是通过经验风险极小化来确定的。损失函数(L)的选择有平方损失函数、0-1 损失函数、对数损失函数等。

GBDT 模型可以学习高阶非线性特征组合，其对应树的一条路径(叶子节点)。GBDT 模型中通常训练一些连续值特征、值空间不大的无序类别(categorical)特征等；而空间很大的 ID 特征等放在逻辑回归模型中训练，将 GBDT 模型与 LR 模型组合起来，既能进行高阶特征组合，又能利用线性模型处理大规模稀疏数据，具有很强的优势。GBDT+LR 模型训练图解如图 9-2 所示。

9.2.2 MLR 模型

混合逻辑回归(mixed logistic regression，MLR)模型[125]是将线性逻辑回归模型进行推广，它利用分片线性方式对数据进行拟合。其基本思路为：在分类空间本身为非线性的情况下，按照合适的方式将空间分为多个区域，对每个区域采用线性方式进行拟合，最终多个子区域预测值的加权平均即 MLR 模型的输出。

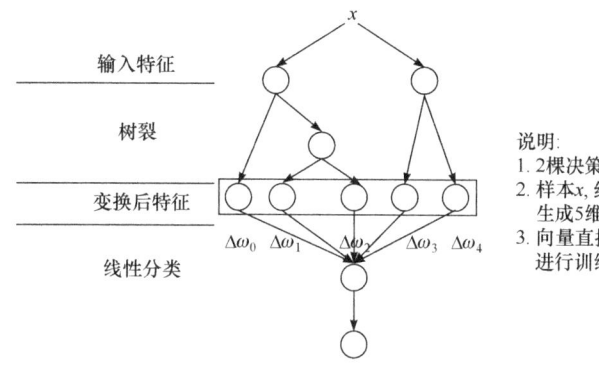

图 9-2　GBDT+LR 模型训练图解

MLR 模型的目标函数为

$$f(x) = \sum_{i=1}^{m} \pi_i(x,\mu) \times \eta_i(x,\omega) = \sum_{i=1}^{m} \frac{e^{\mu_i^T x}}{\sum_{j=1}^{m} e^{\mu_j^T x}} \times \frac{1}{1+e^{-\omega^T x}} \qquad (9.6)$$

式中，m 为分片数(当 $m=1$ 时，MLR 模型退化为逻辑回归模型)；$\pi_i(x,\mu) = \dfrac{e^{\mu_i^T x}}{\sum_{j=1}^{m} e^{\mu_j^T x}}$ 为聚类参数，决定分片空间的划分，即某样本属于某特定分片的概率；$\eta_i(x,\omega) = \dfrac{1}{1+e^{-\omega^T x}}$ 为分类参数，决定分片空间内的预测；μ 和 η_i 为待学习的参数。所有分片对应子模型的预测值的期望为最终模型的预测值。

另外，MLR 模型也可看作带有一个隐层的神经网络。如图 9-3 所示，x 为大规模的稀疏输入数据，MLR 模型第一步为嵌入(embedding)操作，该操作分为两种，一种为聚类嵌入，另一种为分类嵌入，同时将聚类和分类的高维属性特征映射到低维空间，维度为 m，即 MLR 模型中的分片数；完成投影之后，通过简单的内积操作(inner product)便可以输出预测值[126]。

9.2.3　FM 模型

因子分解机(FM)[127]模型是对逻辑回归模型的优化，由于逻辑回归模型是线性模型，对非线性函数空间没有较高的拟合度，但在实际的点击率预估场景中，各个特征 $x_1, x_2, \cdots, x_n$ 间并非相互独立，通常一个特征会对其他特征产生影响，这就需要采用多项式对点击率预估场景进行建模，来捕捉这些特征组合对模型的影响。

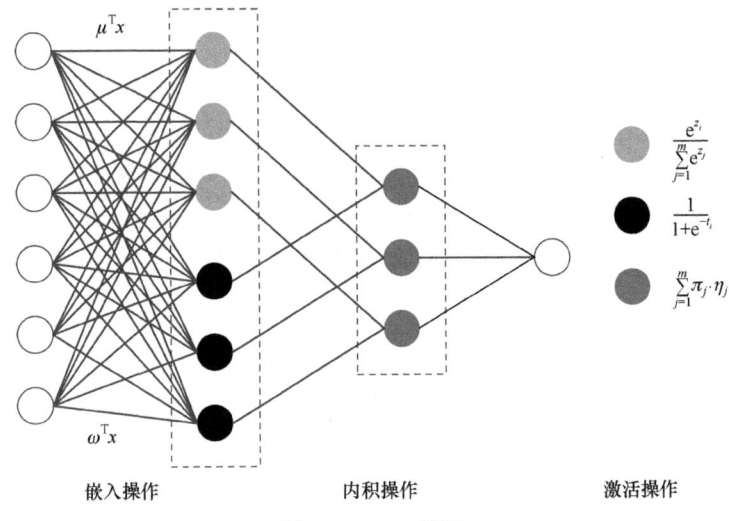

图 9-3 MLR 模型

最常用的二阶 FM 公式为

$$\hat{y} = \omega_0 + \sum_{i=1}^{n} \omega_i x_i + \sum_{i=1}^{n-1} \sum_{j=i+1}^{n} \langle V_i, V_j \rangle x_i x_j \tag{9.7}$$

$$\langle V_i, V_j \rangle = \sum_{f=1}^{k} v_{i,f} v_{j,f} \tag{9.8}$$

$$\omega_{ij} = v_i v_j^{\mathrm{T}} \tag{9.9}$$

式中,x_i 表示第 i 个特征;n 表示样本的特征数量;$\omega_0 \in \mathbf{R}$,$\omega \in \mathbf{R}^n$,$v \in \mathbf{R}^{n \times k}$,$k$ 为超参数,代表分解成的向量的维度。对每一个特征分量 x_i 引入辅助向量,即 $V_i = (v_{i1}, v_{i2}, \cdots, v_{ik})$。$\sum_{i=1}^{n-1} \sum_{j=i+1}^{n} \langle V_i, V_j \rangle x_i x_j$ 表示复杂度 $O(kn^2)$,通过简化算法可将复杂度简化为 $O(kn)$。

$$\begin{aligned}
\sum_{i=1}^{n-1} \sum_{j=i+1}^{n} \langle V_i, V_j \rangle x_i x_j &= \frac{1}{2} \sum_{i=1}^{n} \sum_{j=1}^{n} \langle V_i, V_j \rangle x_i x_j - \frac{1}{2} \sum_{i=1}^{n} \langle V_i, V_i \rangle x_i x_i \\
&= \frac{1}{2} \left(\sum_{i=1}^{n} \sum_{j=1}^{n} \sum_{f=1}^{k} v_{i,f} v_{j,f} x_i x_j - \sum_{i=1}^{n} \sum_{f=1}^{k} v_{i,f} v_{i,f} x_i x_i \right) \\
&= \frac{1}{2} \sum_{f=1}^{k} \left(\sum_{i=1}^{n} v_{i,f} x_i \right) \left(\sum_{j=1}^{n} v_{j,f} x_j - \sum_{i=1}^{n} v_{i,f}^2 x_i^2 \right) \\
&= \frac{1}{2} \sum_{f=1}^{k} \left[\left(\sum_{i=1}^{n} v_{i,f} x_i \right)^2 - \sum_{i=1}^{n} v_{i,f}^2 x_i^2 \right]
\end{aligned} \tag{9.10}$$

在此基础上，利用随机梯度下降算法来更新模型参数，使模型收敛，即

$$\frac{\partial}{\partial x}\hat{y}(X) = \begin{cases} 1, & \theta = \omega_0 \\ x_i, & \theta = \omega_i \\ x_i \sum_{j=1}^{n} v_{i,f} x_j - v_{i,f} x_i^2, & \theta = v_{i,f} \end{cases} \quad (9.11)$$

FM 模型通过对二项式稀疏进行低维连续空间的转换，能够有效解决二次项系数在大规模系数数据下不更新的问题。在实际场景中，FM 模型也大规模地应用在点击率预估中，尤其是在数据极其稀疏的场景下，FM 模型效果相对于其他算法有很明显的改善。

9.3 推荐技术

在如今的大数据时代，当人们面对海量数据的同时，也面临着信息过载问题，由此推荐系统应运而生。在搜索广告中，广告系统通过用户的搜索对不同的广告进行检索并呈现给用户。但当用户没有明确的搜索目的时，推荐系统可以根据用户的历史行为为用户推荐相关的广告。常见的推荐方法包括基于用户的协同过滤算法、基于物品的协同过滤算法、基于社交网络的推荐算法等。

9.3.1 基于用户的协同过滤算法

基于用户的协同过滤推荐[128]主要是研究用户之间的关系，一般采用最近邻域技术，通过分析目标用户的兴趣偏好相关信息，依据偏好向其推荐感兴趣的项目。但是，在广告推广实际应用过程中，建立查询页之间的兴趣偏好模型需要考虑众多因素。点击率可以反映用户所输入的请求(即输出 Query 页)对搜索引擎所选择展现广告的偏好程度，而广告关键词因素不仅影响广告的展现量，同时影响点击率的相关性计算。因此，考虑在 Query 页-广告的二维兴趣偏好模型中加入广告关键词因素，建立充分描述 Query 页偏好程度的三维兴趣偏好模型。基于广告关键词的 Q-K-A(查询页-广告关键词-广告)兴趣模型需要考虑三方面因素：匹配 Query 页的广告关键词信息、已被 Query 页展现过的广告信息以及匹配 Query 页的广告关键词与其选择展现的广告之间的关系。Q-K-A 兴趣模型构建过程如下。

假设 IS=(Q, K, A, C)为信息系统，其中 $Q=\{q_1, q_2, \cdots, q_m\}$为 Query 页集合，$m$ 为 Query 页总数；$K=\{k_1, k_2, \cdots, k_n\}$为广告关键词集合，$n$ 为广告关键词总数；$A=\{a_1, a_2, \cdots, a_r\}$为广告集合，$r$ 为广告的总数；$C=\{c_{q,a}|q \in Q, a \in A\}$，$c_{q,a}$ 表示在 Q 中的元素 q 上展现 A 中的元素 a 所产生的点击率。

假设9.1 令 T 为广告标签集合，$T=\{t_1, t_2, \cdots, t_s\}$，其中 s 为广告标签的总数。对任意 $t_i \in T$，$k_j \in K (1 \leqslant i \leqslant s, 1 \leqslant j \leqslant r)$，当 $i=k$ 时，有 $t_i=k_j$。

假设9.2 给定信息系统 IS=(Q, K, A, C)，IS 为非空有限集，表示所有广告点击数据集，对任意 $x \in D$ 有 $x = \langle$ click, impression, a, q, $k \rangle$。对任意 $a_i \in A$，$q_j \in Q(1 \leqslant i \leqslant r, 1 \leqslant j \leqslant m)$，$x \in D$，若 $x[a]=a_i$，则 $a[q]$ 在 q_j 上展现 a_i 所产生的点击率 c_{q_j,a_i} 的定义为

$$c_{q_j,a_i} = \frac{\sum_{x \in D} x[\text{click}]}{\sum_{x \in D} x[\text{impression}]} \tag{9.12}$$

式中，$\sum_{x \in D} x[\text{click}]$ 表示在 q_j 上展现 a_i 所产生的点击量总和；$\sum_{x \in D} x[\text{impression}]$ 表示在 q_j 上展现 a_i 所产生的展现总和；c_{q_j,a_i} 由其对应的点击量和展现量确定。

假设9.3 设矩阵是一个 $m \times n$ 的矩阵，其中 m 行代表集合 Q，n 列代表集合 A，表示 m 个 Query 页对 n 个广告的点击情况。矩阵 $R_{m \times n}$ 的第 i 行第 j 列的元素 r_{ij} 为 q_i 的兴趣因子 $(1 \leqslant i \leqslant m, 1 \leqslant j \leqslant n)$，用 q_i 展现 a_j 产生的点击率 c_{q_i,a_j}，若 q_i 展现了 a_j，则 r_{ij} 等于 c_{q_i,a_j}，否则 r_{ij} 为 0，即

$$r_{ij} = \begin{cases} c_{q_i,a_j}, & q_i \text{展现了} a_j \\ 0, & \text{其他} \end{cases} \tag{9.13}$$

假设9.4 给定信息系统 IS=(Q, K, A, C)，设 $q_i \in Q$ 和 $a_l \in A (1 \leqslant i \leqslant m, 1 \leqslant l \leqslant r)$ 分别为任意 Query 页和广告，令 q_i 相匹配的广告标签组合为 k_{q_i}，$I(q_i, k_j, a_l)$ 为 q_i 的兴趣因子，且

$$I(q_i, k_j, a_l) = \begin{cases} 1, & q_i \text{与} k_j \text{相关并点击了} a_l \\ 0, & \text{其他} \end{cases} \tag{9.14}$$

$$k_{q_i} = \{k_j / k_j \in K, I(q_i, k_j, a_l) = 1\}, \quad k_{q_i} \subseteq K \tag{9.15}$$

假设9.5 给定信息系统 IS=(Q, K, A, C)，设 $q_i \in Q$、$k_j \in K$ 和 $a_l \in A(1 \leqslant i \leqslant m, 1 \leqslant j \leqslant n, 1 \leqslant l \leqslant r)$ 分别为任意 Query 页、广告关键词和广告，令 KAq_i 表示 Query 页 q_i 对应的广告关键词和广告之间的相关关系的组合，$I(q_i, k_j, a_l)$ 为 q_i 的兴趣因子，则

$$KAq_i = \{\langle k_j, a_l \rangle | k_j \in K, a_l \in A, I(q_i, k_j, a_l) = 1\} \tag{9.16}$$

假设9.6 给定信息系统 IS=(Q, K, A, C)，令 IM=$\{IM_i | i=1, 2, \cdots, m\}$ 为兴趣模型，设 $q_i \in Q (1 \leqslant i \leqslant m)$ 为任意 Query 页，则 q_i 的兴趣模型为 $IM_i=\{Rq_i, Kq_i, KAq_i\}$，

其中 Rq_i 表示 q_i 的点击行为集合，Kq_i 表示与 q_i 相匹配的广告关键词集合，KAq_i 表示 q_i 的广告关键词和广告间的相关关系。

基于上述 Q-K-A 兴趣模型，带标签的协同过滤广告推荐算法思路如下：

对目标 Query 页 q_i 与其他 Query 页 $q_x(x=1,2,\cdots,m, x\neq i)$ 之间的综合加权相似度计算结果进行从大到小排序，采用 Top-N 策略取其中前 K 个相似度最高的 Query 页得到目标 Query 页的 q_i 的 K-最近邻域 $N_K(q_i)$，并获得 $N_K(q_i)$ 中 Query 页上所有展现过的广告集合作为候选推荐广告集 A'。

以广告预测点击率为广告推荐衡量指标，计算 A' 中每个候选展示的广告 a_l ($l=1,2,\cdots,s, s\leqslant r$)，在目标 Query 页 q_i 上展示时的预测点击率 $CTR_{pre}(q_i, a_l)$，结合 $CTR_{pre}(q_i, a_l)$ 和 Top-N 策略从候选推荐广告集 A' 中筛选出最佳推荐广告集 A^*。

9.3.2 基于物品的协同过滤算法

基于物品的协同过滤算法[129]认为用户的兴趣具有一致性，首先利用用户对不同物品的行为信息建立相似矩阵，其次计算出不同物品间的相似度，最后依据公式生成推荐列表，给用户提供选择，其算法如图 9-4 所示。

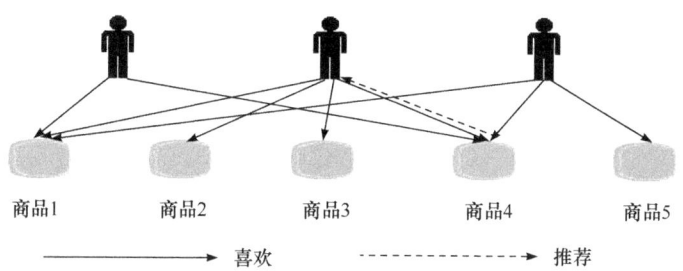

图 9-4 基于物品的协同过滤算法示意图

基于上述图例，定义两个不同物品的相似度，即

$$W_{ij} = \frac{|N(i) \cap N(j)|}{\sqrt{N(i) \| N(j)}} \tag{9.17}$$

1. 计算相似矩阵

依据不同用户对不同物品项目的评分，建立"用户-物品"到"物品-物品"矩阵 $R(m,n)$。当用户量不是很大时，建立"物品-物品"矩阵。$R(m,n)$ 是一个 $m \times n$ 矩阵，m 行表示 m 名用户，n 列表示 n 个物品，R_{ij} 表示评分，数据 j 列表示 m 名用户集对 j 列物品的评价，如图 9-5 所示。

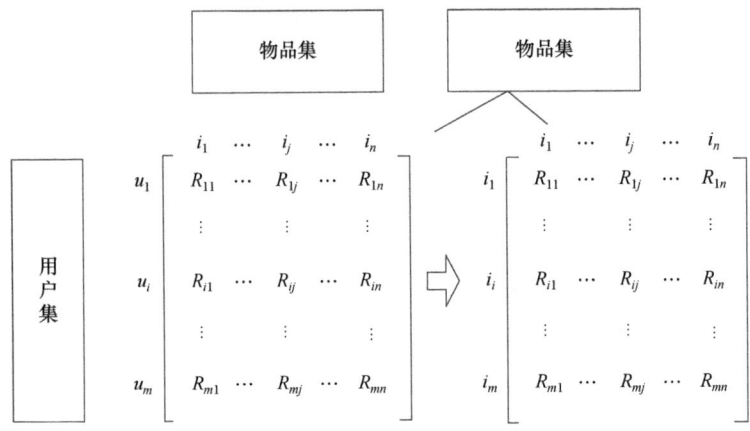

图 9-5 矩阵转换图

2. 获取物品相似集

根据上述矩阵，求出与目标物品最相似的物品集合。目标物品的相似度可以依据余弦相似性或者 Jaccard 公式来计算。

3. 产生推荐项目

求出物品间的相似度以后，通过下列公式计算用户 u 对物品 j 的兴趣，有

$$P_{uj} = \sum_{i \in N(u) \cap S(j,K)} W_{ji} R_{ui} \qquad (9.18)$$

式中，$N(u)$ 为用户喜欢的物品集合；$S(j, K)$ 为与物品 j 特征属性最契合的 K 物品；W_{ji} 为物品 j 和 i 的相似度；R_{ui} 为用户 u 对物品 i 的兴趣。即 A 物品和 B、C 物品具有很高的相似性，用户对 A 物品感兴趣，产生的推荐列表中肯定会有 B、C 物品。

基于物品的协同过滤推荐算法计算的是物品之间的相似度，一般在物品变化不大时，它的相似性更稳定，同时可以实现离线计算，从而降低系统在线计算的消耗，提高系统实时性能。

9.3.3 基于社交网络的推荐算法

1. 基于邻域的社会化推荐算法

给定一个社交网络和一份用户行为数据集，其中基于社交网络的推荐算法是给用户推荐好友喜欢的物品集合[130]。即用户 u 对物品 i 的兴趣 P_{ui} 可以通过如下公式计算：

$$P_{ui} = \sum_{v \in \text{out}(u)} R_{vi} \tag{9.19}$$

式中，out(u)为用户 u 的好友集合，若用户 v 喜欢物品 i，则 $R_{vi}=1$，否则 $R_{vi}=0$。但是，不同的好友和用户 u 的熟悉程度及兴趣相似度是不同的。因此，需在推荐算法中考虑好友和用户的熟悉程度以及兴趣相似度，通过如下公式实现：

$$P_{ui} = \sum_{v \in \text{out}(u)} W_{uv} R_{vi} \tag{9.20}$$

W_{uv} 由两部分相似度构成，一部分是用户 u 和用户 v 的熟悉程度，另一部分是用户 u 和用户 v 的兴趣相似度，分别用如下公式表示：

$$\text{familiarity}(u,v) = \frac{|\text{out}(u) \cap \text{out}(v)|}{|\text{out}(u) \cup \text{out}(v)|} \tag{9.21}$$

$$\text{similiarity}(u,v) = \frac{|N(u) \cap N(v)|}{|N(u) \cup N(v)|} \tag{9.22}$$

式中，out(u)和 out(v)分别为用户 u 和 v 的好友集合；N(u)和 N(v)分别为用户 u 和 v 的共同兴趣集合。

2. 基于图的社会化推荐算法

在社交网站中存在两种关系，一种是用户对物品的兴趣关系，另一种是用户之间的社交网络关系[131]。用户的社交网络可以表示为社交网络图，用户对物品的行为可以表示为用户物品二分图，将两种图结合形成一个图，如图9-6所示。

图9-6中，圆圈表示用户顶点，方块表示物品顶点，若用户与物品间产生过行为，则节点间通过边相连；若用户间互为好友，则也可以通过一条边连接。例如，用户 A 与 B、D 是好友，且用户 A 对物品 a、e 产生过行为。在定义完图中的顶点和边后，需要定义边的权重，其中"用户-用户"间边的权重可以定义为用户之间相似度的 n 倍(包括熟悉程度和兴趣相似度)，"用户-物品"间的权重可以定义为用户对物品喜欢程度的 m 倍。n 和 m 可以根据实际需求进行确定，若希望用户好友的行为

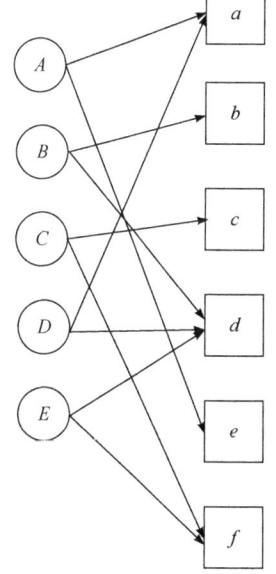

图 9-6 用户物品二分图与社交网络图相结合

对推荐结果产生较大影响，则可以选择比较大的 n；若希望用户的历史行为对推荐结果产生较大影响，则可以选择比较大的 m。

除上述社交网络关系之外，还存在一种社交关系，即两个用户同属于一个社群，如图 9-7 所示，同样利用图模型，也可以很容易对该种社交关系进行建模，并基于图的推荐算法给用户推荐物品。

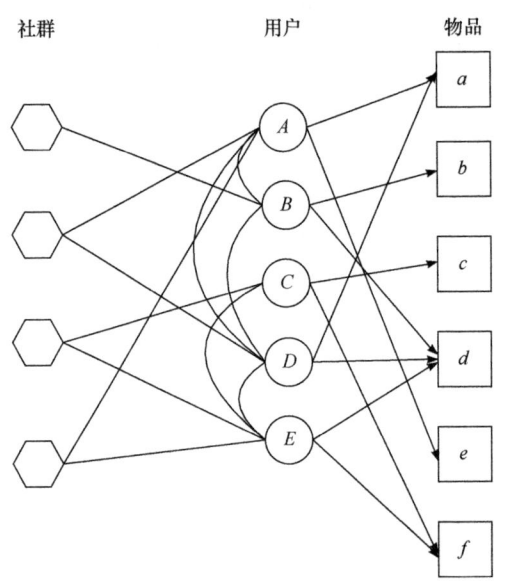

图 9-7　融合两种社交网络的图模型

9.4　典型案例

本节介绍帮宝适一级帮产品社会化整合营销案例。

1. 案例概述

2017 年 7 月，大量日本的妈妈在社交平台上分享帮宝适一级帮产品使用心得，从而影响中国地区的妈妈对该品牌的了解。

随后帮宝适一级帮产品进入中国市场，明略科技集团通过技术手段分析妈妈群体的社交活动轨迹，创造性地开创了国外引发关注→国内名人跟进、KOL(关键意见领袖)引爆→普通消费者购买的传播及转化路径，因地制宜地帮助帮宝适一级帮产品提升了知名度及促进销售转化。

运用技术制定推广策略如下：

2016 年帮宝适在中国市场份额下滑，相反在日本市场仍销量领先。明略科技集团通过分析妈妈群体的社交活动轨迹，发现中国妈妈普遍信赖日本产品，并愿意接受母婴 KOL 意见的洞察。明略科技集团帮助帮宝适一级帮产品另辟蹊径，从日本社交平台的 KOL 妈妈入手，影响中国妈妈；并通过一系列社交整合营销，进一步提升品牌影响力。

2. 品牌声量

如图 9-8 所示，借由 Instagram 和微博平台，通过明星和 KOL 的影响力，对妈妈们进行强效触达；有效整合线上线下资源，推高了品牌声量和关注度。

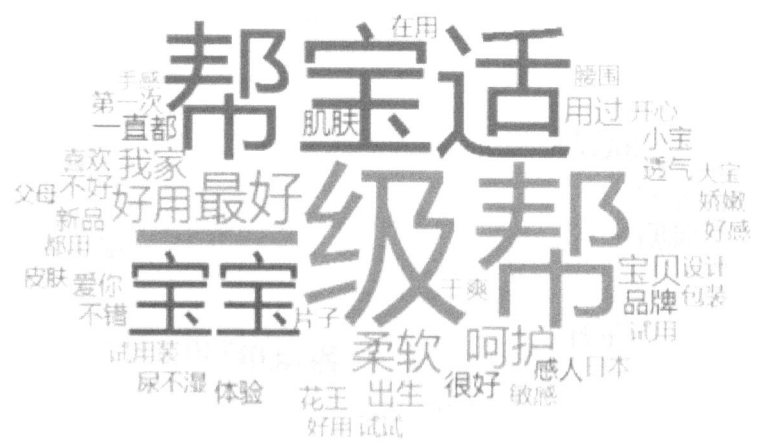

图 9-8　国内母婴市场及母婴群体的社交使用行为分析

线上营销活动开始后，截至 7 月 31 日，获得 139 多万的关注度，100 多万的社交互动，是目标数量的 10 倍多；

8 月 8 日线下活动，获得 300 多万的关注度，2700 多万直播观众，30 亿次公众关注；

在活动期间，帮宝适一级帮产品占有 52% 的社交平台声量，其中 98% 为非负面评论。

3. 销量转化

与以往相比，社交参与度提升 50 倍以上，KOL 传播产生的销售转化高于普通传播的 2.5 倍。

4. 用户及口碑沉淀

这次品牌活动之后，一大部分使用宝洁产品的妈妈都转化为帮宝适一级帮产品的用户。

在活动开始后三周内，电商平台出现了 1800 多个帮宝适一级帮产品相关的正面评论。

第 10 章 在线匹配技术

10.1 在线匹配理论

10.1.1 匹配问题起源

匹配问题来源于组合数学中著名的婚配问题：若在一个团体中有若干还没结婚的小伙子和姑娘，所有人都已到结婚年龄，若没有其他限制条件，为了满足姑娘结婚的愿望，"小伙子的人数至少和姑娘的人数一样多"成为唯一的前提条件。但是在实际生活中，所有人都不会随意地完成自己的婚姻大事，以姑娘为例，每个姑娘一般都会从中选择一些小伙子作为她们可能的结婚对象，也就是每个姑娘都会有一张排序比较满意的结婚对象名单。因此，明显的问题随即出现：在这个组合中是否每个姑娘都可以与自己满意的小伙子结婚？

显然，上述问题不可能完美解决，因为或许存在一种情况：有些姑娘手头上的结婚对象名单是完全相同的。那么到底什么样的条件可以解决上述问题，让每一个姑娘找到自己满意的结婚对象？在满足这些限定条件时，最多会有多少姑娘能够实现自己的结婚愿望？小伙子和姑娘应该怎样配对，才能使得最终小伙子和姑娘结婚后的家庭生活更幸福美好？

10.1.2 匹配基本概念

1. 二部图

若图 $G(V, E)$ 中的所有顶点被分为 X 和 Y 两个非空子集，其中 V 为图中顶点的集合，E 为图中边的集合，每条边都有一个顶点在 X 中，而另一个顶点在 Y 中，则称此图为二部图或者偶图[132,133]，也可称为二分图。若 X 的每个顶点都与 Y 中的每个顶点相连接，则称此图为完全二部图或者完全偶图，也可称为完全二分图[134]，如图 10-1 所示。

2. 支配集、极小支配集

支配集(dominating set，DS)[135,136]就是一个点集，使得所有其他顶点至少有一个相邻点在该集合中。也可以认为是一部分的点支配了所有点。

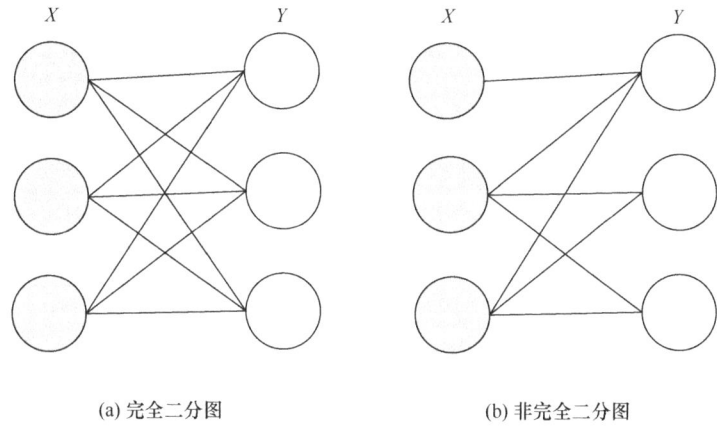

(a) 完全二分图　　　　　　　　(b) 非完全二分图

图 10-1　二部图

极小支配集(minimal dominating set，minimal DS)：本身为支配集，其真子集都不是支配集。

最小支配集(minimum dominating set，minimum DS)：点最少的支配集。

支配数(dominating number，DM)：最小支配集的点数。

3. 边支配集、极小边支配集

边支配集(edge dominating set，EDS)[137]就是一个边集，使得所有边至少有一条邻接边在集合里。也可以认为是一部分的边支配了所有边。

极小边支配集(minimal edge dominating set，minimal EDS)：本身是边支配集，其真子集都不是边支配集。

最小边支配集(minimum edge dominating set，minimum EDS)：边最少的边支配集。

边支配数(edge dominating number，EDN)：最小边支配集的边数。

4. 最小路径覆盖

最小路径覆盖(path covering，PC)是指路径覆盖点，尽量用较少的不相交简单路径覆盖有向无环图 G 的所有顶点，即每个顶点都只属于一条路径。路径的长度可能为零(单个点)。

最小路径覆盖数为图 G 的点数减去最小路径覆盖中的边数。应该使得最小路径覆盖的边尽量多，但又不能使得两条边相交在同一个顶点。求解最小路径覆盖数需要进行拆点，即首先将每一个顶点 i 拆分成 X_i 和 Y_i 两个顶点；然后根据原图

G 中的边信息，从 X 部向 Y 部引边。所有边都是从 X 部到 Y 部的方向。因此，经过转化的二分图最大匹配边数是原图 G 中最小路径覆盖的边数。因此，最小路径覆盖数为原图 G 顶点总数减去二分图最大匹配数。

5. 匹配

匹配：设 $G=\langle V,E \rangle$ 是二部图，且 E 是 V_1 和 V_2 的笛卡儿乘积子集。若 M 包含于 E，而且 M 中任意两条边不相邻，则可认为 M 是图 G 的一个匹配[138,139]。

最大匹配：边数量最多的匹配称为最大匹配，包含 4 条匹配边，如图 10-2 所示。

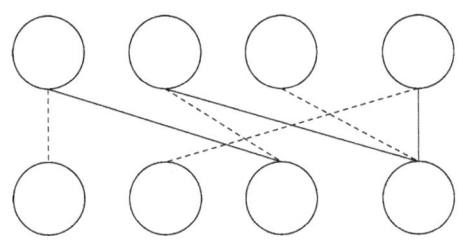

图 10-2 最大匹配

最优匹配：图 G 中包含多个完美匹配，假设 M 是图 G 的一个匹配，图 G 的 M 交错路表示其边在 E 和 M 中交错出现的路。M 可扩展表示其起点和终点都是 M 未饱和的 M 交错路。

假设 10.1 若图 G 不包含 M 可扩展路，则图 G 的匹配 M 满足最大匹配。

假设 10.2 假设 X 与 Y 为二部图 G 的二分类，且为图 G 中 S 的临集(S 为图 G 的任意子集)，也就是与 S 中顶点相邻的所有顶点集合，则图 G 包含饱和 X 中与每个顶点的匹配。

假设 10.3 根据图包含的顶点图分支奇偶数，分为奇分支或者偶分支，若图 G 有奇分支，则表示图 G 有完美匹配。

10.2 在线匹配算法

10.2.1 基于原始-对偶的匹配

原始-对偶算法以互补松弛为核心，构建完全赋权二部图 $G=(X, Y, E, w)$ 的线性规划(LP)模型(w 为边权重)，获得此类线性规划问题的最优解，从而计算出最大权的完美匹配。

互补松弛定理(complementary slackness theorem, CST)：假设 LP 和对偶 LP 的可行解分别为 x 和 π，如果对于任意的 i，有 $u_i = \pi_i(d_i^x - b_i) = 0$；且对于任意的 j，

有 $v_j = (c_j - \pi' A_j)x_j = 0$，则 x 和 π 是最优解。

1. 基于原始-对偶的匹配算法求解步骤

第一步：构建最大权完美匹配的 LP 模型，即

$$\max z = \sum_{i=1}^{n}\sum_{j=1}^{n} w_{ij} x_{ij} \tag{10.1}$$

$$\begin{cases} \sum_{j=1}^{n} x_{ij} = 1, & i=1,2,\cdots,n \\ \sum_{i=1}^{n} x_{ij} = 1, & j=1,2,\cdots,n \\ x_{ij} \geq 0 \end{cases} \tag{10.2}$$

因此，LP 模型变为

$$\begin{cases} \min z' = \sum_{i=1}^{n}\sum_{j=1}^{n} w_{ij} x_{ij} \\ \sum_{j=1}^{n} x_{ij} = 1, & i=1,2,\cdots,n \\ \sum_{i=1}^{n} x_{ij} = 1, & j=1,2,\cdots,n \end{cases} \tag{10.3}$$

将式(10.1)中的 $\max z$ 转变为 $\min z$，令 $\min z' = \min z - \sum_{i=1}^{n}\sum_{j=1}^{n} w_{ij} x_{ij}$，$n$ 为节点集。在式(10.2)中 $\sum_{j=1}^{n} x_{ij} = 1 (i=1,2,\cdots,n)$、$\sum_{i=1}^{n} x_{ij} = 1 (j=1,2,\cdots,n)$ 分别表示在 X、Y 中每个顶点只选取一条边。$x_{ij}=0$ 表示此边不会在匹配中出现，$x_{ij}=1$ 表示此边会在匹配中出现。

对于按权重选边后形成完美匹配的方法，三项约束条件可以限制该选择方法，获得 LP 模型。

第二步：构建 LP 对偶。

设 λ_i 为 LP 中的第一行约束条件，$i=1,2,\cdots,n$；μ_j 为第二行约束条件，$j=1,2,\cdots,n$，所以得出 $\lambda_i + \mu_j \leq w_{ij}$，计算：

$$\max\left(\sum_{i=1}^{n} \lambda_i + \sum_{j=1}^{n} \mu_j\right) \tag{10.4}$$

得到对偶问题(D)：

$$\begin{cases} \lambda_i + \mu_j \leqslant w_{ij}, & i,j=1,2,\cdots,n \\ \lambda_i, \mu_j, & \text{无限制} \end{cases} \tag{10.5}$$

变量 x_{ij} 经过对偶计算以后得到的 λ_i 与 μ_j 实际上表示 X 与 Y 中各点的标号。

第三步：根据互补松弛原理，对于任意的 i 和 j，都有 $\{x_{ij}\}$、$\{\lambda_i,\mu_j\}$，分别是问题(P)和(D)的最优解，即

$$\begin{cases} (\lambda_i + \mu_j)(w_j x - b_i) = 0 \\ [w_{ij} - (\lambda_i + \mu_j) \cdot 1] x_{ij} = 0 \end{cases} \tag{10.6}$$

因为 x_{ij} 代表图 G 中完美匹配 M 中的边，所以 $x_{ij} > 0$ 为最优解，又 $[w_{ij} - (\lambda_i + \mu_j) \cdot 1] \cdot x_{ij} = 0$，故 $\lambda_i + \mu_j = w_{ij}$，又 $w_{ij} \geqslant 0$，构建对偶问题(D)的一个初始可行解：$\begin{cases} \lambda_i = \min\{w_{ij} | 1 \leqslant i \leqslant n\} \\ \mu_j = 0, \forall x_i \in X, y_i \in Y \end{cases}$。满足 $\lambda_i + \mu_j = w_{ij}$ 的 (i,j) 构成允许可列集 $J = \{(i,j) | \lambda_i + \mu_j = w_{ij}\}$ 是否为一个完美匹配。

第四步：构造问题(RP)，验证是否找到完美匹配，即

$$\min \zeta = \sum_{i=1}^{2n} x_i^\alpha \tag{10.7}$$

$$\begin{cases} \sum_{j=1}^{n} x_{ij} + x_i^\alpha = 1, & i=1,2,\cdots,n \\ \sum_{i=1}^{n} x_{ij} + x_{n+j}^\alpha = 1, & j=1,2,\cdots,n \\ x_{ij} \geqslant 0, & (i,j) \in J \\ x_{ij} = 0, & (i,j) \notin J \\ x_i^\alpha \geqslant 0, & i=1,2,\cdots,2n \end{cases} \tag{10.8}$$

若 $\zeta = 0$，则原始问题已经取得最优解；若 $\zeta > 0$，则表示还存在 X 中的标号 λ_i 的点未饱和。因此，通过构造函数(DRP)修正 λ_i 和 μ_j。

第五步：构造函数(DRP)。

由问题(RP)求解得 $\begin{cases} x_i^\alpha = 1, & (i,j) \notin J \\ x_i^\alpha, & (i,j) \in J \end{cases}$，故计算得函数(DRP)为

$$\max = \left(\sum_{i=1}^{n}\lambda_i + \sum_{i=1}^{n}\mu_j\right) \quad (10.9)$$

式中，$\begin{cases} \lambda_i + \mu_j \leqslant 1, & i,j=1,2,\cdots,n \\ \lambda_i, \mu_j, & \text{无限制} \end{cases}$。根据 $\left[1-(\lambda_i+\mu_j)\right]\lambda_i^\alpha = 0$ 以及 $\begin{cases} \lambda_i^\alpha = 1, & (i,j) \notin J \\ \lambda_i^\alpha, & (i,j) \in J \end{cases}$，计算 $\overline{\lambda}_i + \overline{\mu}_j$。

第六步：修正 $\lambda_i + \mu_j$。

由 $\theta = \min\limits_{(i,j)\notin J}\left\{\dfrac{w_{ij}-\lambda_i-\mu_j}{\overline{\lambda}_i+\overline{\mu}_j}\right\}$，可知：

$$\begin{aligned}
(\lambda_i^\alpha,\mu_j^\alpha) &= \lambda_i+\mu_j+\theta(\overline{\lambda}_i+\overline{\mu}_j) \\
&= (\lambda_i+\mu_j)+\min_{(i,j)\notin J}\left\{\dfrac{w_{ij}-(\lambda_i+\mu_j)}{\overline{\lambda}_i+\overline{\mu}_j}\right\}(\overline{\lambda}_i+\overline{\mu}_j) \\
&= (\lambda_i+\mu_j)+\min_{(i,j)\notin J}\{w_{ij}-(\lambda_i,\mu_j)\}
\end{aligned} \quad (10.10)$$

且 $\theta(\overline{\lambda}_i+\overline{\mu}_j) = \min\limits_{(i,j)\notin J}\{w_{ij}-(\lambda_i,\mu_j)\}$

其中，$\theta(\overline{\lambda}_i,\overline{\mu}_j)$ 所起的作用与 KM(Kuhn-Munkras)算法中 a_l 的作用是一样的，以此可以证明经过上述 6 个步骤求解原始-对偶算法的准确性。

2. 基于原始-对偶的匹配算法举例

如图 10-3 所示，在容量-费用网络中，计算当流量为 10 时的最小费用流，边上的数据用 (c_{ij}, u_{ij}) 表示，$U=\{u_{ij}\}$ 表示非负流量，$C=\{c_{ij}\}$ 表示单位费用流量。

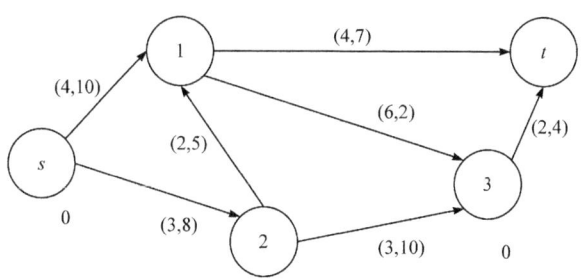

图 10-3 容量-费用网络

求解步骤如下：

(1) 令 $p_i=0$，$x=\{x_{ij}\}=\{0\}$ 表示可行流，N 表示节点集，且 $\forall i \in N$；流量 $v=0$，给源点 s 标号 $(0,+\infty)$（图 10-4(a)）。在图中，用 (c_{ij}, u_{ij}, x_{ij}) 表示边上的数据，用 p_i 表示节点上的数据。

(2) 令 $\theta_s=\min\{c_{s1}-p_s+p_1, c_{s2}-p_s+p_2\}=\min\{4,3\}=3$；$\theta = \min\{\theta_i\}=3$，$i\in S$；$p_i=0$，$i\in N-\{s\}$，$p_s=3$。

(3) 令 $R=\{(s,2)\}$。

(4) 给节点 s、2 标号，$S=\{s,2\}$，$\bar{S}=N-S$；若 R 中不存在可增广链路(图 10-4(b))，则转步骤(1)。

整个计算过程如图 10-4(a)~(f)所示。目前已获得流量为 11 的最小费用流，也是最小费用最大流。对于计算流量为 10 的最小费用流，在图 10-4(f)中沿路 $s\to 1\to t$ 增广流量时，只增加 6 单位流量(不必增加 $\xi_t = 7$)便可计算得到。

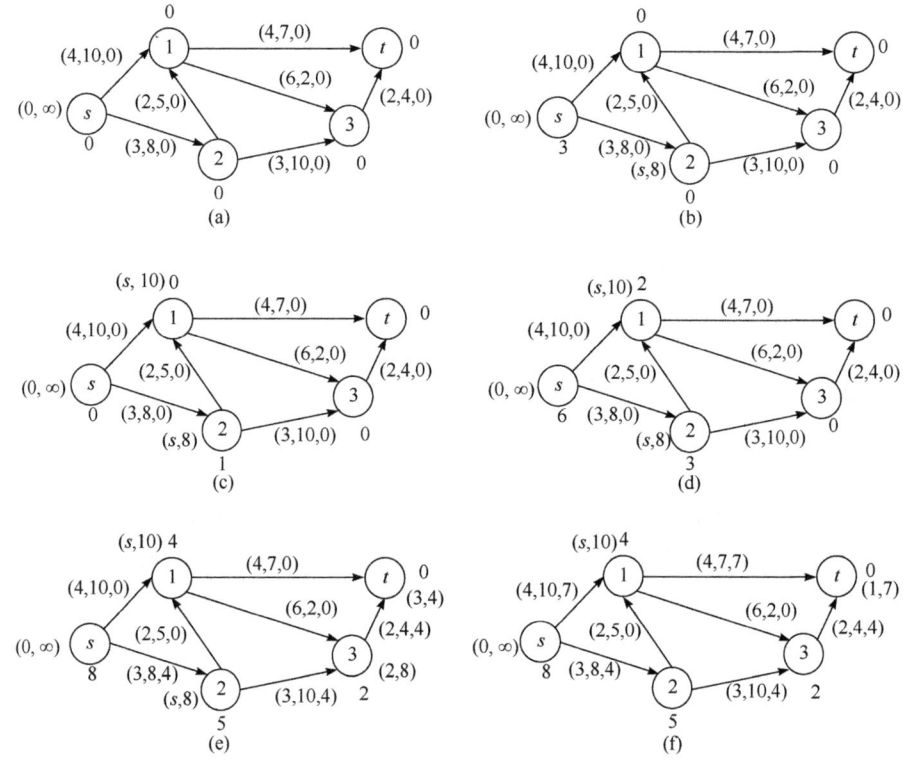

图 10-4　迭代过程

10.2.2　典型的匹配算法——匈牙利算法

匈牙利算法的本质就是不断寻找增广路径，直至找不到位置，就认为当前的匹配图是最大匹配[141,142]。

假设 10.4　从一个未匹配点出发，依次经过非匹配边、匹配边、非匹配边形成的路径称为交替路径。

假设 10.5　从一个未匹配点出发，沿着交替路径，如果遇到另一个未匹配点

(不包含出发点)，则该交替路径称为增广路径(augmenting path)，如图10-5所示。

图中用虚线表示的边代表三条已经匹配的边。从 X 一个未匹配的顶点 x_4 开始，可寻找到一条增广路径：$x_4 \to y_3 \to x_2 \to y_1 \to x_1 \to y_2 \to x_4 \to y_3 \to x_2 \to y_1 \to x_1 \to y_2$。根据增广路径定义推出以下三条结论：

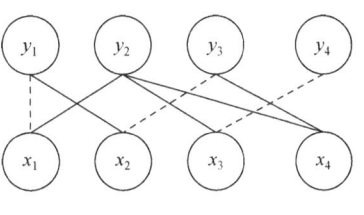

图 10-5 增广路径

(1) 增广路径的路径长度肯定为奇数，M 不包含第一条边和最后一条边(已匹配子图)，因为两个端点分别属于不同的两个集合，而且还未匹配。

(2) 将增广路径进行取反操作(即已匹配边转变为未匹配边，未匹配边转变为已匹配边)，可获得一个更大的匹配 M'。

(3) 如果相对于 M 的增广路径不存在，则 M 为图 G 的最大匹配。

1. 匈牙利算法步骤

匈牙利算法的具体步骤如下：

(1) 输入图 G 的一个初始匹配，并给出任意一个图 G 的初始匹配 M；

(2) 判断 M 是否饱和 X 中的所有节点，如果是则 M 是图 G 的一个完全匹配，否则找出 X 中的非饱和点 x，令 $A=\{x\}$，$B=\{\}$，观察 A 的邻接点；

(3) 如果 $N(A) = B$，则继续执行步骤(2)，否则在 Y 中找出属于 $N(A)-B$ 的一点 y；

(4) 判断 y 是否是 M 的饱和点，如果是则在 X 中寻找 y 的配对点 z，令 $B = B$，并转步骤(3)，否则存在 x 到 y 的一条可扩展路径 P，故 M 不是图 G 的最大匹配；

(5) $M = M + E(p)$，并转步骤(2)；

(6) 输出满足要求的最大匹配。

2. 匈牙利算法举例

图 10-6 具体说明了匈牙利算法的计算过程。

图 10-6(a)展示的图为原图，首先从 V_1 开始，找到点 V_4，发现点 V_4 没有被匹配，因此找到了 V_1 的匹配点 V_4，如图 10-6(b)所示。

然后从 V_2 开始，尝试找到它的一个匹配点，如顶点 V_5，但发现 V_5 并没有被匹配，则找到 V_2 的匹配点，如图 10-6(c)所示。

接着寻找 V_3 的匹配点。枚举 V_5，发现 V_5 已经包含匹配点 V_2。此时尝试寻找 V_2 除了 V_5 以外的其他匹配点，找到了 V_7，因此 V_2 可以与 V_7 匹配，故 V_5 可与 V_3 匹配，最终得到 3 为最大匹配，如图 10-6(d)所示。

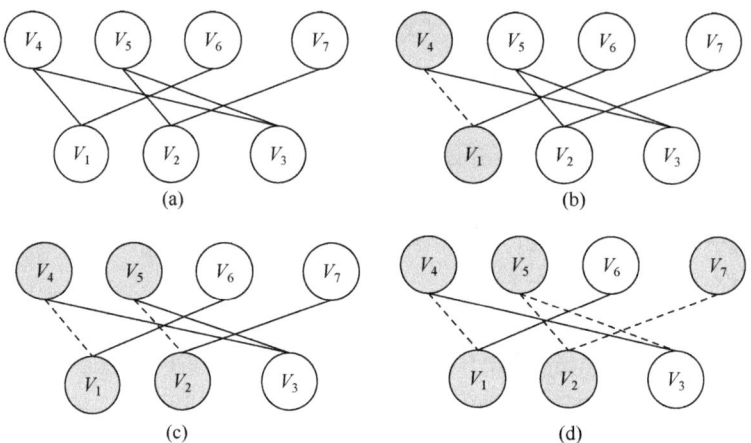

图 10-6 匈牙利算法计算过程举例

10.2.3 寻找最短增广路径——Hopcroft-Karp 算法

Hopcroft-Karp 算法由 John E. Hopcroft 和 Richard M. Karp 于 1973 年提出。该算法主要用来优化匈牙利算法，在寻找增广路径的同时，找到多条不相交的增广路径，成为极大增广路径集，然后增广极大增广路径集。在每个阶段寻找增广路径集时，对于已经找到的增广路径集都具有相同的路径长度，并且随着算法的运行，增广路径不断扩大长度。最终证明要得到最大匹配，使用最多增广 $n^{0.5}$ 次即可。

1. Hopcroft-Karp 算法步骤

Hopcroft-Karp 算法具体步骤如下：

(1) 从图 $G=(X, Y, E)$ 中提取一个初始匹配。

(2) 假设 X 中的所有顶点都被 M 匹配，则表示 M 是一个完美匹配，程序返回；否则将所有未匹配顶点作为起点启动一次广度优先搜索(breath first search，BFS)，标记每个顶点与起点之间的距离。

(3) 在满足 $dis[v]=dis[u]+1$ 的边集 $\langle v, u \rangle$ 中(v 表示图 G 中的节点，u 为 X 中的任意一个节点)，表示从 X 中找到一个顶点 x_0，该顶点并未被 M 匹配，令 $S=\{x_0\}$，$T=\varnothing$。

(4) 如果所有与子集 S 中顶点相邻的顶点组成的集合 $N(S)=T$，则此时已无法取得更大匹配，程序返回；否则 $y_0 \in N(S)$。

(5) 若顶点 y_0 已经被 M 匹配，则转步骤(6)，否则选一条 $x_0 \to y_0$ 的 M-增广路径 $P(x_0, y_0)$，令 $M=M\Delta P(x_0, y_0)$。

(6) 因为 y 已经与 M 匹配，所以 M 中存在一条边(y_0, z_0)，z_0 为匹配节点，令

$T = T \cup \{y_0\}$,$S = S \cup \{z_0\}$,并转步骤(2)。

2. Hopcroft-Karp 算法举例

Hopcroft-Karp 算法原图如图 10-7 所示。采用匈牙利算法寻找增广路径一次只能找到一条,而 Hopcroft-Karp 算法能够实现一次性寻找多条互不相交的增广路径,然后按照这些互不相交的增广路径增加多个匹配,如图 10-8 所示。图 10-8(a)为同时找到两条互不相交的路径长度都为 1 的增广路径,即图中虚线所示;图 10-8(b)为按照增广路径重新更新匹配,即图中灰色的节点对;图 10-8(c)为同时找到两条互不相交的路径长度都为 3 的增广路径,即图中虚线所示;图 10-8(d)为按照增广路径重新更新匹配,即图中灰色的节点对。

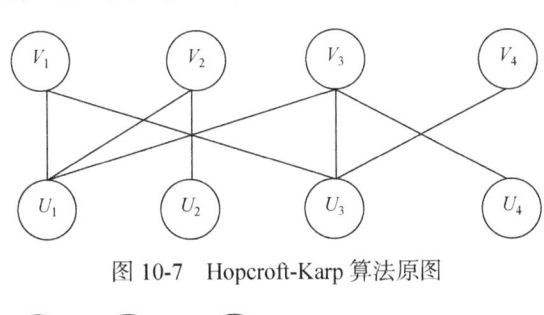

图 10-7 Hopcroft-Karp 算法原图

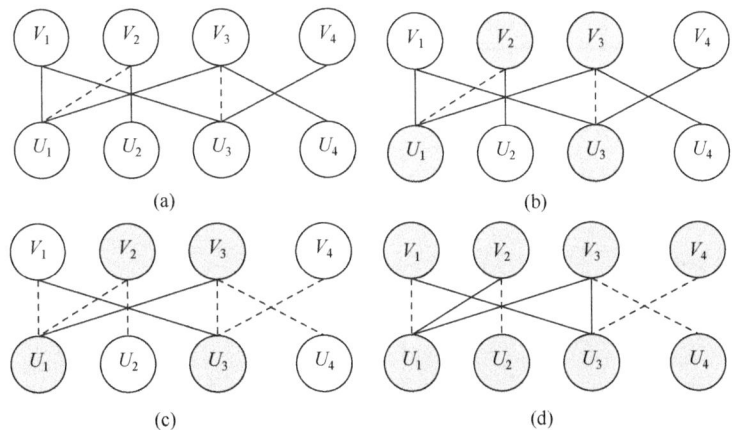

图 10-8 利用 Hopcroft-Karp 算法求解最大二分匹配的过程

10.2.4 最优权重匹配问题——KM 算法

若二分图无权重,则需要计算最大匹配,可采用匈牙利算法获得最大匹配。若二分图带权重,则需要计算最大或最小权重匹配,采用 KM 算法最优[143]。然而,求解最大或者最小权重匹配都是同样的问题,只要计算最大权重匹配,对权重取相反数即可获得最小权重匹配,再把计算结果取相反数,即可求得最小权重匹配。解决带权二分图最优匹配问题使用 KM 算法最优，其基本原理是通过加入标杆，将最优权重匹配问题转变为最大匹配问题。

1. KM 算法步骤

KM 算法的具体步骤如下：

(1) 初始化可行标杆值；

(2) 采用匈牙利算法找到完美匹配；

(3) 如果没找到完美匹配就修改可行标杆值；

(4) 重复步骤(2)和(3)，直至找到相同的子图完美匹配。

2. KM 算法举例

带权二分图如表 10-1 和图 10-9 所示。

表 10-1 带权二分图

项目	Y_0	Y_1	Y_2	Y_3	Y_4
X_0	3	4	6	4	9
X_1	6	4	5	3	8
X_2	7	5	3	4	2
X_3	6	3	2	2	5
X_4	8	4	5	4	7

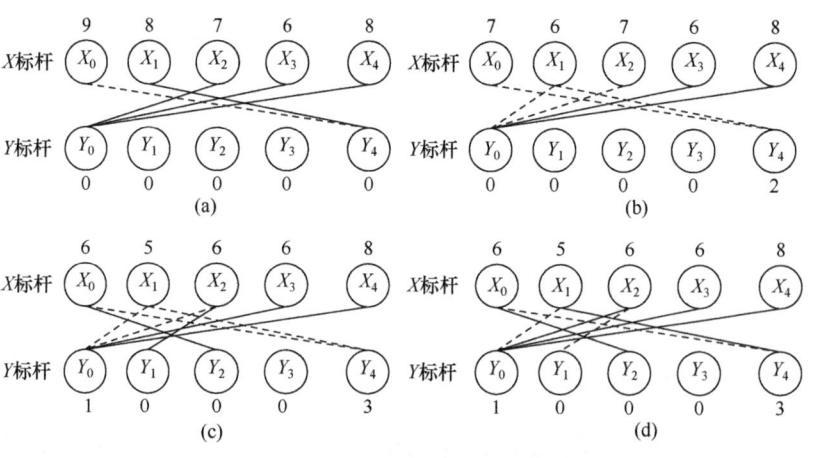

图 10-9 KM 算法举例

如图 10-9(a)所示，将图中的边权重转变成标杆，通常来说，在边权重初始化时，X 集合中的元素赋予对应路径权重最大值，Y 集合中的元素赋予 0 值。计算满足以下条件的边：weight(i,j)=label(i)+label(j)，由此构建二分图，即相等子图。

如图 10-9(b)所示，寻找增广路径，以 X_0 为起点，寻找 X_0Y_4；在 X_1 中，由于没有增广路径，因此需要调整标杆，将相等子图扩大；当增广路径找不到时，对于之前已经被搜索的路径上 XY 点，如果 S 为在该路径上的 X 顶点集，T 为 Y 顶点集，对包含在 S 中的所有点集合 X_i 及不包含在 T 中的所有点集合 Y_j，求解 $d=\min\{L(X_i)+L(Y_j)-\text{weight}(X_iY_j)\}$，将 S 集合中的 X 标杆与 d 相减，同时将其加入 T 集合中的 Y 标杆中；此例在寻找增广路径过程中，依次访问 X_1、Y_4、X_0 三个点，则对应边为 X_1Y_0，d 值为 2，根据贪心选边原理，可为 X_0 选取新边而舍弃原始二分子图里的匹配边，也可为 X_1 选取新边而舍弃原始二分子图里的匹配边，不能同时选取 X_0Y_4 和 X_1Y_4，因为该匹配不合法，此时 $d=\min\{L(X_i)+L(Y_j)-\text{weight}(X_iY_j)\}$，选取一条新的匹配边，为使匹配合法，该边将被放在匹配子图中，选取该边组成的匹配子图，使原始匹配子图与该非法边组合而成的非法匹配子图权重和最小，即权重最大；再为 X_1 寻找增广路径，即可获得 X_1Y_0。

如图 10-9(c)所示，为 X_2 寻找增广路径，图 10-9 虚线路径为搜索范围，没有增广路径，因此需将相等子图扩大；根据第二步相同的约束规则，加入 X_0Y_2、X_2Y_1 边，d 值为 1。

如图 10-9(d)所示，在新相等子图中，为 X_2 再次寻找增广路径。假如使用深度优先搜索方法，计算获得的路线是 $X_2Y_0 \to Y_0X_1 \to X_1Y_4 \to Y_4X_0 \to X_0Y_2$，然后对匹配结果取反，获得 X_2Y_0、X_1Y_4、X_0Y_2 三个匹配；假如使用宽度优先搜索方法，X_0Y_4、X_1Y_0、X_2Y_1 为最终的匹配结果。

第 11 章 计算广告投放系统

11.1 计算广告投放系统架构

11.1.1 业务关联方

在如今的在线广告行业中，业务的运行涉及大量的关联方，主要分为四个类型：广告主、广告平台、媒体、消费者。广告主包括广告联盟；广告平台提供流量分发的能力，同时也提供广告创意、广告素材服务，如百度推广、腾讯广告等；媒体为流量提供方；消费者为用户，广告和流量的使用者，如图 11-1 所示。

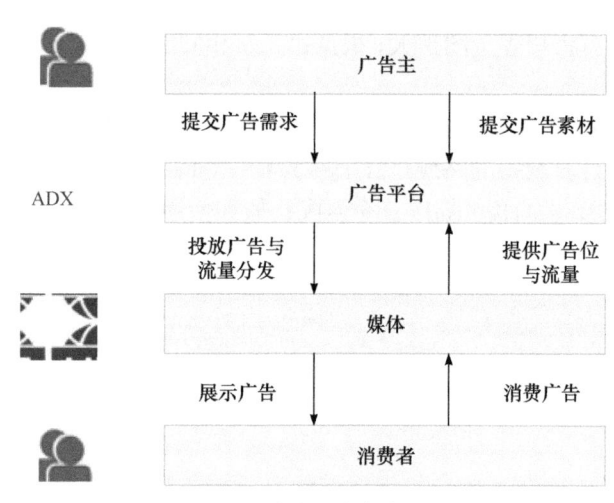

图 11-1　广告业务各方关联

11.1.2 投放系统架构

在了解了广告业务运行涉及的四大关联方之后，本节将从广告主也就是需求方的角度介绍广告系统中投放广告的具体流程。广告业务通常是企业盈利的核心业务，需求方平台(DSP)更是实时竞价广告中最为核心的环节。但由于其商业逻辑复杂，涉及的技术众多且零散，因此目前业界尚无一个较为完整的开源 DSP 系统的实现。

目前国外已有相对成熟的 DSP 系统的公司，如 Mediamath、InviteMedia、Turn、

TheTradeDesk，其中 InviteMedia 公司通过提供比较透明的实时竞价采买功能，如设定一些规则和优化目标等，帮广告主把相关广告交易平台接入进来并从中收取固定比例的佣金，开始提供越来越深入的采买投入产出比优化服务。全球领先的广告技术公司 Criteo 则不同于其他的公司，它的重点业务是按照个性化重定向方式采买广告，其核心技术包括三项：动态创意、推荐引擎和广告主商品库存实时接口[144]。国内 DSP 行业起步相对较晚，目前 DSP 从源头上主要可以分为两类，一类是由 BAT 等互联网巨头推出的以自身平台为基础的私有化交易平台，另一类则是一些从事广告技术研发的公司，通过对自身技术、数据和客户积累进行整合进入 DSP 领域[86]，如品友互动、璧合科技、易传媒等。一般 DSP 系统功能主要包括用户管理功能、广告管理功能、广告投放功能和投放效果展示功能，涵盖 Web 服务模块、竞价监听模块、用户管理模块、广告管理模块、用户定向模块、广告检索模块、广告排序模块和日志收集与处理模块[86]。图 11-2 为系统的整体架构设计。

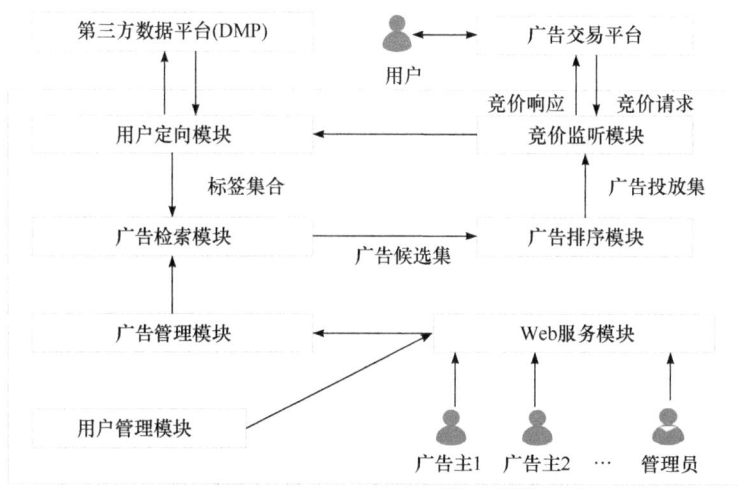

图 11-2　需求方投放系统架构图

(1) Web 服务模块：负责系统与用户的交互。广告主用户可以操作前端页面实现与系统的交互，包括广告的上传、删除和管理等；管理员用户可通过 Web 页面操作的方式实现对系统内广告主和广告的管理，并通过该模块启动和停止监听模块的竞价监听。

(2) 竞价监听模块：主要负责与广告交易平台进行流量对接，接收来自实时竞价市场的竞价请求。接收到竞价请求后，由广告检索、排序等其他模块计算得到出价，并由该模块将竞价响应返回给广告交易平台参与外部竞价。

(3) 用户管理模块：提供系统用户的管理逻辑。用户包括广告主和系统管理员。广告主可自主完成系统账号的注册和登录，登录后可查看和修改账户信息，实现自身账户的广告管理功能;管理员可凭管理员账户和密码登录系统,对系统内的广告主进行管理和审核,查看广告投放效果和收益等信息。

(4) 广告管理模块:可以实现广告的上传、删除、定向标签设置、单价设置、分组管理等功能。广告主可以在该平台上查看其广告历史投放、盈利等统计数据。此外,本模块还承担广告投放的任务,当收到竞价成功的信息后,该模块将从广告数据库中加载相应的素材,返回给媒体网站进行展示,并对 DSP 进行计费。

(5) 用户定向模块:用来识别竞价请求中的用户身份,并为其打上"标签",包括用户的性别、年龄、收入等基本属性,还包括广告主定制化的划分,如"新客户"、"重要客户"等。为获得用户标签,除在广告主网站获取一方数据进行加工之外,DSP 通常与 DMP(第三方数据平台)进行对接,由 DMP 提供用户标签。

(6) 广告检索模块:主要负责广告索引的构建和检索。当广告检索模块接收到检索请求后,将根据当前的用户和上下文标签在广告库中进行相关性检索,得到与当前环境较为匹配的广告候选集交由广告排序模块进行处理。

(7) 广告排序模块:利用系统收集的日志周期性地训练点击率预估模型,然后利用点击率预估模型对候选集中的每一个候选广告进行点击率预估,再根据广告主设置的价格进行出价计算,将出价最高的广告价格传递给竞价监听模块,参与外部竞价。

(8) 日志收集与处理模块:主要负责对广告的询价、出价、广告投放日志进行收集和处理。该模块还需追踪处理广告投放之后的效果信息,包括是否产生点击或转化等行为,传递给广告管理模块进行计费。收集和处理之后的日志数据将用于系统点击率预估等模型的训练,以对系统模型进行迭代和更新。

11.2 投放系统各功能模块

1. Web 服务模块

Web 服务模块面向两类用户提供与系统进行交互的功能,具体包括四个功能:用户注册和登录、广告主的广告管理、系统管理员的平台管理、广告投放数据展示。该模块整体基于 Java Web 的架构,主要包括前端界面和服务器端接口两个部分,其中前端界面包括用户注册和登录页面、广告主用户界面和管理员用户界面;服务器端提供三个服务,分别为用户管理服务、广告管理服务和监听管理服务。该模块的架构如图 11-3 所示。

第 11 章 计算广告投放系统

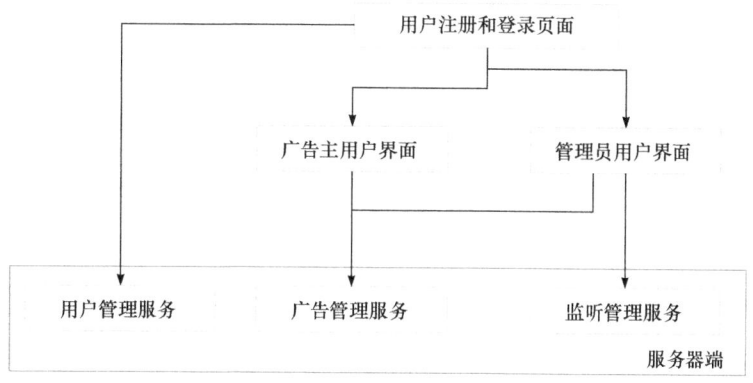

图 11-3 Web 服务模块

2. 竞价监听模块

竞价监听模块是 DSP 系统与外部市场进行流量对接的直接模块，负责监听和解析来自广告交易平台的竞价请求，根据解析得到的请求内容，发送到相应的模块进行处理。另外，该模块还需对广告交易平台发出的竞价请求进行响应，也就是向广告交易平台进行出价。竞价监听模块的设计如图 11-4 所示，包括一个负责监听与响应的竞价服务接口、解析询价请求和封装竞价响应的 Java API。

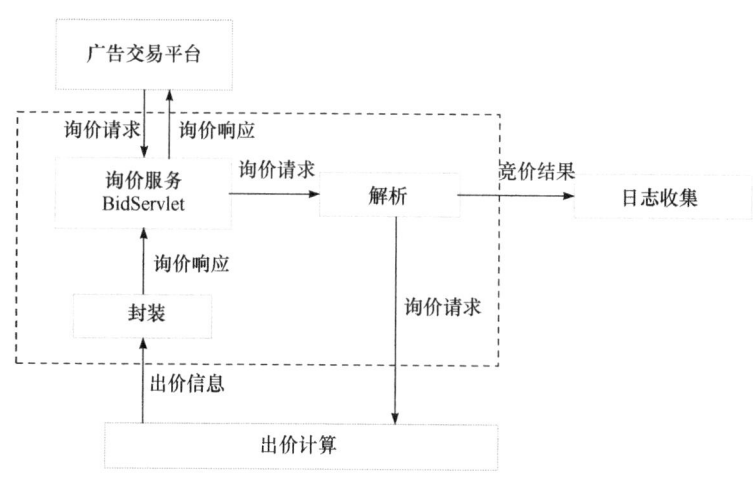

图 11-4 竞价监听模块设计

3. 用户管理模块

用户管理模块为 Web 服务模块提供 Java 接口，实现用户管理的后台逻辑。该模块如图 11-5 所示，具体接口功能包括：用户注册时输入信息的合法性检查；用户登录时用户名和密码匹配性检查；用户登录之后可以对自己的基本信息、密码等进行修改；查看余额和为账户进行充值，当广告主余额不足时，将无法进行广告投放。用户相关数据将存储在 MySQL 数据库中。

4. 广告管理模块

广告管理模块与 Web 服务模块对接，提供广告管理功能的相关 Java 接口。该模块还提供广告投放接口，当收到广告投放请求时，返回相应的广告物料进行投放并计费。该模块如图 11-6 所示，广告层级关系如图 11-7 所示。

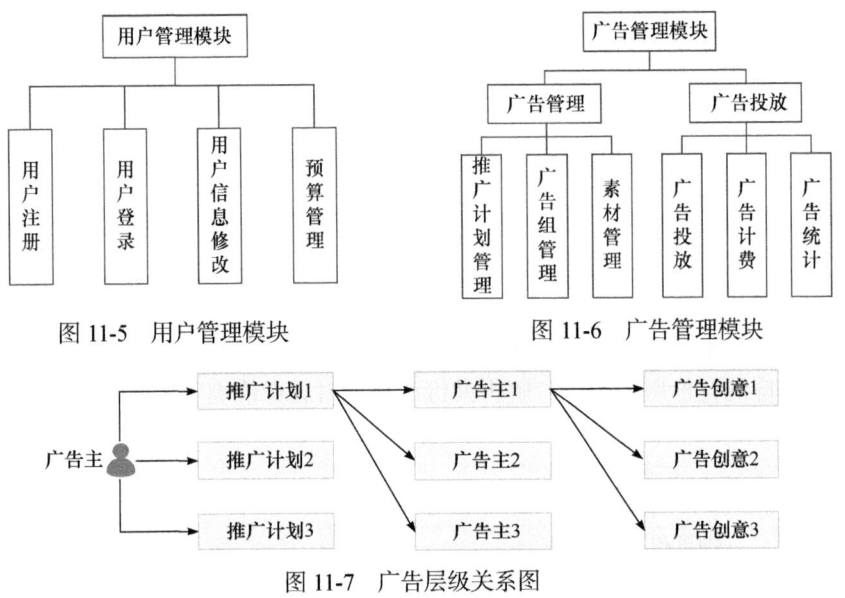

图 11-5　用户管理模块　　　　　图 11-6　广告管理模块

图 11-7　广告层级关系图

5. 用户定向模块

用户定向是需求方平台的关键功能之一。用户定向模块主要包含两个功能，一是识别用户的身份，二是为用户打上广告主"定制化"的身份标签。用户定向模块如图 11-8 所示。

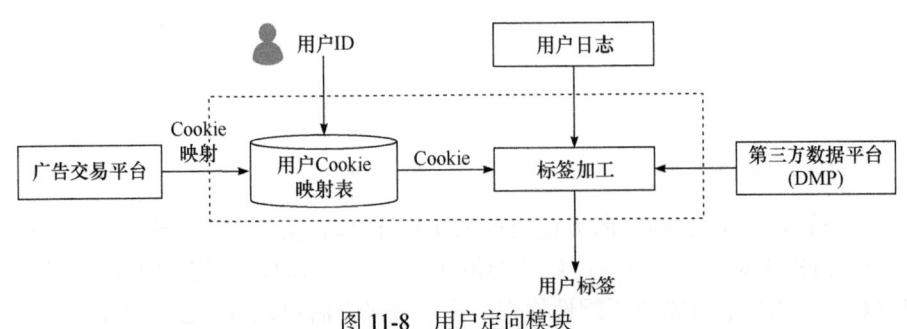

图 11-8　用户定向模块

6. 广告检索模块

经过用户定向模块的处理，竞价请求已经被打上标签，系统需要根据标签集合在广告数据库中进行检索，生成符合投放条件的广告候选集，这个过程称为广告检索。针对 DSP 的业务需求，广告检索模块需要完成实时索引构建和相关性检索两个核心功能。

Elasticsearch 是一个基于 Lucene 的搜索服务器，提供分布式多用户的全文搜索引擎，基于 Java 开发，提供便捷易用的 Java API，支持近实时索引和相关性检索[145]。广告检索模块利用 Elasticsearch 并结合 DSP 广告管理的层级结构，实现广告检索功能，如图 11-9 所示。

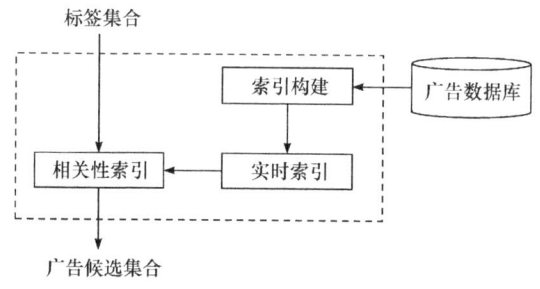

图 11-9　DSP 广告检索模块

7. 广告排序模块

广告排序模块直接关系到 DSP 以及广告主的盈利，因此是 DSP 系统中最为核心的算法模块。该模块在考虑广告与当前用户和上下文的相关程度的同时，还需考虑广告投放能够带来的商业价值。对于每一个竞价请求，DSP 需要对广告候选集中的每一个广告计算 eCPM 值进行排序，选取最高的为其出价，以赢得展示机会。

广告排序模块主要实现点击率预估和竞价计算两个功能，分为离线计算和线上计算两个部分，如图 11-10 所示。

8. 日志收集与处理模块

日志是广告系统的重要数据来源，日志收集与处理模块的主要功能便是收集广告活动中产生的大量数据，为系统的算法模块提供数据支持。此外，收集到的数据还将用于对广告主和管理员进行广告投放效果的展示。DSP 系统除了需要收集系统自身产生的竞价日志和投放日志，还需要对广告投放后的效果数据进行收集，具体如图 11-11 所示。

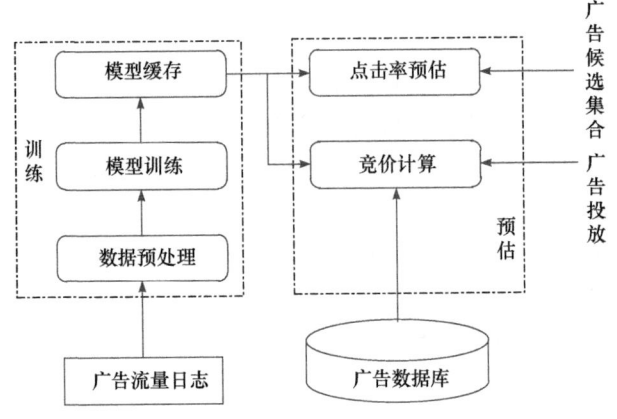

图 11-10　DSP 广告排序模块

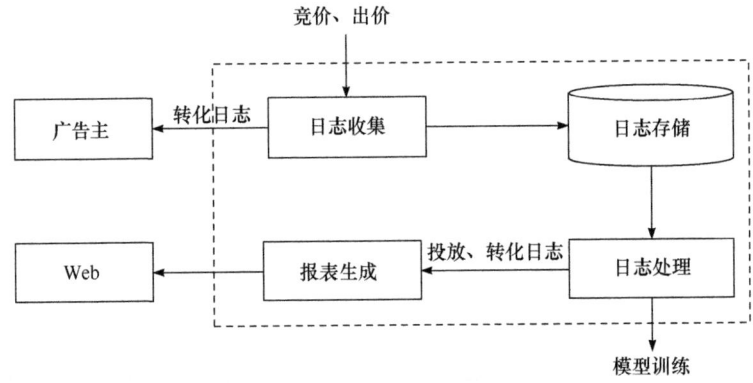

图 11-11　DSP 日志收集与处理模块

11.3　投放系统应用实例

11.3.1　百度营销案例

百度推广是百度公司向企业提供的按效果付费的网络营销服务,借助其超过 80%的中国搜索引擎市场份额和 60 万家联盟网站,打造了连接亿万网民和企业的供需平台,让有需求的人最便捷地找到适合自己的产品和服务,也让企业用少量投入就可以获得大量潜在客户,有效提升企业品牌影响力。平台拥有全系列多场景用户顶级流量,每天数十亿次搜索请求,超过 1 亿用户浏览百度信息流、800 亿次定位服务请求,可覆盖用户生活线上线下各类场景(图 11-12)[①];借助行业领先的百度搜索和资讯流推荐功能,利用超过 200 万种特征来识别每一位用户的真实

---

① http://e.baidu.com/case?refer=2800792&bd_vid=8727403465189613747。

需求及兴趣爱好,通过浏览定向、到访定向、贴吧定向、移动定向等方式把广告展现给精准用户;通过人工智能技术让投放更简单,能够实时捕捉用户行为、智能推荐创意、自动根据内容追投广告,为企业节省成本。百度推广的营销策略如下。

图 11-12 覆盖用户生活线上线下各类场景

1. Omni(全向)人群包精准定位

为完成暑期旺季营销预热的目标,制定如下投放方案。一是 Omni 定制人群投放:通过对品牌检索用户的分析,确定目标人群分布,进行定制人群投放,二是线下多场景投放:开展线下生活场景、出行场景的多资源整合投放;三是线下-线上跨屏联动:联动线上品牌专卖,线上线下全方位展现品牌形象。营销方案实施后,最终达到 3000 万的曝光量,总触达人次 1448 万[①]。

2. 锁定粉丝精准营销

根据 Roseonly(高端玫瑰及珠宝品牌)做好情人节、春节双节同庆的营销目标,制定如下的投放方案:利用明星定向方式,选择代言明星精准粉丝锁定(图 11-13),获

---

① http://www.szhometop.com/detail/case2/553。

取更高的点击率。最终达到 130 万的展现量，平均点击率为 3.18%。

图 11-13　Roseonly 代言明星锁定粉丝精准营销

3. 多定向组合方式

根据深圳市联合车展管理有限公司提出的通过车展活动，吸引用户线下参展的营销目标，制定如下投放方案：利用视频样式增加感官刺激，配合多组合定向方式，实现本地化车展的精准覆盖。第一阶段是精准定向，小流量测试。①兴趣定向：定向高消费水平用户，如汽车、软件、旅游、房产、金融、资讯等。②基础人群选择深圳、18 岁以上人群。第二阶段是多种定向方式拓展。①兴趣+应用程序定向：兴趣选取汽车，应用程序选取汽车、体育、房产等。②圈定高收入男性精准人群兴趣+商圈定向：选取房产、汽车、金融理财等高收入人群兴趣，选取深圳市核心商圈，精准覆盖深圳市核心人群。最终效果达到大图样式点击率为 1.55%，视频样式点击率为 3.16%；表单成本降低 68%[1]。

4. 人群分层化策略

结合春节这一重要营销节点，劲牌联合百度，重磅推出"脑力大 PK、新年更上劲"整合营销活动，为传统品牌内容传播做出新探索(图 11-14)。投放策略如下：一是重塑消费者与品牌的关系，结合春节特色进行趣味性、内容化、全渠道整合传播；二是实施人群分层化的活动策略，针对不同类别的劲酒群体采用不同的沟通方式和沟通语言。活动开展初期阶段性数据显示，百度平台展现量突破 900 万，劲牌官方商城用户访问量突破 36 万，日均流量同比提升 3 倍。活动上线仅 10 天，各门户网站发布、转载超过 30 篇新闻报道。同时通过朋友圈的互动分享，提高了活动二次传播的热度[2]。

---

[1] http://so.baidu.com/m/view.php?aid=17。

[2] https://yingxiao.baidu.com/new/index.php/home/product/details?id=4552&castk=LTE%3D

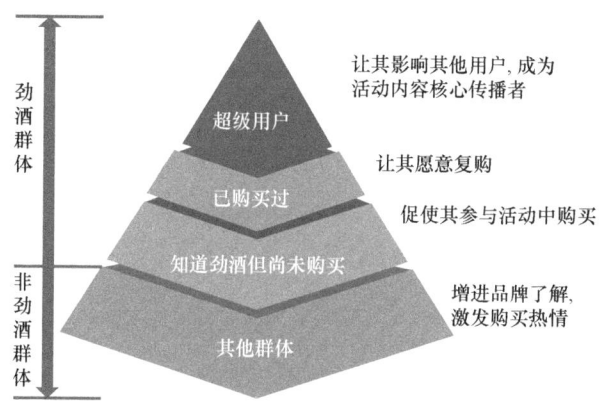

图 11-14　实施人群分层化的活动策略

11.3.2　品友互动营销案例

品友互动[①]拥有全球卓越的数据挖掘和机器学习算法科研团队，在广告技术领域率先引入大数据研究方法。依托国际领先的实时竞价架构和算法、先进的人群分析专利技术，通过与包括运营商在内的第三方数据商建立资本、战略合作关系，拥有了独特的数据资产，跨越单一媒体(平台)的规模优势，可为广告主提供一站式的智能营销决策管理和优化。目前，品友互动已经打通线上线下数据及多个商业场景生态，支持移动端、视频端、计算机端、OTT 户外等各终端的多屏广告决策和管理，并将商业智能拓展到多个领域，每天处理数据量高达皮字节(PB)级别，每秒智能决策 40 万次，拥有国内卓越的大数据平台和人工智能算法。品友互动的营销策略如下。

1. LBS+动态距离牵引客户群

ECCO(爱步)需要推广新产品，并借助移动端投放向其实体店导入客户群。投放策略如下：一是基于 LBS 定向技术找到周边人群；二是通过动态距离提示到店距离，牵引附近客户群(图 11-15)。本次投放使用动态距离创意的广告，相比普通创意广告，点击率提升了 65.9%，帮助广告主节省了 30.7%的广告预算。

2. LBS 精准锁定目标客户

神州专车希望配合其接机活动精准锁定目标客户，进一步提升其应用程序的下载量，并有效提高专车订单数量。投放策略如下：一是采用多种投放方式锁定目标人群。首先通过与其应用程序相关性较高的应用程序锁定目标人群，其次通过地理位置信息进一步锁定短时间内往返多地的差旅人群，最后运用 LBS 技术锁

---

① http://www.ipinyou.com.cn/cases。

定机场附近的目标群体。二是针对优质移动设备进行投放。运用对接的第三方运营商数据，针对已经安装过打车、专车类应用程序的优质移动设备 ID 运用多种策略组合进行投放。最终日订单最高达到 262 个，远高于平日；同时订单成本得以降低，广告投放期内订单成本仅为最初的 1/21，降幅超过 90%，效果明显。

图 11-15　基于 LBS 定向技术的人群推送

3. "PDB+RTB" 跨屏投放保质保量

高露洁通过品友 DSP 开展 PDB 与 RTB 相结合的跨屏视频广告投放活动，让更多目标人群了解高露洁重点产品 360°修护牙釉质牙膏，提高产品的曝光量和覆盖率，促使目标消费者将其作为牙膏产品的购买首选（图 11-16）。投放策略如下：首先，依托品友互动自主研发的人群分析模型与广告优化算法，通过人群定向、地域定向等技术手段，实现目标人群的精准覆盖；其次，采用计算机+移动跨屏投放方式，根据不同时段用户使用设备的习惯，充分利用受众特点、收视重点，以及用户黏性等特征，实现时间、空间互补，提高不同屏幕下的总体客户到达度，扩大产品人群覆盖量；再次，采用独立用户频次控制，优化体验，节省成本；最后，采用 PDB+RTB 的智能投放组合形式，将广告费进行了科学的安排，使精准投放的效果更加均衡,充分发挥了"1+1>2"的营销效应,保证了广告投放的质与量。

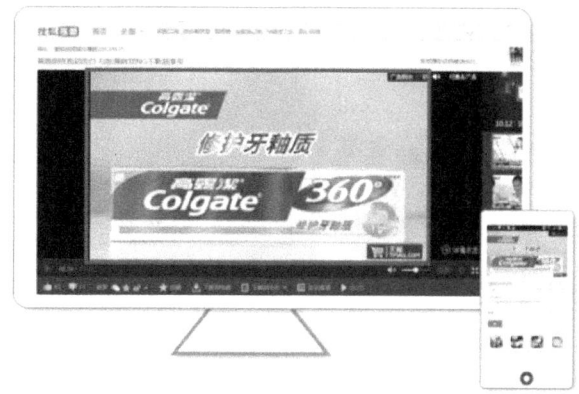

图 11-16　计算机+移动跨屏投放

第 12 章 作弊与数据安全技术

12.1 作弊技术

12.1.1 作弊原因

随着互联网行业快速发展，引流、电商、游戏等多种流派已经成为多数互联网企业商业变现的重要途径，但是最快捷和最直接的变现途径依然是广告变现，广告变现一直都占领整个行业的大部分市场。Facebook、谷歌、腾讯、百度和阿里等国内外知名的公司，其网站门户或视频的广告收入占其总收入的比例非常高。但是随着在线广告的发展，逐渐出现了作弊与反作弊的问题[146,147]。在线广告作弊目前已经发展成具备完整产业链的行业，与此同时反作弊也相应成为依赖广告变现获取利润的公司的标配。

当前，在广告系统中存在的具有恶意动机的作弊点击行为，通常是由广告主竞争对手的点击和内容发行商的广告点击造成的。

广告主竞争对手的点击造成的作弊点击行为，其产生原因通常如下：

(1) 在竞价广告中，竞争对手通过点击广告主投放的广告，全部消耗完广告主的广告预算。如果全部消耗完广告主的广告预算，那么竞争对手的广告展示给用户并被用户点击的概率就会增加，为竞争对手的广告带来更大的利润。

(2) 竞争对手为了降低某个指定关键字的竞价和竞争，一般通过作弊点击该关键字的其他广告主广告的方法，使得其他广告主获得的投入产出比更低，同时还使得其他广告主的广告预算不断增加。在较短时间内，这种作弊点击方法可使该关键字的广告竞价激烈程度大大降低，由于广告主的最大正常预算与广告预算非常接近，广告主通常不会同意参加广告竞价。从长远来看，由于降低了这些关键字投入产出比，竞争者通常会降低或暂停对该广告联盟的相关投入，然而对于作弊者，该关键字的点击率将会大大降低，降低广告收入。

在谷歌引入 Google AdSense 之后，开始大量出现内容发行商的广告点击现象，内容发行商通过点击自家网站上的广告，以实现获取广告主的 CPC 广告点击费用分成的目的。相比较于广告主竞争对手的点击作弊行为，内容发行商的广告点击作弊行为则更多以经济原因为驱动。广告转换是指由广告主定义的 URL 网页页面向服务器发出 HTTP 请求展示广告，最后产生的目标表示。这种类型的

HTTP 访问请求包括页面浏览一次、提交一个网页表单、完成一次网上交易或对下载共享软件试用版进行一次付费。

广告转换的作弊行为是作弊者故意发出转换 HTTP 的访问请求，类似在 CPM[148,149]付费过程中存在的广告作弊行为，点击率表面上看起来近似达到正常未作弊的水平。在基于 CPC 付费方法的广告作弊行为中，同样也会造成广告的转换成效类似于达到正常未作弊的数值。例如，用户在点击完广告并回到广告主的网站时，作弊者通常会模仿正常用户的访问行为，在广告主的网站上成功下载一套付费软件的试用版本。

12.1.2 作弊特征

通常经过造假的数据是可追溯的，想要消除作弊行为，首先要清楚地认识作弊数据特征，从这些特征中发现经过造假的作弊数据。作弊数据一般特征如下：

(1) 广告来源异常。
(2) 点击、曝光频率出现异常。
(3) 转化率、留存曲线出现异常。
(4) 广告访问的时间分布出现异常。
(5) 曝光、点击 IP 地址/地域/设备相对比较集中。
(6) 没有对应的广告点击曝光请求。
(7) 广告点击和安装的平台及地理位置不相匹配。
(8) 同样的用户代理(UA)产生的点击/安装次数过多。

12.1.3 作弊分类

作弊方式主要包括以下五类：

1) 展示作弊

网络媒体在同一个广告位放置多个展示广告，并向广告主支付多个广告的展示费用，这种支付解决方式主要是通过多识别网络媒介，与那些相对更靠谱和著名的媒介进行业务合作，或者可通过如国内的汇量科技、有米这样的第三方移动广告平台，最终实现展示作弊。

2) 点击作弊

主要通过计算机脚本程序模仿实际用户，或者通过雇佣和激励诱导方式使用户产生点击行为，从而产生大量无效广告点击，消耗掉 CPC 广告预算。另外，竞争对手还可进行恶意点击[150]，最终实现点击作弊。

下面举例说明点击作弊的过程。

在真实用户设备中模仿点击时，虽然没有显示或点击真实广告，但也会使广告主确信广告已被用户点击。采用这种欺骗方式，只需要通过虚假的点击操作就可以获得很多广告收入。

当作弊者在一个真实用户的设备上进行点击模拟时，只要用户主动安装了应用程序，就很容易取得广告主的信任。由于这些用户实际上是真正对这些应用程序感兴趣的人，其操作行为不会留下任何异常痕迹，和一般的自然流量用户一样，导致无法被辨别。

第一步：点击填充。

通过点击填充，作弊者可将用户标记为一个 Tag，也就是把这些用户作为他们自己内部的用户，实际上用户下载应用程序时应用的行为和作弊者的行为之间毫无关联，原因在于作弊者实施强制性的点击手段，自然而然就获得应用程序安装的收益，这类似于 Web 时代的 Cookie Stuffing(通过网站上安装的特别的程序，把 Cookie 植入访问者的计算机里)。

第二步：可见性作弊。

可见性作弊是一种流量欺骗方式，通常采用像素填充与广告堆叠等方式使用户没有机会看到正常广告展示的内容。多个广告堆叠在一起形成了广告堆叠，所以一般只能看见顶层广告，看不见底层广告。像素填充是在用户的移动手机屏幕上仅显示 1 个像素大小的广告。这种类型的广告用户能看见，也能被统计出来，所以会被当作曝光广告向广告主计算费用，无疑增加了广告主的费用负担和经济损失。还有一些类似于 1 个像素广告的作弊方式，如私自替换广告主广告题材或者修改广告素材篇幅大小等方法。

第三步：点击劫持。

在安装应用程序时，Android 系统会进行一次广播，恶意应用程序就会利用该广播实施点击劫持操作。恶意应用程序将在打开新安装的应用程序之前运行恶意代码程序触发点击事件，在其接收到该广播时，这看起来就像是通过作弊者展示的广告，使用户触发了最终的"点击"事件，作弊者从而可以赚取广告利润。从另一个角度来讲，作弊者利用恶意应用程序劫持用户设备，选取合适的时机产生一个看似正常合法的"Ad Click"，取得 CPI 收入，从中获取利润。

第四步：点击刷量。

使用自然流量安装的用户对应用程序开发者有很多的利用价值，因为这些用户在下载应用程序时，并没有任何广告互动，他们一般是因为自身的兴趣或者通过应用程序口碑推荐才下载的。自然流量安装用户质量一般比其他用户高很多，应用程序使用时间也比较长，而且可能比其他付费用户获得更高的终身价值。一般想要了解应用程序整体健康状况较好的方法是追踪通过自然流量安装应用程序的用户数量增减情况。但是当作弊者尝试将自然流量用户假装成他们自己的用户时，情况就会发生变化。一部分自然流量被作为作弊流量，导致应用程序广告主也要为那些自然流量的安装进行付费。一般这种做法被人们称为"点击刷量"或者"自然流量窃取"。当用户登录手机上的网页或者被作弊者操控下载应用程序时,"自然流量窃取"就开始进行操作,随时都有可能产生任意一种作弊行为。

(1) 移动 Web 页面可以在没有用户可见的广告,或者没有可以与之交互的广告的情况下在后台执行点击操作。例如,某无感知广告 SDK 就是用的这种方式,在后台通过 Webview 加载 JavaScript 代码执行点击操作。

(2) 用户在使用应用程序时,刷量软件一直在后台进行点击操作,表面上看起来就像用户与广告之间的互动。

(3) 假如作弊者运行的应用程序在后台的运行时间为 7×24h,类似于 Launch、内存清理工具、电池优化工具等,则可以在任何时候产生点击。

(4) 作弊者可上报点击事件与广告展示,使得某个视图看起来像是与用户产生了互动行为。

(5) 刷量人员可利用虚假设备的 ID 或者通过从其他广告商获取重发列表,公然发送点击信息让广告主跟踪。

上述方法的相同之处在于用户自身并不知道自己已经与广告产生了交互行为。

3) 安装/激活作弊

利用模拟器或者测试机模拟下载,以及通过破解 SDK 发送虚假信息、采用技术手段或者移动人工修改设备信息、模拟下载安装激活等,采用这种欺骗方式,可快速增加用户使用基数。但是这些用户对已经安装的这些应用程序并没有兴趣,他们要么仅仅只是产生无效流量的机器人,要么是"心怀不轨"的真实人类。

下面通过举例说明安装/激活作弊的过程。

第一步:安装农场(App install farms)。

为了让用户在提供的移动设备上手动频繁地安装和卸载,应用程序安装农场一般采用雇佣"农民"的方式。然而它们进行这些操作并不是为了使用这些应用程序,而只是试图要在应用程序内模拟真实流量。

第二步:僵尸网络。

作弊者一般采用网络传播方式或者人工方式将具有再分发能力的应用或者木马植入用户手机中,从而产生僵尸网络,利用云控制技术在后台对僵尸网络发送统一命令,在用户不知道的情况下,完成应用程序下载、删除以及激活等一系列操作。

第三步:SDK 欺骗。

SDK 欺骗也称为"重放攻击",它是一种虽然看起来实施了安装但实际并没有真正实现应用程序安装,并以此来欺骗广告主佣金的诈骗行为。

为了实施 SDK 欺骗操作,欺诈者需要通过劫持并跟踪 SDK 及其后端服务器的安全套接字协议(secure sockets layer,SSL)加密通信链路,实施"中间人攻击"

(man-in-the-middleattack，MITM)。在中间人攻击完成之后，欺诈者将生成一系列用于测试安装的 URL 链接，用来帮助他们伪造应用程序。由此可清楚地获得 URL 请求，在应用程序中，所有 URL 调用能够执行首次打开、重复打开、购买或升级不同应用程序事件等特定操作。首先研究这些 URL 中静态和动态部分，欺诈者保留静态部分(如事件 Token)，其数据不变，同时对类似于广告 ID 等动态变化部分进行测试，再实时请求最终的返回结果。

后台开发人员可利用提交安装事件相关请求方式，将其与真实安装会话进行相互匹配，最终测试其构建的数据是否有误。如果成功地找到了安装事件，便可证明安装逻辑已成功破解。因此，仅对几十个变量进行简单试错是 SDK 欺骗的核心内容。只要成功追踪到一次安装过程，欺诈者便可据此构建一个 URL，最后很顺利地进行伪造安装。

第四步：模拟器安装作弊。

一般这种作弊方式利用数据中心作为模拟器。模拟器作弊又分为手机软件模拟作弊、计算机模拟器作弊、脚本模拟作弊。

手机软件模拟作弊是指通过在手机上安装模拟器进行作弊，软件可以从非法渠道获取，也可以根据自己的要求进行定制。经过多年的发展，手机软件模拟刷量一键安装运行已成标配，甚至有些模拟器还能动态地修改机型中的唯一标识，即便是一点都不懂的用户也能方便、轻松地假装成新增用户。利用计算机主流的信息技术，部分刷量玩家自己编制自动化的程序脚本，单台计算机在单日内可假装成百上千的新增用户，进一步定制更深入的模拟器，实现流水线式新增假装。

计算机模拟器作弊是指通过在一台或多台机器上运行多个虚拟机，使用模拟器进行刷量操作，实力稍微强一点的作弊者可自己研发模拟器，并在全国各地的机房配备专门的服务器，或者利用虚拟专用网络(virtual private network，VPN)不断更新 IP 地址，实现 24h 不中断刷量。

脚本模拟作弊主要通过程序脚本来模仿用户的行为并实施作弊操作。这种方式目前较为主流，一般使用插件方式记录用户行为从而生成程序脚本，同时执行循环任务。如果开发人员使用 Lua 语言并开展其中的相关业务，再研究用户的行为，便很容易开发一个模拟真实用户使用的程序脚本。目前市场上已经出现了一些很难从技术上辨别且与真实用户的行为非常类似的程序脚本。

4) 虚假流量作弊

包括被大量注入的激励流量作弊、非人为流量作弊和劫持设备流量作弊等。最优的解决方法是制定异常数据黑名单，长期过滤一些周期性点击来源行为。

5) 流量归因作弊

广告平台根据点击模型将广告主的预算分配给重定向广告，其中很多用户已经被转化，造成严重的预算浪费，可通过和一些移动营销平台合作来解决该类问题。

12.1.4 作弊方法

手工作弊方法和软件机器人自动作弊方法为当前在线广告作弊的主要方法，手工作弊方法主要由人手工点击或者浏览广告，软件机器人自动作弊方法一般由编写程序的软件机器人点击或者浏览广告。

1. 手工点击方法

因为人相对于自动化的软件机器人更难进行管理，从本质上来说，手工作弊方法的速度受作弊人动作速度的限制。在一些经济实力不发达或人力成本相对较低的区域，作弊者一般通过雇佣大批的人手工点击广告以此攻击某个广告联盟[151]。根据经济学理论，点击广告带来的利润远大于雇佣人点击广告的成本，因此，采用这种方法是合适且可行的。而广告内容发行商一般从广告用户点击行为中获取分成利润，其代价非常小。

即使不是很了解互联网的用户依然可在一天内创造数以百计的点击量和数以千计的页面浏览，因此一个恶意用户可在较短的时间内产生很多流量。针对主要依靠 CPC 和 CPM 广告获得收入的网站，理论上这种用户每天会获得至少几百元的收入。显然如果没有实施对应的反作弊措施，为了消耗竞争对手的广告预算，广告主可以每天从竞争对手的广告预算账号中"窃走"至少数百元；从另一角度来看，在同一个网站上同一个用户重复地浏览和点击广告，该用户的点击行为将很容易被发现，如果这种手工点击操作大量出现，很显然是广告作弊行为，因为一般在正常网页浏览广告页时，单个用户产生反复的浏览及点击情况很少见，可以作为反作弊的依据。

为了使人工点击作弊更难以实现，很多作弊者通常使用 HTTP 代理来隐藏广告点击的真实地址[152]，HTTP 代理一般通过在网站服务器和用户计算机端间不断调解来掩盖 HTTP 请求的信息。代理服务器可掩盖 HTTP 请求中的源 IP 地址，同时删除 Cookie 的日志验证信息。因为 HTTP 代理服务器一般只收很少的服务费或者免费使用，多数作弊者为了进一步掩盖源 HTTP 请求信息，甚至采用一系列的组合代理服务器来实现掩盖的目的。匿名路由系统和分布式网络的计算机就是最好的掩盖工具。例如，虽然一般用户也能正常使用这些系统进行网络匿名访问，但 TOR(一款互联网软件)会为作弊者采用掩盖点击请求来源的方法，加上被去除的 HTTP 请求验证信息，这样就很难唯一标识给定用户的访问请求，因为通过代理服务器，该用户的访问请求很可能和其他的访问请求组合在一起被发送过来，因此产生这样的在线广告展示和点击通常不会被广告联盟怀疑。显然，有人会认为正常的用户也可能采用这种匿名网络服务，如果因为其他原因，使得这种网络产生的点击量和流量变得很可疑，那么广告联盟会根据其自身发展及广告主的利益做出充分考虑,将这些可疑的页面流量和点击全都标记为无效。

2. 机器人点击方法

为了使用户产生广告点击行为,作弊者通常使用非法手段,即采用通过程序编写出来的软件机器人产生点击和浏览行为。软件机器人相比人来说更方便管理,机器人可以一天 24h 不停地自动干活,中间不需要休息,更不需要支付相应的报酬,不管是什么事情都可以去做,满足人们各种各样的需求[153]。用户自定义的机器人可使用很多工具,如用于产生 HTTP 访问请求的开源工具 Curl、Wget 等,以及包含 Curl、Wget 等工具的 Shell 脚本语言等,例如,Python、Java 等这样常用的编程开发语言一般都能产生 HTTP 访问请求库。一些软件机器人也会使用浏览器帮助对象(browser helper object,BHO)来构造 HTTP 访问请求,这些应用程序库、基于 BHO 的方法以及开源工具一般都支持使用 HTTP 访问代理,并以此来隐藏源头信息。

互联网媒体和广告联盟一般需要设置相关文件阻止爬虫访问广告链接。但是有些软件机器人因自身存在的问题和漏洞可能会忽略这种设置,导致无意访问广告链接,这些机器人并非出于恶意,同时也不会掩饰自己的来源信息,一般会通过 HTTP 访问请求 User-Agent 域或其他域声明自己。因此,这种类型的软件机器人如果访问广告链接是很容易被监测出来的。但是有些软件机器人是因为点击广告需求才被开发出来的,为进行作弊点击,通过发起广告 HTTP 访问请求,这种类型的软件机器人,开发人员可以自己编写代码开发或自行购买,然后通过恶意软件和病毒的方式传播,也可以由作弊者进行安装。

如果不采取适当措施,尽管这些软件机器人每天的运行时间很少,也会产生大量作弊点击行为,软件机器人操作的成本相比于手工点击要低,然而对于作弊者,采用软件机器人不需要承担高风险,这种机器人具有可预测性差的缺点,开发一个与人的行为相类似的机器人具有一定的困难。通过使用很多的特征,广告联盟可测试 HTTP 访问请求最终判断是来自软件机器人还是用户手工点击。

12.2 反作弊技术

12.2.1 反作弊流程

图 12-1 为反作弊流程,网民在进行点击跳转等行为时,系统通过计费对网民进行作弊行为检测,作弊行为检测主要通过分析模型的样本库进行的,之后广告主依据网民投诉的问题进行排查。

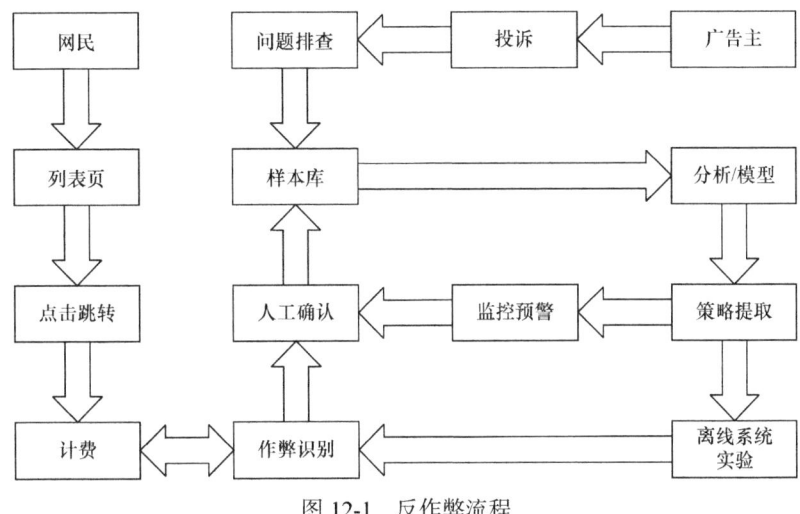

图 12-1　反作弊流程

12.2.2　反作弊分析方法

反作弊分析方法主要包括基于异常值分析的方法、基于规则的识别方法和基于分类的识别方法，其中基于异常值分析的方法包括基于统计学的异常值检测方法、基于距离和密度的异常值检测方法和基于偏差的异常值检测方法；基于规则的识别方法包括同一IP地址的用户单日点击次数超过多少即可视为作弊、某个广告位的点击率突然大幅增加可能存在作弊行为，如图 12-2 所示。

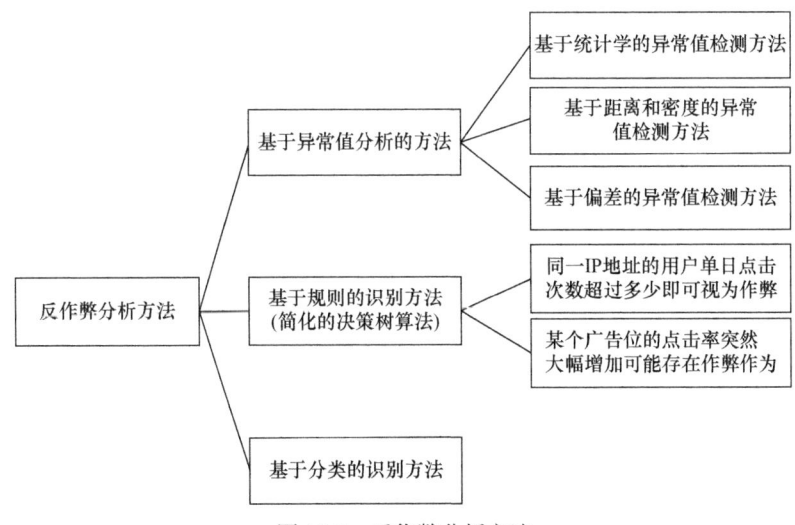

图 12-2　反作弊分析方法

1. 基于异常值分析的方法

基于统计学的异常值检测方法：如果数据集服从正态分布，那么当检测值与均值之间的偏差大于等于 3 倍标准差时，可分析转化率、点击率、对话时间差。只能检测单个变量值是该方法最大的缺点，每次只能局限于检测单个指标。

基于距离和密度的异常值检测方法：指分析多指标。即通过计算分析数据对象与其周围相邻数据对象的稀疏程度和距离来检测异常值。

基于偏差的异常值检测方法：一般确定异常对象只需要检测数据的主要特征即可。如果一个对象特征与给定的数据特征距离偏离程度比较大，那么它就是异常对象，主要方法如下。

(1) 点击流分析：主要用来发现不规则的点击过程，可当成点击欺诈的怀疑对象。

(2) 联机分析处理(online analytical processing，OLAP)数据立方体方法：在海量的多维数据中利用数据立方体确定异常区域，当一个立方体的单元值很明显与依据统计模型计算得到的期望值不同时，此单元可被当作孤立点。

2. 基于规则的识别方法

基于规则的识别方法类似于用简单的决策算法找出最大概率存在作弊行为的过程：

(1) 若同一 IP 地址的用户单日点击次数超过一定的阈值，则可能存在作弊行为。
(2) 若某广告位的点击率突然急剧增加，则可能存在作弊行为。

3. 基于分类的识别方法

通过数据分类算法对历史数据进行挖掘分析，利用分类器对点击行为进行分类预测。其缺点是需要事先对历史点击行为数据进行分类，也就是需要对作弊数据进行标记，在数据完整性和质量方面要求较高。

12.2.3 反作弊措施

反作弊措施是指为了提高对广告联盟采取作弊行为的门槛，针对互联网作弊行为实施的各种类型措施，使得在各种作弊行为上花费的精力和开销远小于反作弊者实际得到的回报，最终让作弊者无利可图。因此，反作弊措施是无法做到完美的。为了确保广告主收益以及整个在线广告产业的未来深远发展，并应对层出不穷的广告作弊行为，分别采取了各种各样的手段。反作弊措施分别从预防作弊、检测作弊和抑制作弊三方面展开。

1. 预防作弊

预防作弊,是指认真审核和复查内容发行商的点击行为,以此来预防作弊。在当前广告联盟中,一般采用广告联盟认真审查和复查内容发行商自身的点击行为的方法,以此切断作弊者参与广告联盟的途径。对多次尝试作弊的内容发行商提供黑名单等,减少质量低或者被标记为作弊点击内容发行商再次进入广告联盟的机会。因此,在国内外反作弊行为团队中,他们采取的反作弊措施对大众是完全公开的,由于这些特征在一定程度上可以体现作弊行为的某些特征,他们提取的反作弊特征细节过程对大众是非公开且保密的。

2. 检测作弊

预防处理内容作弊方法,在一定程度上只能减少作弊情况发生,针对新增内容作弊商无法起到屏蔽和抑制的作用[154]。检测作弊指作弊行为发生之后,完成检测该作弊内容是否作弊的任务,相应降低产品作弊的信息率。当前国内外反作弊机制主要分为两种形式:线上检测机制和线下检测机制。线上检测是指实时监测线上数据,然后调用相应的反作弊方法,判定线上实时数据并进行标记和过滤,因此广告运营商不会因为该作弊添加任何支付费用;线下作弊的处理方式与线上处理存在不同点,由于其不能及时标记和判定作弊者,广告运营商需要对该作弊用户支付相应的广告费用。

因此,多数广告运营商更希望采用线上检测方式,减少支付作弊用户的广告费用,从而减少广告运营商的广告费用。

3. 抑制作弊

随着互联网作弊形式越来越多样化,广告联盟检测作弊行为的难度与成本也在不断增加,因此将会带来更隐蔽或者检测更加困难的作弊问题。另外,广告联盟同样也会误解正常信息。因此,当前流行的广告联盟提出了抑制作弊的方法,虽然检测作弊信息困难较大,但是如果采用的方式合理,既可减少作弊者从广告主那里谋取利益,也可降低该类作弊信息对广告主广告预算产生的影响,这样就能抑制或者消除存在的部分广告作弊者。智能价格和人工检查为目前主流的两种抑制作弊方式。

智能价格是指由于作弊者产生的反复点击行为或者反复发布相同内容的消息,该消息对广告主的广告费用带来的影响将会逐渐降低,也就是随着广告次数的增多,作弊者的广告利益会逐渐减少,从根本上中断作弊者获取利益的来源,可在一定程度上抑制作弊者发布的爆发式作弊信息。这种抑制方式主要在 CPC 和 CPM 类的作弊形式中应用较多。

人工检查是指广告联盟雇佣一定数量的网络信息审核人员进行培训，然后发挥审核人员敏锐的作弊信息捕捉能力，采用人工审核方式识别较为隐蔽的作弊信息[155]。这种人工审核方法需要消耗大量的人力和物力，具有较高的审核成本，因此存储标注人工审核后的数据，并作为日后模型训练的基础数据，从而提高数据的找回概率。

12.2.4　反作弊系统技术架构

反作弊系统分为日志收集存储模块、离线反作弊模块、实时反作弊模块、处罚中心四个模块，如图12-3所示。

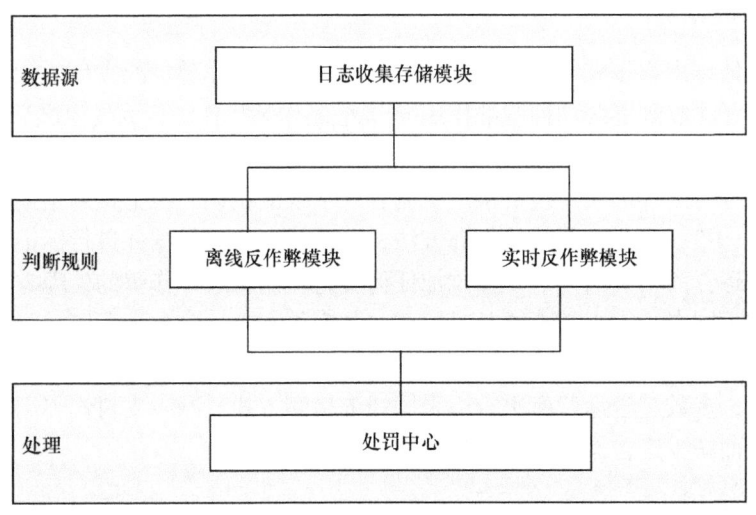

图12-3　反作弊系统技术架构

1. 日志收集存储模块

日志收集架构如图12-4所示。日志的收集流程主要为：网络用户进入网站进行浏览产生各种各样的浏览行为，前端给日志收集服务器发送数据，日志收集服务器收集到数据后，在日志存储平台上进行存储，方便后面的作业处理。

日志收集服务器主要负责收集日志，转换日志格式，并存储在数据平台。由于巨大的访问量，一台服务器根本承载不了所有的日志数据，所以日志收集服务器必须采用分布式的存储架构；另外，随着用户日志急剧增加，日志收集服务器还需要充分考虑未来横向的扩展性，在分布式集群中增加服务器以线性提高服务器集群的处理能

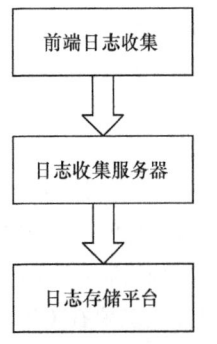

图12-4　日志收集架构

力。同时还要充分考虑到服务器的负载均衡能力，一方面不会出现单服务器机器负载较高的问题，另一方面要能与单节点崩溃问题相对应，使得当集群中一台或者多台服务器出现问题时，也不会影响集群中其他机器节点运行，待服务器重启后自动加入分布式集群中，处理新日志数据。

由于日志存储平台每日产生的数据量十分庞大，并且数据量不断增长，优化存储设备无法从根本上解决问题，更重要的是提出一套能够承受未来庞大日志数据的完整解决方案。当前首选是基于 Hadoop 的分布式计算框架，HDFS 是 Hadoop 的分布式文件存储系统，能够完美地解决海量数据面临的存储与访问问题；HDFS 采用备份策略，能够确保不会丢失日志数据，从而对后续的数据处理产生积极影响。

2. 离线反作弊模块

图 12-5 为离线反作弊系统的主要处理架构。当完成收集原始日志任务后，加工处理日志并存入数据仓库，再利用同步作业将数据同步至 MySQL 数据库，最后由研究人员完成数据挖掘算法计算作业以寻找不合规则操作并通知处罚中心处理。

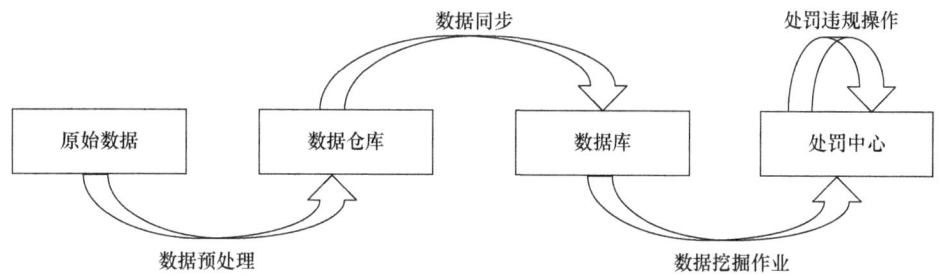

图 12-5 离线反作弊系统的主要处理架构

由于 Hadoop 的较大吞吐率及高效数据处理能力，一般选择 HDFS 作为存储系统平台。Hadoop 主要基于 MapReduce 进行计算，它是一个 HDFS 配套的分布式计算框架，也就是可采用 Hadoop 中各个节点的计算资源。因为 MapReduce 是一个比较偏底层的编程计算框架，所以编写每个 MapReduce 计算任务都比较消耗时间和人力，而且灵活性较差，开发速度远远赶不上不断变化的数据预处理需求。因此，一般比较困难的处理任务才会使用 MapReduce 编写，其他大部分计算任务通常使用 Hive 编写，Hive 是基于 HDFS 的数据仓库软件包，可直接将 HDFS 文件系统中存储的数据导入 Hive 中。最关键的是 Hive 能够提供一种 HiveSQL 数据库语言，其编程语法类似于 SQL，在进行底层处理时，直接将 HiveSQL 作业转化成 MapReduce 作业来处理数据，大大减少了 MapReduce 计算运行的时间，极大地方便了 MapReduce 的开发作业。Hive 架构如图 12-6 所示。

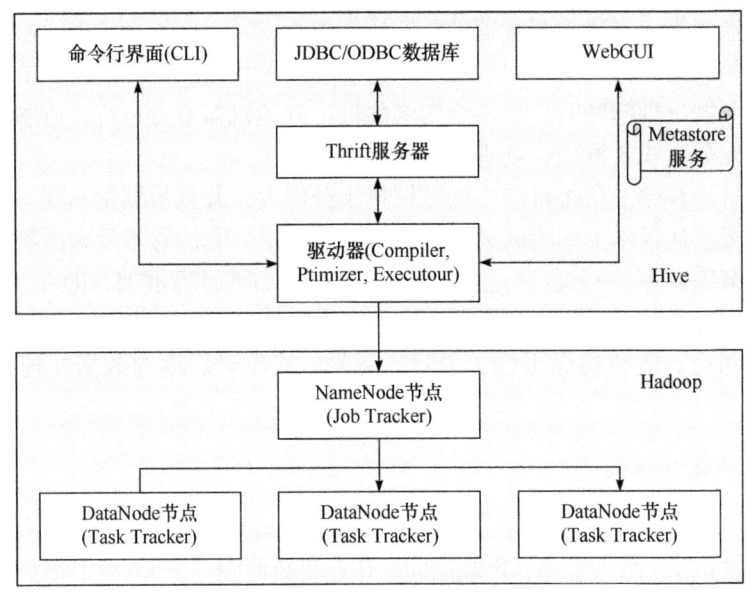

图 12-6 Hive 架构
JDBC 为 Java 数据库连接，ODBC 为开放数据库

从图 12-6 中可看到，Hive 提供了很多的调用接口，一般会通过命令行界面 (command line interface, CLI) 来调用；Hive 还可以方便地嵌入在 Perl、Shell、Python 等脚本语言中进行编写。除了使用 Hive 存储和处理数据之外，还需要开发一个能调度 Hive 和 MapReduce 运行的调度中心，以及监控邮件、任务失败重跑等容错机制，同时在数据生成后能利用同步作业的调度将数据同步到数据库中。

3. 实时反作弊模块

如图 12-7 所示，实时反作弊流程较为简单，前端返回数据给日志服务器，实时反作弊系统订阅服务器日志，接收到数据之后，生成事件同时触发规则，将不合规则的点评返回给处罚中心处理。

实时反作弊模块的重点是实时规则引擎。所有过程是实时在线的，因此接收到的数据不会在数据库进行存储，所有数据必须存储在内存中。另外，也需要考虑后期开发成本，开发人员当然希望能方便地自己定义规则，就不用做太多烦琐的开发工作。Esper 就比较适合，其编程语句有点类似于

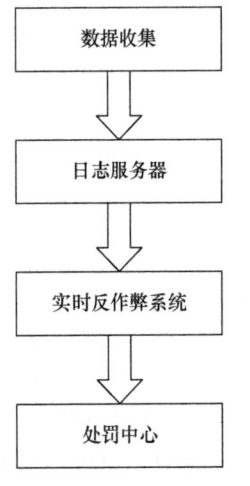

图 12-7 实时反作弊处理流程

SQL，同样具备较强的描述性，编写规则能够处理最近一件事件和最近一段时间数量的事件，非常适合作为实时反作弊系统的规则引擎。

4. 处罚中心

处罚中心处理流程如图 12-8 所示。当处罚中心接收到处罚数据时，并不会立即处理数据，而是要通过一个条件规则进行判断再决定是否处理该数据。

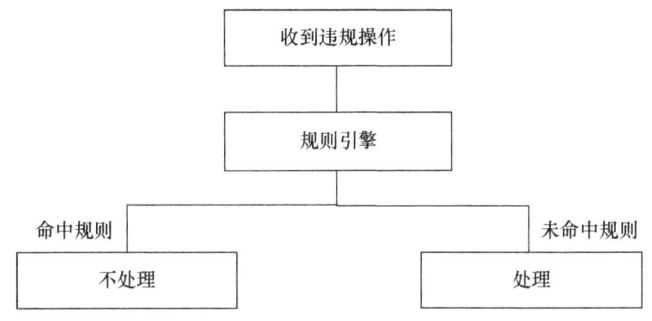

图 12-8　处罚中心处理流程

通常不同的反作弊作业会对应不同的处罚方法，例如，在用户评论灌水或者抄袭时这部分评论是没有任何价值的，但用户评分是真实的，将这些评论不作展示是一种处理方式；或者在发现伪造虚假交易产生的评价后，将该记录当作无效进行标记，不被加入计算任务中。

不同作业找出的不合规则操作，对应的处理方式不同，即使是同一作业找出的不同用户，其处理方式也不同。最终会依据用户的各种属性值情况判断该用户是否应该被惩罚，例如，一般不会惩罚非常高级别和交易次数非常多的用户或者注册时间非常早的用户。各项用户属性被存储在一张采用处理模块事先计算的表中，后期算法人员可不时地在表中添加新参数。具体参数判断表达式将不断变化，此时需要一个能方便配置、修改及判断的动态规则引擎。例如，判断条件可能为：注册时间 Registertime 是否小于当前日期，或者用户等级 Userpower 是否小于 4，然而这些判断条件是不断变化的，随时都可能被修改或增加。Java 不能完全满足这种要求，而动态语言脚本 Groovy 作为规则引擎所使用的运行动态表达式恰好能满足这一需求。

Groovy 是可以替代 Java 虚拟机(Java virtual machine，JVM)的一种语言，替代是指可以用 Groovy 在 Java 平台上代替 JVM 进行编程。Groovy 的使用方式与 Java 代码的使用方式基本相同，该语言特别适合与 Spring 动态语言一起使用。Groovy 在设计时就充分考虑了与 Java 的集成，很容易实现与 Java 代码的互操作，可用来实现规则引擎。

12.3 数据安全与隐私保护技术

12.3.1 数据安全

随着互联网的快速发展，人们在享受丰富的互联网产品和服务的同时，也在不断向提供商提供关于自身全方位的个人信息。广义上来说，所有由人们自身发起的网络使用行为，都可以认为是人们自身的个人信息。而在网络上展现的包括人的地理位置、设备 IP 地址、浏览习惯、浏览器的型号和使用浏览设备等所有个人信息，都在不断被收集、存储和处理。互联网协会发布的《中国网民权益保护调查报告》显示，2016 年国内有 6.88 亿网络用户曾经受到不同程度的个人信息泄露，造成的经济损失可达 915 亿元。

2018 年 3 月，Facebook 数据泄露事件爆发，该平台至少泄露了 8700 万用户隐私数据，在这之后 Facebook 股价下跌超过 20%。2018 年 6 月，一位 ID 账号为 "f666666" 的用户在暗网上销售 10 亿条圆通快递数据，该用户表示售卖的数据为 2014 年包括寄(收)件人姓名、电话、地址等在内的信息，且已经过去重预处理，数据的重复率小于 20%，打包出售价为 1 个比特币。对营销企业来说，一旦发生数据泄露事件，将会造成巨大的影响和损失。IBM 研究报告显示，如果被盗数据小于 10000 条或者大于 50000 条,那么数据泄露事件的平均总成本为 220 万～690 万美元。

2018 年 5 月，欧洲联盟(欧盟)的《通用数据保护条例》(General Data Protection Regulation，GDPR)实质生效，它要求授权和保护各种消费者数据。若违反该条例，在欧盟开展实际业务的公司可能受到数额较大的罚款，公司品牌也可能面临一定的损害，因为对于任何使用欧盟公民数据的国家，这些规定都是适用的。目前市场上出现了一些来自 Evidon 和 Janrain 的基于网站和应用程序的 GDPR 权限模板，但是还迫切需要一种可靠机制来保护定向广告中的数据隐私和权限，区块链技术正好可以解决此类问题。例如，全球广告技术提供商 MadHive 开发了基于区块链的广告技术生态网络 MAD Network。基于该网络提供的去中心化广告服务器，广告商和发布商可以直接购买、销售广告空间，所有交易都会被记录在区块链上。MAD Network 进一步提升了广告技术供应链效率，但存在实施 GDPR 时传输延迟的问题。

如果解决了传输延迟问题，那么区块链可以作为一种针对定向广告的自动调控器。在日常供应方平台(SSP)广告购买和投放过程中，可以调用指定的区块链层，在广告投放之前进行广告查找。

12.3.2 隐私保护

大型广告网络公司经常收集和存储用户的语音、视频、照片、文本等数据，为将来使用做准备。这些大型组织不仅有有价值的海量数据信息，而且具有较强的训练深度模型的能力，其产品和服务得到不断的改进。因此，深度学习领域中大部分成功的应用都来自这些大型组织。尽管深度学习技术为企业带来了很多的便利，但需要海量的数据作为支撑，这些数据包含用户的兴趣、爱好、个人信息等隐私信息，泄露用户隐私数据将导致不可估算的损失甚至会导致生命安全问题[156,157]。

1. 匿名化隐私保护技术

在数据发布中隐私保护对象主要包含用户敏感数据与个体身份之间的对应关系。一般采用消除标识符方法发布数据并不能真正阻碍用户隐私泄露，通过链接攻击，攻击者可以得到个体隐私数据。然而，匿名化隐私保护技术[158]可高效地解决因链接攻击导致的隐私泄露问题。

匿名化原则主要包括 k-Anonymity(k-匿名)、l-Diversity(l-多样性)、p-Sensitive k-Anonymity(p-敏感 k-匿名)、(α, k)-Anonymity($(\alpha$-$k)$-匿名)、(k, e)-Anonymity($(k$-$e)$-匿名)、个性化匿名等，下面分别进行介绍。

(1) k-Anonymity 原则：为解决由链接攻击造成的隐私泄露问题，Sweeney 等提出并完善了 k-Anonymity 方法，原始数据如表 12-1 所示。

表 12-1 k-Anonymity 方法原始数据表

Name(姓名)	Birth(出生日期)	Sex(性别)	Zip code(邮编)	Disease(疾病)
Alice Blank	1965-3-18	M	02141	Flu
Bob Blank	1965-5-1	M	02142	Cancer
David Blank	1966-6-10	M	02135	Obesity
Helen Blank	1966-7-15	M	02137	Gastritis
Jane White	1968-3-20	F	02139	HIV
Paul White	1968-4-1	F	02138	Cancer

k-Anonymity 原则假设原始数据表为 $PT(A_1, A_2, \cdots, A_n)$，匿名化后数据表为 $RT(A_1, A_2, \cdots, A_n)$，$QI_{RT}$ 是与其相对应的准标记符，表示数据表 RT 符合 k-Anonymity，如果 $RT[QI_{RT}]$ 中的每个序列值在 $RT[QI_{RT}]$ 中至少出现 k 次(其中 $k>1$)。一个等价类表示为数据表 RT 中具有同样准标记符的若干记录，即 k-Anonymity 方

法实现了同一等价类中各记录之间无法区分,敏感属性除外。表 12-2 是表 12-1 的一个 2-匿名化表。

表 12-2　2-匿名化表

Race(种族)	Birth(出生日期)	Sex(性别)	Zip code(邮编)	Disease(疾病)
Blank	1965	M	0214*	Flu
Blank	1965	M	0214*	Cancer
Blank	1966	M	0213*	Obesity
Blank	1966	M	0213*	Gastritis
White	1968	F	0213*	HIV
White	1968	F	0213*	Cancer

k-Anonymity 原则一般可预防泄露敏感属性,因为 $1/k$ 为每个个体身份被准确标记的最大概率。但是处于匿名化过程中的数据表并未约束敏感属性,这也可能导致用户隐私泄露。如果同一等价类中存在较为集中的敏感属性,甚至可能完全一样,尽管满足 k-Anonymity 要求,但也不难推断出与指定个体对应的敏感属性。攻击者也可通过自身掌握的足够多的相关背景知识,以高概率确定敏感数据与个体之间的对应关系,从而获取用户隐私信息。因此,k-Anonymity 原则很容易受到用户背景知识攻击(background knowledge attack)和同质性攻击(homogeneity attack)。

(2) l-Diversity 原则:为解决因背景知识攻击和同质性攻击造成的用户隐私泄露问题,Machanavajjhala 等基于 k-Anonymity 原则提出了 l-Diversity 原则。l-Diversity 原则规定匿名数据表 RT($A_1, A_2, \cdots, A_n$)属于 l-Diversity 原则,RT($A_1, A_2, \cdots, A_n$)满足 k-Anonymity 原则,并且同一等价类中的记录至少有一个是"表现较好"(well-represented)值,其中"表现较好"具有多种解释,如下所述。

Distinct l-Diversity(可区分 l-多样性):在同一等价类中至少出现一个敏感属性不同的值。

Entropy l-Diversity(熵 l-多样性):在同一等价类中敏感属性值的信息熵大于等于 $\log l$。定义等价类 E 的敏感属性信息熵为 $H(E) = -\sum_{s \in S_p}(E,S)\log p(E,S)$,其中 $p(E,S)$ 表示敏感属性值 S 在等价类 E 中出现的概率,S 为敏感属性值域。

Recursive(c, l)-Diversity(递归(c, l)-多样性):每个等价类都满足 $r_1 < c(r_l + r_{l+1} + \cdots + r_m)$ 约束。其中 m 表示等价类中不同敏感属性值的个数,r_i 表示该等价类中第 $i(1 \leq i \leq m)$ 个频繁敏感属性值的个数。Recursive(c, l)-Diversity 用来确保等价

类中频率最高的敏感属性值出现频度不会太高。

Recursive(c_1, c_2, l)-Diversity(递归(c_1, c_2, l)-多样性)：除了确保等价类中频率最高的敏感属性值出现频率不会太高，还要确保等价类中频率最低的敏感属性值出现频度不会太低。

(3) p-Sensitive k-Anonymity 原则：发布的数据符合 k-Anonymity 原则时($k>1$，$p \leqslant k$)，还要满足同一等价类中的记录至少出现 p 个不同的敏感属性值要求，这一要求与 Distinct l-Diversity 具备同样的基本设计思路。在某些数据集上该匿名化原则可能会造成巨大的信息可用性损失，也不能减少由敏感属性值造成的相似性攻击(similarity attack)和偏斜性攻击(skewness attack)。

(4) (α, k)-Anonymity 原则：发布的数据满足 k-Anonymity 原则时，还要满足同一等价类中任何一个出现敏感属性值的概率不大于 α($0<\alpha<1$)的要求，也就是$|(E,s)|/|E| \leqslant \alpha$[6]。还可能会发生相似性攻击和偏斜性攻击，高数据损失在匿名化过程中仍然存在。

(5) (k, e)-Anonymity 原则：主要处理数值型敏感属性，需要满足等价类中敏感属性值的区间范围大于等于 e 的要求。(k, e)-Anonymity 原则尝试通过最小 e 值来解决敏感属性值带来的相似性攻击，但是会造成高数据信息损失，也无法避免敏感属性值带来的偏斜性攻击。

(6) 个性化匿名原则：上述匿名化原则仅提供表面等级的数据保护，对表中所有敏感属性值都提供同样的保护等级，忽视了其内在的语义关系，导致很多没必要的数据信息损失。个性化匿名原则是指对数据表中的不同敏感属性值提供不同粒度的数据隐私保护程度，从而降低因统一匿名化原则造成的巨大信息损失。

2. 基于同态加密的深度学习隐私保护技术

在当前数据时代下，隐私保护面临的关键问题是海量个人信息的存储与处理，用户往往不希望将保密文件、隐私信息、个人资料和保密文件存储在服务提供商处，而在人工智能时代下又需要更细致地挖掘分析这些用户数据信息。解决这类问题的新技术首选是同态加密，用户可将个人敏感信息经过加密然后存储在云服务端或者服务提供商处，服务器可以处理和分析密文，并将密文结果返回给用户，只有用户自己知道解密密文结果。

设 F 为加密函数，通过 F 加密函数进行加密[159,160]，使明文 A 变成密文 A'，即 $F(A)=A'$，明文 N 加密后变成密文 B'，存在 F 的解密函数 F^{-1} 能将 F 加密后的密文解密成加密前的明文。P' 为 M' 和 N' 之和，如果解密函数 F^{-1} 对 P' 解密后的结果与 M 和 N 相加结果相等，即 $F^{-1}(P')=F^{-1}(A'+B')=A+B$，则 F 是能够进行同态加密的加密函数。同态加密可分为加法同态加密、乘法同态加密和全同态加密。加法同态加密为加密算法满足 $F(A)+F(B)=F(A+B)$ 条件，乘法同态加密为加密算法满足 $F(A)\times F(B)=F(A\times B)$ 条件，全同态加密指一个加密函数既满足加法同态也满足乘法同态，全同态加密函数可满足多项式求值、加/减/乘/除、对数、指数、三角函数等运算要求。对于乘法操作 RSA 算法属于同态，对于加法操作 Paillier 算法属于同态，Gentry 算法属于全同态。

同态加密算法的关键是能直接在密文上做运算，解密后的运算结果等于明文运算结果，这种方法可以最直接和有效地保护用户隐私。在使用机器学习和深度学习算法的过程中利用同态加密对数据进行加密并挖掘分析与计算，很多领域的数据保密与安全问题能够很好地解决，如图 12-9 所示。同态加密可保证只计算密文而不去解密，因此解密结果等于计算明文的结果。但是目前同态加密算法依然存在很多漏洞，如果只支持加密整数型数据，则需要稳定的乘法深度，加法和乘法运算不能无限制地进行，全同态加密不支持比较和取最大值等操作。因此，在机器学习和深度学习中不能简单地将同态加密算法方案进行应用。目前有两种常用的解决方法：

(1) 通过确保多方计算的安全性，构造一种适合基于同态加密的机器学习算法协议，并通过运行该协议完成同态加密。

(2) 寻找原始机器学习算法的相近算法，使这些相近算法依然能被使用，同时不依赖交互方案，并且能够满足同态加密方案的数据和操作要求。

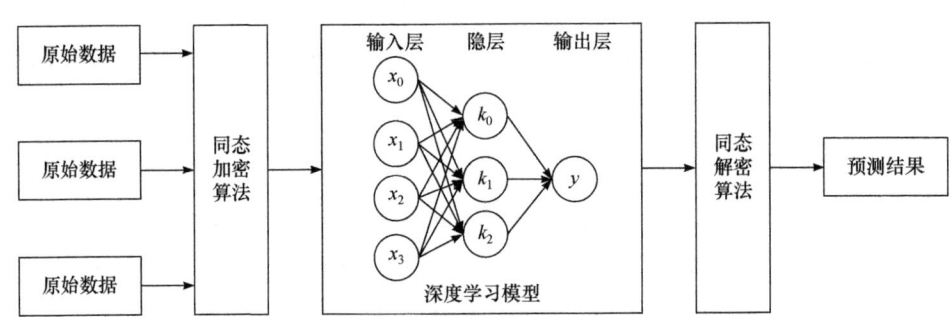

图 12-9　基于同态加密的深度学习中隐私保护技术

在机器学习和深度学习训练预测过程中，首先基于同态加密算法自身性质对数据进行加密，接着利用机器学习和深度学习算法在加密数据训练集上进行建模与训练，然后利用训练好的机器学习和深度学习算法模型对加密数据测试集进行预测，密文则为训练模型返回的预测结果，从而使用户隐私数据得到有效保护。目前基于加密技术实现机器学习和深度学习中的用户敏感数据有效保护方法已经获得深入研究，包括数据加密的训练阶段和预测阶段。但是资源消耗是使用同态加密过程中普遍存在的问题,深度学习计算过程中本身会耗费很多的计算资源,如果再加上同态加密技术的计算,则将急剧增加深度学习的计算任务量。如何在引入同态加密算法之后仍然能够降低深度学习性能造成的影响,将是未来重要的研究方向。

3. 深度学习差分隐私保护技术

2006年Dwork等提出差分隐私(differential privacy)的概念[161],并在此基础上展开了诸多研究。差分隐私包含一种关于输出的概率分布协议或机制,在一定程度上允许用户修改数据,但不影响总体输出,从而使攻击者不知道数据集中有关个人隐私的数据信息,起到数据安全与隐私保护作用。图12-10为深度学习差分隐私保护模型[162,163]。基于深度学习训练模型,可以提取精确的数据特征,方便后续分析。

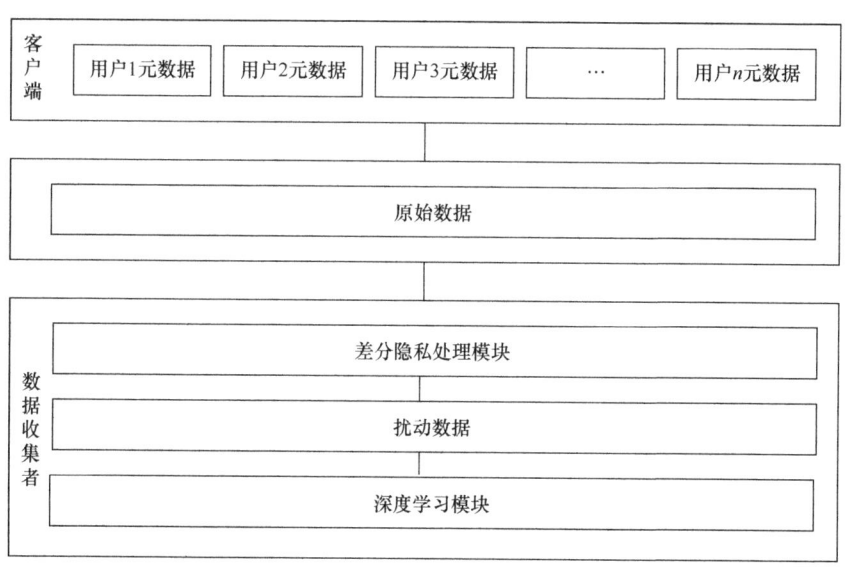

图12-10 深度学习差分隐私保护模型

差分隐私中存在两个之间至多相差一条记录的数据集C和C'以及一种隐私算法A,A的取值范围为Range(A),如果算法A在数据集C和C'上任意输出结果$O(O\in \text{Range}(A))$,同时满足不等式$\Pr[A(C)=O]\leqslant e\varepsilon\times\Pr[A(C')=O]$(Pr为数据表,$e$为最小值),则$A$满足$\varepsilon$-差分隐私。差分隐私最常用的方法是通过数据集中加入噪声实现,噪声机制一般包括指数机制和Laplace机制,指数机制适用于离散型数据集,而Laplace机制适用于连续型数据集。

12.4 典型案例

本节以淘宝搜索反作弊系统为例进行介绍。当前出现了各种各样的淘宝搜索引擎作弊手段,淘宝搜索引擎作为应对方,修改了一些技术思想,有针对性地提出反作弊技术方案。仔细研究反作弊技术方案,会发现有很多可使用的技术方法,但是理解这些技术的思路是有难度的。虽然如此,通过深入分析淘宝反作弊技术,可以发现其整体技术思路大体上存在一定的规律。从基本思路方面思考,可将反作弊手段分为信任传播模型、不信任传播模型和异常发现模型等,其中前两种技术传播模型可进一步完善而归纳为子集传播模型,首先直接列出这两个子模型,然后将具体算法与信任传播模型、不信任传播模型和异常发现模型建立关系,有助于理解反作弊算法的大体思路以及与其他算法之间的联系。

这里需要强调的是,这三种模型对于淘宝卖家和买家同样适用,也就是说,淘宝搜索反作弊系统不仅监控卖家行为,而且也监控买家行为,并且可通过监控买家 ID 行为反过来证明卖家作弊。

1. 信任传播模型

图 12-11 为信任传播模型的整体框架。信任传播模型的基本思想为:在海量的商品网页数据中,采用一定的人工/半人工手段或者技术手段,从中选取一些完全能够信任的商品或者店铺页面,即肯定不会作弊的商品、店铺和 ID,可以当作白名单来理解。通过数据挖掘算法将白名单内的网页当作出发点,给白名单内的

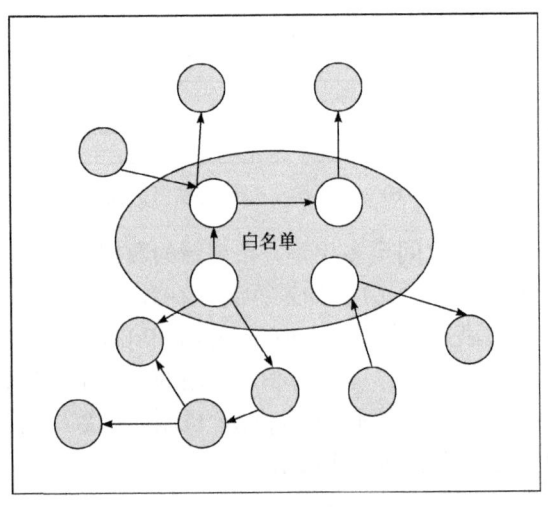

图 12-11 信任传播模型

网页节点赋予较高的信任度值,对于其他的买家、卖家及商品是否存在作弊行为,需要根据他们与白名单内节点商品或店铺的成交关系判断。根据成交关系,白名单内各节点将信任度值向外扩散传播,如果某个节点最后得到的信任度值大于设定的阈值,则判断为没有作弊行为;如果小于阈值,那么买家、卖家及商品将被认定存在作弊行为或者具有作弊嫌疑。

2. 不信任传播模型

图 12-12 为不信任传播模型整体框架。从整体的技术框架上思考,其类似于信任传播模型,其最大的区别在于:原始页面子集合不是无法信任的商品或店铺页面节点,而是确定存在作弊行为或者具有作弊嫌疑的 ID 或页面集合,也就是不能信任的集合,可以当作黑名单来理解。为黑名单内页面节点赋予不信任值,借助成交关系将这种不信任关系扩散传播出去,如果最后页面节点的不信任值大于事先设置的阈值,就会被认定存在作弊网页行为或具有作弊嫌疑。

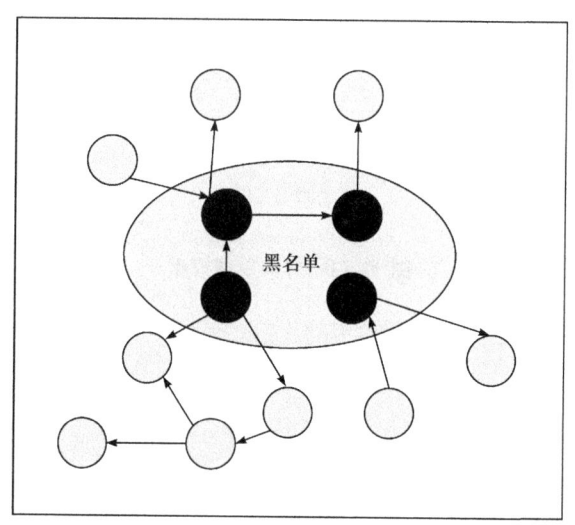

图 12-12 不信任传播模型

3. 异常发现模型

异常发现模型是一个算法框架模型,具有高度抽象化特点。其基本思想为:卖家、买家以及作弊店铺之间肯定存在异常的特征,这种类型的特征有可能是内容或者成交关系方面的,往往可找到一些作弊集合,分析哪些行为具有异常特征,根据这些异常特征确定作弊行为。

异常发现模型也可分为两种子模型,这两种子模型采用不同的考虑方法判断异常:一种是比较直观的考虑方法,也就是根据作弊行为所包含的独特特征直接构建算法；另一种则认为作弊行为是异常的 ID 或者网页，即通过统计等方法分析正常商品、ID 和店铺特征，如果不包含正常特征，则被认定具有作弊行为。图 12-13 展现了这两种不同的思考方法。

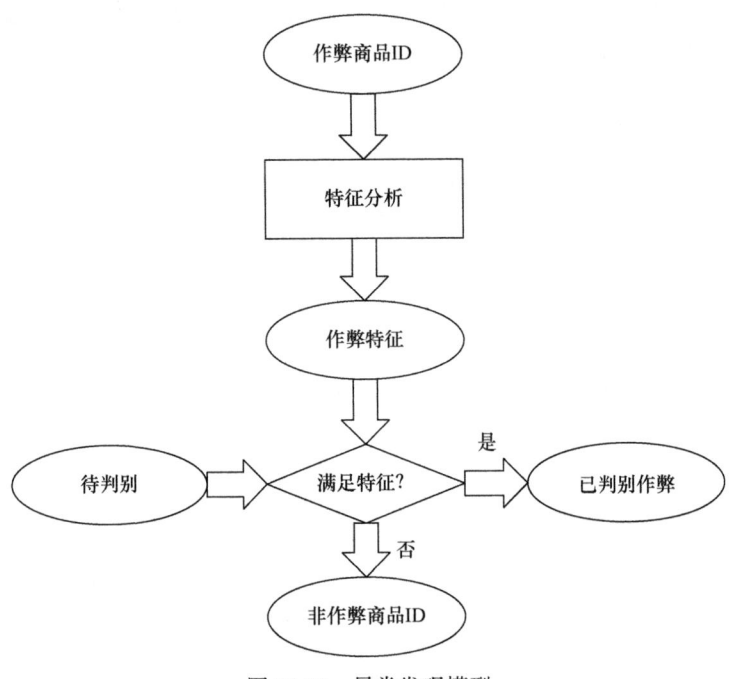

图 12-13　异常发现模型

第13章 计算广告大数据技术

13.1 计算广告处理过程

13.1.1 计算广告处理框架

计算广告的目标是在大量的广告候选库中,结合广告主给出的竞价并根据用户标签和上下文环境,将广告投放到用户搜索或浏览页面上,对广告点击率预估进行排序,从而提高排名靠前的广告点击率,获取更多的利润。一个完整的广告处理系统包括广告投放引擎、离线分布式处理平台、在线流处理平台和数据高速通路四个部分[164]。计算广告处理框架如图13-1所示。

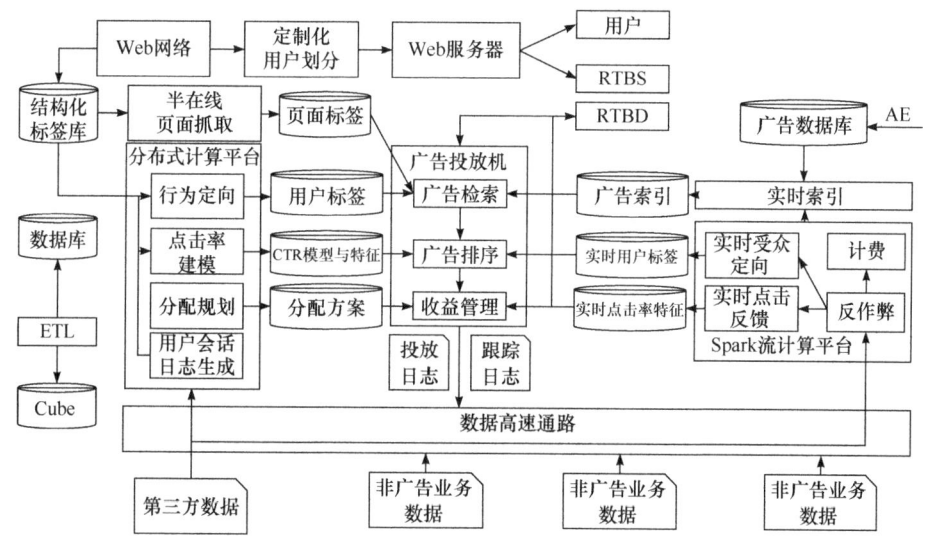

图13-1 计算广告处理框架

RTBS指广告投放方(实时竞价系统中的广告主),RTBD指媒体(实时竞价系统中的流量主),ETL指抽取-加载-转换,AE指在广告公司中执行广告业务的具体负责人,Cube指数据立方体

13.1.2 广告投放引擎

广告投放引擎即在线广告投放机(advertisement server),主要任务是与其他各模块进行交互链接,以完成在线广告投放任务,对前端发出的广告投放请求进行

响应,根据页面标签、用户标签等产生查询条件,从广告库中搜索出满足要求的广告,利用点击率预估模型进行广告排序并将其投放到用户浏览页面。其最大的优点是高并发,实时决策达到 10ms 级别,广告投放每天达百亿次。图 13-2 为广告投放系统完成广告投放的过程,广告投放系统主要包括广告竞价、广告检索、广告排序、收益管理、广告请求接口、定制用户划分几个部分。

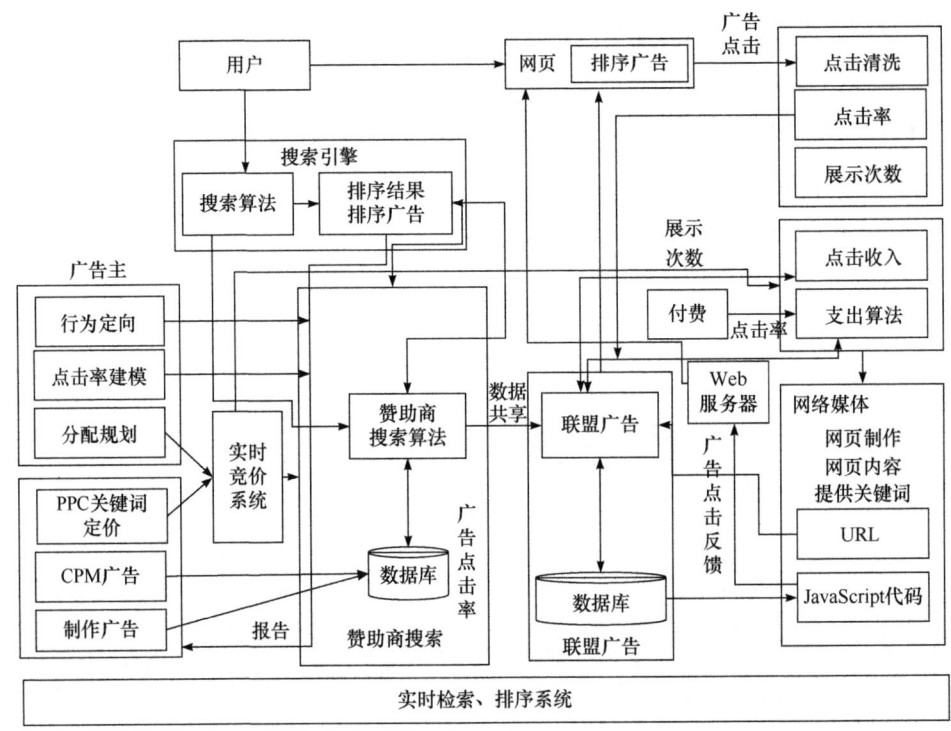

图 13-2 广告投放过程

PPC 指关键词定价,在网络广告中是根据点击广告的用户数量来付费的一种定价模式

(1) 广告竞价:主要提供一个对用户和网页信息进行实时竞价的平台。在这个平台上,广告主可实时调整竞拍价格。该平台需要提供足够多的竞价信息给广告主,并且这些信息还须易于使用,如广告主可以设置多组不同的竞价规则,根据组合的用户信息和网页内容设置不同的竞拍价格等。

(2) 广告检索:即广告召回,用于解决相关性问题,根据页面上下文属性和用户属性从广告索引中寻找符合条件的候选广告,与用户相关性较高的广告需要被检索到,而相关性较低的广告则很少被检索到会对用户体验和广告效果产生不好的影响。检索过程分为两步,第一步是定向匹配,根据广告主对广告设置的定向限制条件,筛选出与本次请求特征相符的广告;第二步是逐层召回,根据多种定向或相关性计算方法筛选出与本次请求最相关的若干个广告。广告实时检索是指针对联盟网络、赞助商搜索和条幅广告等不同类型的广告形式，以及不同类型的广告投放形式，实现对相关广告的实时检索。通过相关竞拍关键词检索相关广告，这类检索的效率通常较高。

（3）广告排序：主要对广告检索模块检索出的广告候选集计算 eCPM 值，并根据大小倒排 eCPM 值，解决收益最大化问题，同时限制了最大化需求方平台的利润。eCPM 计算过程对通过完成离线计算的受众定向平台点击率具有依赖性，因为最后广告投放都是由排序结果决定的，所以这部分非常关键。排序分为粗排和精排两步，粗排使用的特征少于精排。如果检索到较大的候选广告集，则精细化点击率预估与出价的关系就会比较复杂，通过简单化点击率预估与出价的关系能够提高点击率、快速增加概率，从而节省计算时间。广告排序框架如图 13-3 所示。

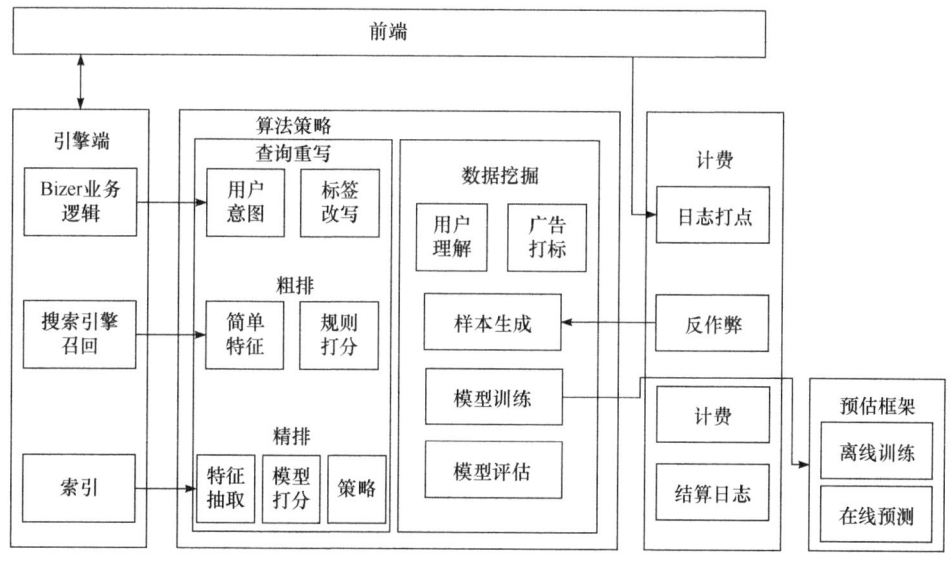

图 13-3 广告排序框架

广告实时排序主要是指根据竞拍价格、广告相关度、点击率预估等展示排序投放广告检索结果，最关键的是相关广告点击率实时估计的实现。赞助商搜索广告实时投放平台类似于搜索联盟广告实时投放平台。另外在提供联盟广告投放时，搜索引擎可分享其广告实时投放系统中的多个组件。

（4）收益管理：进一步优化局部广告排序结果，实现全局收益最优，使用计算好的离线分配计划完成在线决策任务，如需求方平台出价、GD 系统在线分配等。

（5）广告请求接口：广告请求可能来自移动应用程序中的 SDK、基于 HTTP 的 Web 服务器或者其他类型的 API。

（6）定制用户划分：因为网络媒体要代替广告主完成与用户接触的任务，根据广告主的逻辑思维划分用户群也是有必要的。这部分模块具备鲜明的广告特征，主要是从广告主那里收集用户信息的产品接口，通过比较复杂的加工处理，将数据高速通路导入受众定向模块来完成。

13.1.3 数据高速通路

计算广告这种类型的系统具有很高的并发性，能够产生巨大的日志量，应尽量减少集中式读写单点数据，尽量让数据处理过程形成环形流动。通过数据高速通路可以将线上日志数据实时精准地发送到离线或在线处理平台上，在缓存中保存处理结果，关联在线和离线部分，这些可以利用开源工具 Flume 实现。Flume 是一个分布式的传输系统，具备高可靠、高可用、海量日志采集和聚合等特点，将投放引擎日志实时反馈给在线流计算平台和离线分布式计算平台，还可从第三方数据源搜集日志，更方便地实现精准投放。

13.1.4 离线/在线分布式处理

点击率预估即点击率建模是离线处理部分，对提升 eCPM 非常关键，主要是通过对用户日志的挖掘，准确建模预估点击率。在模型更新方面，离线平台一般采用批处理方式。流计算主要用来在线实时反馈，具有较高的时间效率要求。在线数据处理和离线数据处理都是服务于决策者，而决策者包括机器和人两类，这部分主要采用 Hadoop、Spark、Hive 等离线大数据技术。

1. 离线分布式处理

1) 为人决策提供服务

可利用数据仓库、产出报表、业务大屏或提供 OLAP 分析服务等的传统大数据处理技术为人决策提供服务。

2) 为机器决策提供服务

为机器决策提供服务即直接服务于广告投放主要流程，主要包括：

(1) 受众定向。受众定向是指对受众标签进行计算并对用户标签进行动态调整，利用机器学习、数据挖掘等主流技术完成点击率预估、受众定向等任务。

(2) 会话日志生成(session log generation)。从各大数据平台中收集日志数据，最终将用户 ID 作为主键聚合成统一存储格式的日志，为以后的数据分析处理算法研究提供足够的数据源。

(3) 行为定向(audience targeting)。在会话日志中根据用户行为，采用机器学习、数据挖掘等算法进行建模，从而刻画用户的兴趣点、行为模式等，最后为用户匹配合适的结构化标记，方便日后广告定向投放使用。在整个系统中，该模块具有非常重要的作用。

(4) 上下文定向(context targeting)，即对当前环境进行判断。

(5) 点击率建模(click modeling)。基于大数据工具和机器学习、数据挖掘算法，从会话日志中精确提取预定义特征，训练点击率模型，并加载到缓存中为线上投放系统决策提供便利。

(6) 商业智能(business intelligence，BI)。商业智能主要包括商业智能仪表盘(Dashboard)、数据抽取-加载-转换(extract transform load，ETL)过程和数据立方体(Cube)。商业智能系统能够为决策者提供更加直观、实时的数据分析，对决策者而言算法类似于黑盒，因此设计一个性能良好的商业智能系统能够有效地辅助决策。

图 13-4 为离线数据分析过程。从功能上可以将广告离线分析过程分为四个部分：数据获取、数据格式化、信息抽取和模式分析。另外，除了技术之外，在广告投放中运营是非常关键的部分。因此，这一模块对广告运营策略运行以及调整具有很大的影响，图 13-5 为基于 Hadoop 的离线数据处理过程。

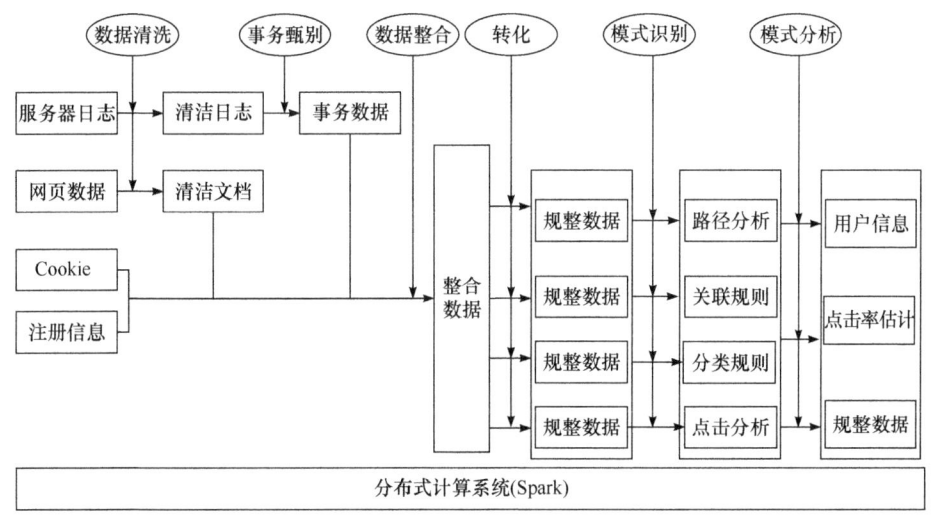

图 13-4 离线数据分析过程

数据获取的主要功能是收集可用于广告投放和广告定向的各类数据，主要包括搜索日志、网页数据、Web 日志、用户 Cookie 等。不同类型的数据对应不同的获取方法，一般通过网页爬取方法获取网页数据；从网络媒体服务器端获得 Web 日志数据和搜索日志数据；通过植入第一方 Cookie 和第三方 Cookie 获取用户 Cookie，其中第一方 Cookie 只能获得网络媒体登录用户的信息，第三方 Cookie 如广告网络联盟可获得同一个用户登录不同网络媒体的信息。对于收集的数据，还需要经过清洗、格式化、整合等预处理。由于网页数据中包含文本、图片和广告

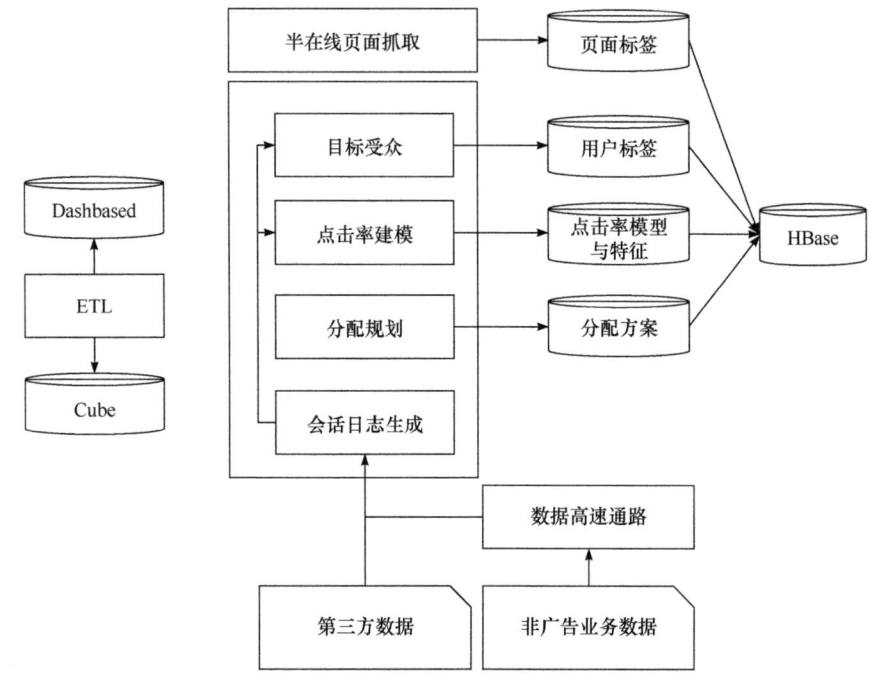

图 13-5 基于 Hadoop 的离线数据处理过程

等不同格式类型的信息，针对不同格式的网页需要采取不同的数据过滤以及清洗方法进行预处理。对于搜索日志和网络日志数据，需要辨别这些日志数据，产生日志事务数据；对于用户 Cookie 数据，则有必要进行匹配和聚集等处理。各类数据在经过清洗、转化、过滤等预处理之后，采用匹配等方法进行合并，形成完整统一的数据集。另外，还要根据一定的格式对合并后的数据集进行格式化，成为高质量且格式化的数据集。最后对格式化后的数据进行挖掘分析和模式识别，形成能够实现广告精准投放功能的数据基础。信息抽取和关键词抽取主要针对网页数据，用户 Cookie 数据、Web 及搜索日志处理主要以用户行为分析为主，形成完整的用户配置文件是最终的目标。

2. 在线流数据处理

完整的广告决策是一种在线过程，有些情况下传统的离线技术不能满足实时要求，可以在单独抽取模块中补充一个在线处理模块，该模块主要采用实时计算 Flink 的流处理技术。在线处理过程主要包括：

(1) 在线反作弊。广告的本质是销售流量，通过虚假流量能直接获取更大的利润，根据全美广告主协会(Association of National Advertisers，ANA)统计，在线广告中大约存在 37% 的虚假点击，由此可见在线反作弊模块非常重要，如果使用效果不好将会导致大量的资金浪费。

(2) 在线计费。多数广告系统类似于需求方平台的程序化交易，用户每次点击将会收取广告主一定的费用，使得广告系统能够较快地完成结算任务，并收取相关费用，同时针对广告下线费用不足的，计费需要加上扣除作弊流量的费用。

(3) 在线受众定向。受众定向主要对用户的各种标签进行计算，有时更具有参考价值的是用户短期内的行为，其形成的短期标签更具有效果，如受众偶然看到某个内容，对该内容中提及的产品产生了兴趣，这种现象在效果类广告中更加得以体现。借助于实时计算 Flink 技术，构建长短期兴趣标签，可开发一个简单的实时推荐系统。

(4) 在线点击反馈。根据用户在线点击情况优化点击率模型从而取得更优的预估点击率。

(5) 实时索引。广告的本质是一种商业行为，广告主会根据当下广告投放效果优化广告策略。广告每次调整后都需要能快速产生效果，否则将可能出现浪费资金情况，因此需要把广告实时的发布和更新都存放在广告索引中。

(6) 实时广告链接检测。根据访问日志快速实时判断是否存在失效的广告链接，一旦存在就快速下线广告，以防损耗更多的资源。

13.2 计算广告系统开源工具

13.2.1 Web 服务器 Nginx

目前，性能比较好的 Web 服务器主要有 Nginx、Apache 和 Lighttpd。图 13-6 为 Nginx 发行版本[①]，表 13-1 对这三种服务器在稳定性、代理等方面分别进行了比较。

与实时竞价广告业务相结合，在支持高并发性方面，Nginx 服务器具有更明显的优点[②]，Nginx 还具有支持自带负载均衡、热部署以及轻量级等特点[165]，因此将其作为前端接入 RTBS 端服务器的入口是最好的选择。对于整个需求方平台的 Web 服务器和负载均衡，Nginx 都可以适用，其还能用于负载均衡竞价引擎，理论上能够支持 5 万次的并发连接，在实际生产环境中能够支持的并发连接数为 2 万~4 万。

---

① http://nginx.org。

② http://www.nginx.cn。

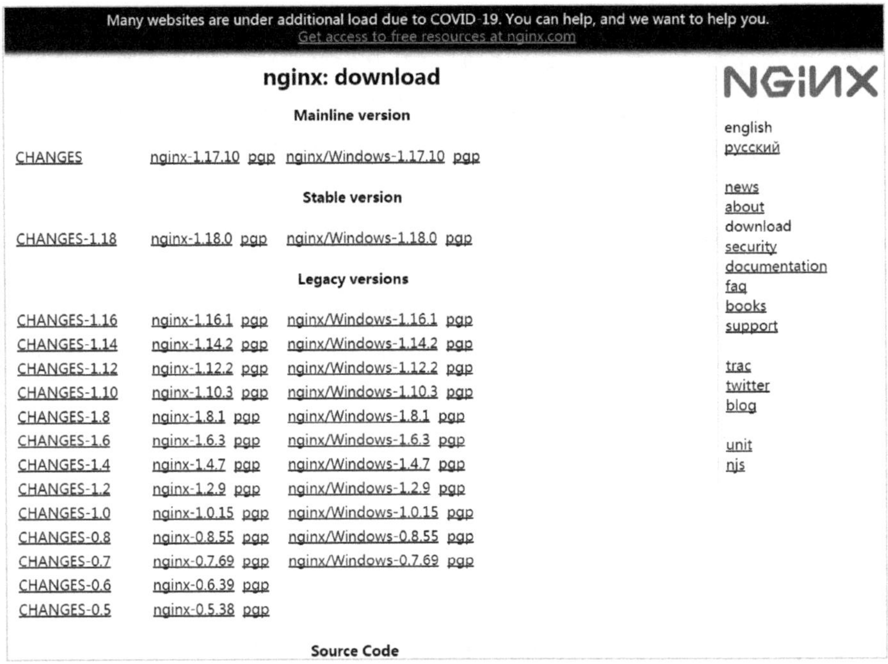

图 13-6　Nginx 发行版本

表 13-1　Web 服务器比较

服务器	Nginx	Apache	Lighttpd
代理	非常好	非常好	一般
支持重写	非常好	好	一般
Fast-cgi	好	不好	非常好
热部署	支持	不支持	不支持
系统压力比较	很小	很大	比较小
稳定性	非常好	好	不好
安全性	一般	好	一般
技术支持	很少	非常好	一般
静态文件处理	非常好	一般	好
虚拟主机	不支持	支持	支持
反向代理	非常好	一般	一般
黏性会话	不支持	支持	不支持

13.2.2 全文检索引擎 Lucene

当广告业务逐渐转向长尾广告主，导致广告库规模较大时，有必要采用"倒排索引"和"排序"两段式决策过程。全文检索引擎 Lucene 的主要功能是对文档中的每个关键词建立索引(关键字为主键，文档 ID 为值)，极大地方便了全文索引和检索。当需要召回广告时，可从巨大规模的广告库中快速返回检索结果。Lucene 还提供了一个简单且功能强大的应用程序接口。当对较强的索引扩展性有要求时，可考虑使用 Spark SQL 和 Elasticsearch 搜索引擎数据库。Spark SQL 主要帮助用户使用简单易懂的 SQL 查询语句进行一定约束条件下的数据查询。Elasticsearch 主要根据用户输入的信息，实现实时快速响应，查找用户需要的数据，满足用户需求。业务报表数据需要根据用户输入的约束条件使用 Elasticsearch 的筛选结果。在云计算环境中，Lucene 能实现可靠与稳定的实时快速搜索，水平扩展性良好。图 13-7 为 Apache Lucene 发行版本[①]。

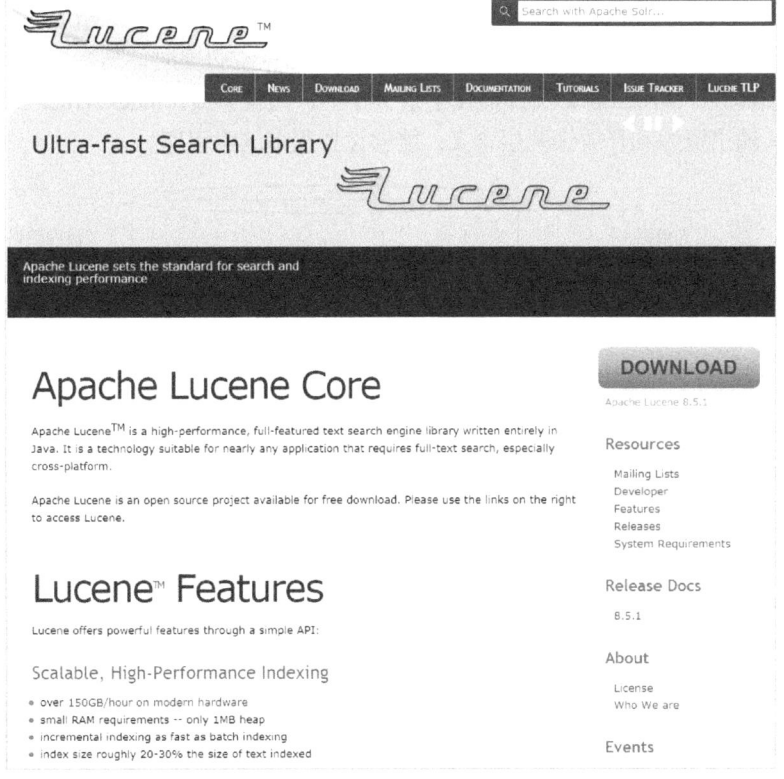

图 13-7　Apache Lucene 发行版本

---

① https://lucene.apache.org。

全文检索引擎 Lucene 具有以下突出的优势：

(1) Lucene 的索引文件格式与应用平台相独立。Lucene 定义了一套基于 8 字节的索引文件格式，使不同平台的应用或兼容系统能分享创建索引文件。

(2) Lucene 采用面向对象的系统架构，大大降低了基于 Lucene 扩展的学习难度，极大地方便了新功能的增加。

(3) Lucene 支持增量索引和批量索引，可进行增量索引(Ap2pend)，批量索引海量的数据，也可设计接口用于优化批量索引和小批量的增量索引。

(4) Lucene 没有限制数据源格式，提供了一个如 Document 对象通用结构接收输入的索引，因此 Word 文档、PDF 文档、HTML 文档、数据库都可作为输入数据源，只要设计出能将数据源转换成 Document 对象的相应解析转换器就可进行索引。

图 13-8 为 Lucene 索引结构。IndexWriter 可对索引库进行增、删、查、改操作；同一个时刻内以及同一个索引库，只能允许操作一个 IndexWriter；当创建完 IndexWriter 之后就会占据 IndexWriter 指向的索引库，只有当 IndexWriter.Close 运行时锁资源才能被释放；当一个新的 IndexWriter 想占据索引库时，初始的 IndexWriter 必须将锁释放；Write.Lock 文件存在于索引库中，代表上锁；IndexWriter.Close 具有关闭输入输出资源和释放锁两层含义，能够设置很多的索引库。

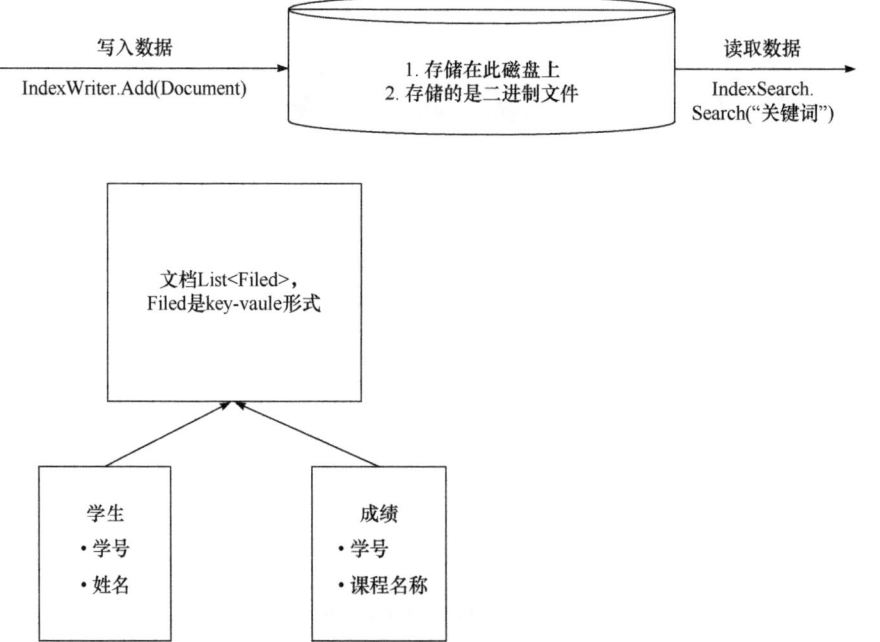

图 13-8　Lucene 索引结构

13.2.3 分布式特征在线存储 HBase

1. 在线广告数据特征

在线广告主要通过对用户网上浏览的数据进行采集与存储。前端开发人员通过加入节点，收集用户行为。数据采集主要收集用户日志数据，方便以后进行分析。日志采集可使用 Scribe 框架。Scribe 是一种开源分布式日志收集框架，由 Facebook 开发，可将不同来源的日志数据收集到同一个共享队列中，同时统一存储到分布式文件系统 HDFS、HBase 或者本地中。Scribe 具体结构如图 13-9 所示。

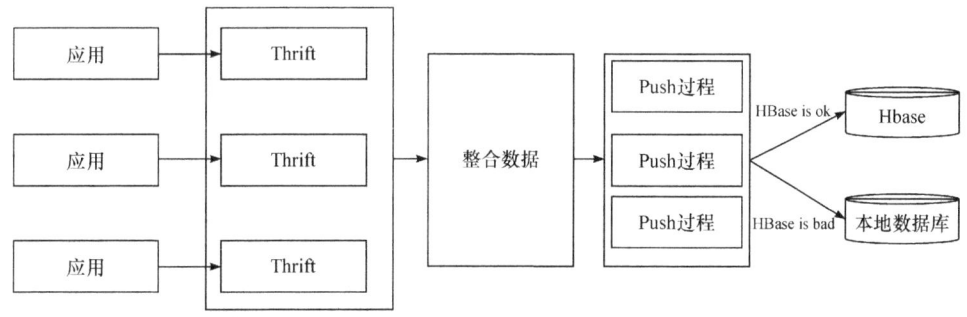

图 13-9　Scribe 结构

从图 13-9 中可以看出，Thrift 是所有数据源的必经之路[166]。Thrift 是 Facebook 开发的一种跨语言的服务器部署框架，通过使用 Thrift 传输日志，不管使用哪种语言开发日志都能够实现对日志数据的收集。Thrift 将处理过的日志文件数据发送给 Scribe，并将其存放到消息队列(message queue)中，接着推(Push)进文件存储系统 HDFS 或 Hbase 中。如果中央文件系统在消息队列 Push 过程中短暂报错，Scribe 将在本地暂存日志数据，直到中央文件存储系统恢复正常工作，然后将本地文件数据传输到中央存储文件系统中。Scribe 具有支持多种语言编程、良好的持久化消息队列、低消耗、高性能等优点，容错性较好，但也具有复杂的安装过程、高出错率等缺点。

在线广告数据特征一般可分为四种：广告特征、用户特征、用户-广告交互特征、上下文特征。广告特征和用户特征分别描述了广告信息和用户基本特征两种。通常用户-广告交互特征是指用户对某广告的历史点击和展示情况。上下文特征主要是指展示广告的页面内容、当前的时间等广告情况。在传统内容广告中上下文特征是比较重要的一部分，由于描述用户当前兴趣的重要指示是广告的页面内容，但在特定的移动应用程序中，通常广告展示的页面比较固定，展示环境也大致相同，并且客户端会事先拉取广告后再展示，广告展示时机也没固定，所以获取每次展示的上下文特征较难。

按时效特点,广告特征和用户特征可分为静态特征和动态特征。静态特征通常包括广告标题、用户使用的手机系统等比较固定的特征;动态特征包括用户登录与下载的数量、广告近期的点击率等随时间变化的特征。

1) 广告特征

静态特征:包括唯一的广告 ID、广告应用的国家代码、广告商,以及广告推广的应用标题、描述、大小等特征。

动态特征:包括最近一段时间内广告的点击数量、展示数量等特征。

2) 用户特征

静态特征:包括采集到的用户使用设备号、软件版本、设备系统及版本、用户渠道、网络运营商、手机型号、IP 地址、性别、年龄、语言等特征。

动态特征:用户最近一段时间内的广告点击数量、展示数量等特征。

3) 用户历史行为特征

用户动态特征包括用户历史行为。预测用户行为主要依靠用户历史行为[167-169],但在传统环境下,很难获得用户历史行为特征。在移动互联网中,可依据全局统一的设备识别码选择属于不同用户的记录。平台软件可以随时记录用户使用软件的行为,如在一个游戏平台中,可记录用户的安装、下载、打开某应用程序中的某功能点等。经过特殊处理,每个用户的历史记录形成一张列表,如表 13-2 所示,表的每一行表示用户的一次事件。

表 13-2 用户历史行为特征

事件	特征
1	时间 1,类型 1,参数 1
2	时间 2,类型 2,参数 2
⋮	⋮
n	时间 n,类型 n,参数 n

2. Hbase 分布式特征存储

计算广告面临的用户规模较大,而且用户数据结构复杂,不仅包括用户上网日志数据,还包括用户浏览的页面及图像数据,从中提取的广告用户特征数据量也非常大,巨大的数据量使以往的数据平台根本无法满足处理要求。

因此,设计一种能处理海量用户数据的平台是非常有必要的,而 Hbase 数据库能够快速接收用户数据并进行存储与分析,实现快速挖掘用户爱好,提高展示效果和报表分析准确度。

图 13-10 为 Hbase 发行版本[①]，其计算广告存储架构具有以下特点：

(1) 数据存储量大。Hbase 具有吞吐量高和容错性好等优点，能够存储海量不同结构的用户数据。

(2) 计算速度快。计算广告存储架构主要基于 Spark 的分布式并行计算框架[170]。Spark 是一种处理大规模数据的快速计算引擎。Spark 函数多数是基于内存运行的，基于磁盘运行的比较少。

(3) 适用性强。投放基于用户兴趣爱好的广告，当用户兴趣爱好发生转变时，用户行为模型随时会发现变化，调整用户兴趣，重新更新广告投放内容。

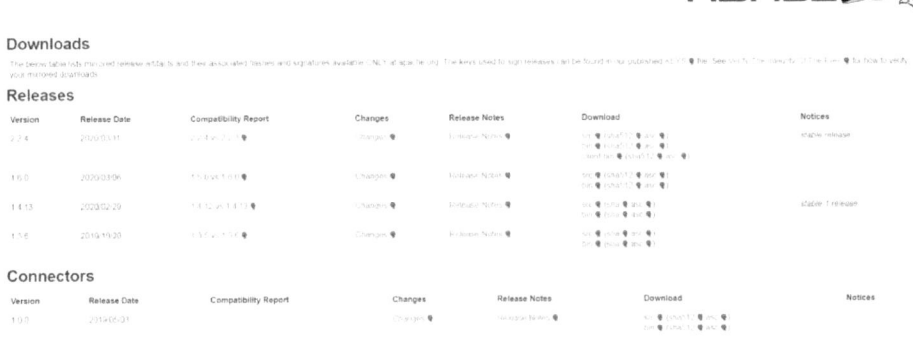

图 13-10　Hbase 发行版本

Hbase 是一种分布式数据库，具有面向列、高性能、高可靠性、实时读写、可伸缩等优点。可以将 Hadoop 的 HDFS 作为 Hbase 的文件存储系统，基于 Hadoop 的 MapReduce 处理 Hbase 中存储的海量数据，将 Zookeeper 作为 Hbase 的分布式协同服务，用于对非结构化和半结构化的松散数据进行存储。

1) Client

Client 包含 Hbase 访问接口，并通过维护缓存实现对 Hbase 的快速访问。

2) Zookeeper

确保在任一时间，分布式集群中只有一个 Master，对所有 Region 的寻址入口进行存储，实时监控 Region Server 的上下线信息，并实时通知 Master，存储 Hbase 的 Schema 和 Table 元数据。

3) Master

Master 负责将 Region 分配给 Region Server 并进行负载均衡，若发现无效的

---

① https://hbase.apache.org。

Region Server，则重新分配其上的 Region 管理用户对 Table 实施增、删、改、查操作。

4) Region Server

Region Server 主要维护 Region，处理对 Region 的输入输出访问请求；Region Server 还负责对运行过程中变得过大的 Region 进行切分。

5) Hlog(WAL log)

Hlog 文件是一般的 Hadoop 序列文件，序列文件的主键(Key)是 HlogKey 对象，在 HlogKey 中记录了写入数据的归属信息，除 Region 和 Table 名字外，还包括 Timestamp 和 Sequence Number，Timestamp 表示写入时间，Sequence Number 初始值为零，或者为最近一次存入文件系统中的 Sequence Number。Hlog 序列文件的 Value 是 Hbase 的 KeyValue 对象，也就是对应 Hfile 中的 KeyValue 值。

6) Region

Hbase 将表自动水平划分为多个 Region，每个 Region 会将表中某段连续数据进行保存；一开始每个表只有一个 Region，随着数据不停地插入到表中，Region 数量逐渐增加，当增加到一定阈值时，Region 就会被等分成两个新的 Region(即裂变)；Table 中的行不断增加，产生的 Region 将会越来越多，这张完整的表在多个 Region Server 中保存。

7) MemStore 与 StoreFile

多个 Store 组成了一个 Region，一个 Store 对应一个 CF(即列族)，Store 包括位于磁盘的 StoreFile 和位于内存中的 MemStore 的写操作。首先将 MemStore 写入，当 MemStore 中的数据增加到一定阈值时，Region Server 将会启动 Flashcache 进程同时写入 StoreFile 中，每次写入产生一个单独的 StoreFile，当 StoreFile 文件的数量增加到一定阈值后，系统会实行合并操作(Minor、Major Compaction)。在合并过程中会进行版本合并和删除操作(Majar)，使得 StoreFile 更大。当一个 Region 的所有 StoreFile 大小之和大于一定阈值后，会把当前的 Region 切分成两个，并由 Hmaster 分配到对应的 Region Server 服务器中，从而实现负载均衡。客户端在检索数据时，先从 MemStore 中寻找，如果找不到再从 StoreFile 中寻找。HRegion 是 Hbase 中负载均衡和分布式存储最小的单元，最小单元表示不同的 HRegion 能够在不同的 HRegion Server 上分布。一个或者多个 Store 可组成 HRegion，每个 Store 保存一个 Columns Family。一个 MemStore 和多个 StoreFile 组成了每个 Strore，图 13-11 展示了 MemStore 与 StoreFile 之间的关系。图 13-12 中，StoreFile 以 Hfile 格式保存在 HDFS 上。

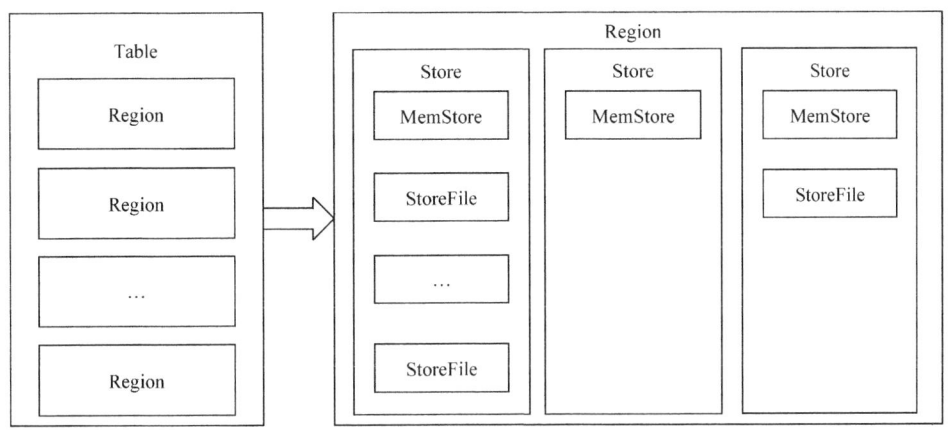

图 13-11 MemStore 与 StoreFile 之间的关系

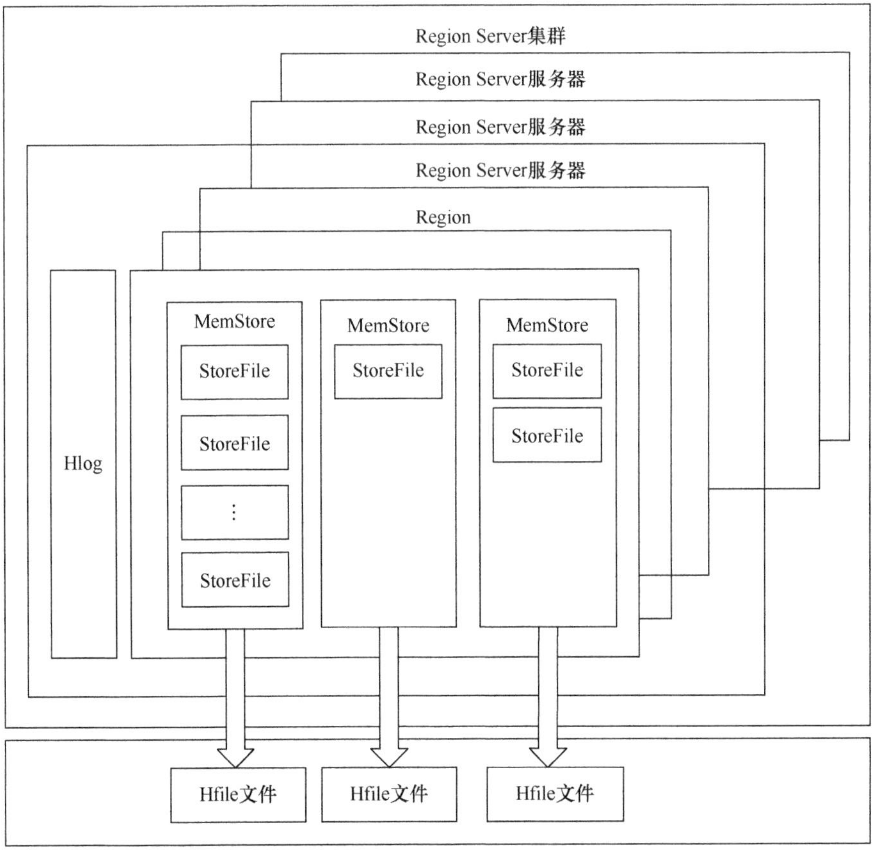

图 13-12 StoreFile 以 Hfile 格式保存在 HDFS 上

数据存储主要对用户历史数据和用户标签进行存储。HDFS 中主要存储了用户数据。因为依据实际需求，Hbase 的硬件节点可以进行适当扩展，所以 Hbase 能够对海量的文件数据进行存储。另外，在不同机器节点上所有文件至少保存了 3 份副本文件，可以确保不同应用能够读取离它最近的机器节点上的数据，提高访问效率，而且不会出现因机器遭受破坏而造成数据丢失的现象。经过一定处理，用户标签数据主要在 Hbase 中保存。在 Hbase 中标签数据的逻辑存储结构如图 13-13 所示，主键为 Row Key，列簇为 Column Family，列为 Column。通过在指定主键的列簇中增加列来增加数据。数据读取时，需要指定 Row Key、Column Family、Column 和 TimeStamp。TimeStamp 代表版本号，当对同一个数据进行修改时，Hbase 会存储所有修改后数据，通过指定版本号确定访问具体时间点的数据。另外，Hbase 不会存储空值，节省了很多磁盘空间。由于用户数据变化较快，用户特征标签中存在大量空值，有必要修改和扩展用户数据特征值。由于以上用户特征数据特点基本符合 Hbase 特性，用户特征数据使用 Hbase 存储。

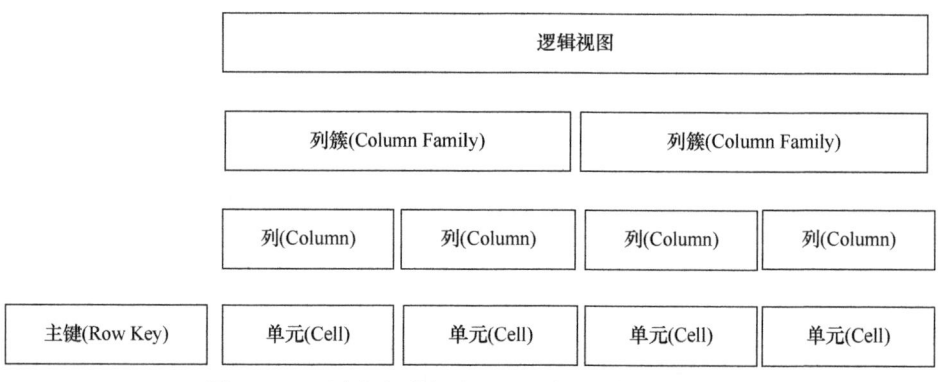

图 13-13　用户标签数据在 Hbase 中的逻辑存储结构

13.2.4　实时迭代计算框架 Spark

Spark 是一个类似但优于 MapReduce 的分布式计算框架，其核心思想是弹性分布式数据集，提供的模型比 MapReduce 更丰富，能够多次迭代快速内存中的数据集，同样也能支持复杂的数据挖掘算法和图形计算。Spark Streaming 是一种搭建在 Spark 上的实时计算框架，其提高了 Spark 处理大规模流式数据的能力。图 13-14 为 Spark 的发行版本[①]。

Spark Streaming 的优点如下：
(1) 能运行在超过 100 个的计算节点上，延迟达到秒级。
(2) 执行引擎采用基于内存的 Spark，具备良好的高效性和容错性。
(3) 对 Spark 的批处理和交互查询进行集成。

---

① http://spark.apache.org/downloads.html。

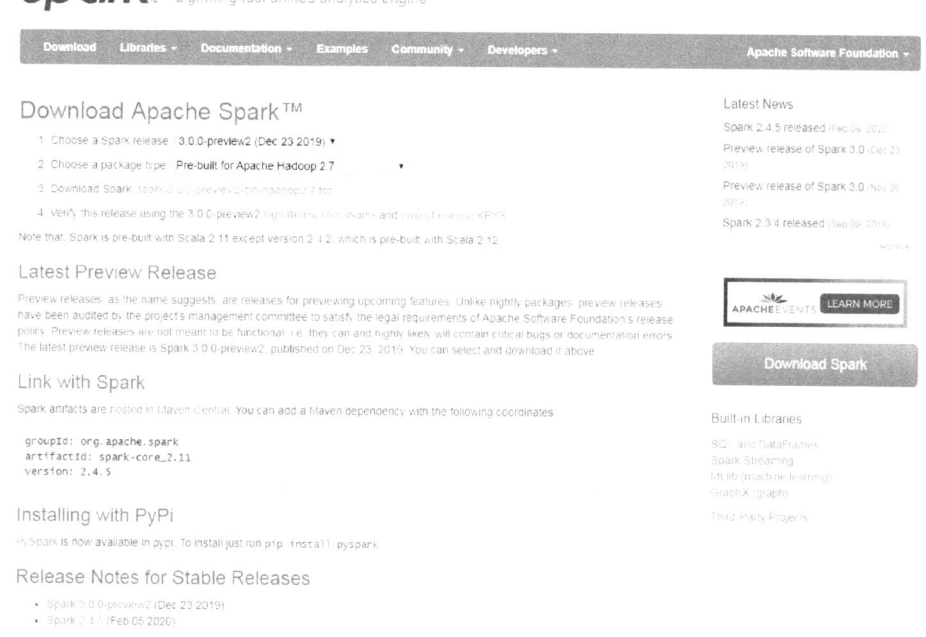

图 13-14　Spark 发行版本

(4) 提供类似于批处理的简单接口，实现复杂的算法计算。

Spark Streaming 的基本思想是以时间片(秒级)为单位拆分输入数据流，采用与批处理类似的方法处理每个时间片数据，其基本原理如图 13-15 所示。Spark Streaming 以时间片 Δt(如 1s)为单位实时将输入数据流切分成块。Spark Streaming 把每块数据当作一个弹性分布式数据集(resilient distributed dataset，RDD)，同时采用 RDD 操作处理每一小块数据。每个块都会产生一个 Spark Job 处理，最后结果返回形式为多块。

使用 Spark Streaming 流式计算方法处理广告用户数据如图 13-16 所示。

13.2.5　分布式机器学习系统 MLBase

MLBase 是 Spark 生态圈里面的一部分，它更注重机器学习，并且降低了机器学习的门槛，使得一些可能并不了解机器学习的用户也能方便地使用。MLBase 分为 ML Optimizer、MLI、MLlib 和 MLRuntime 四个部分。ML Optimizer 会选择其认为最适合且已在内部被实现的相关参数和机器学习算法，去分析和处理用户输入数据，最终返回模型或者其他分析结果。MLI 是一个 API 或平台，能够实现特

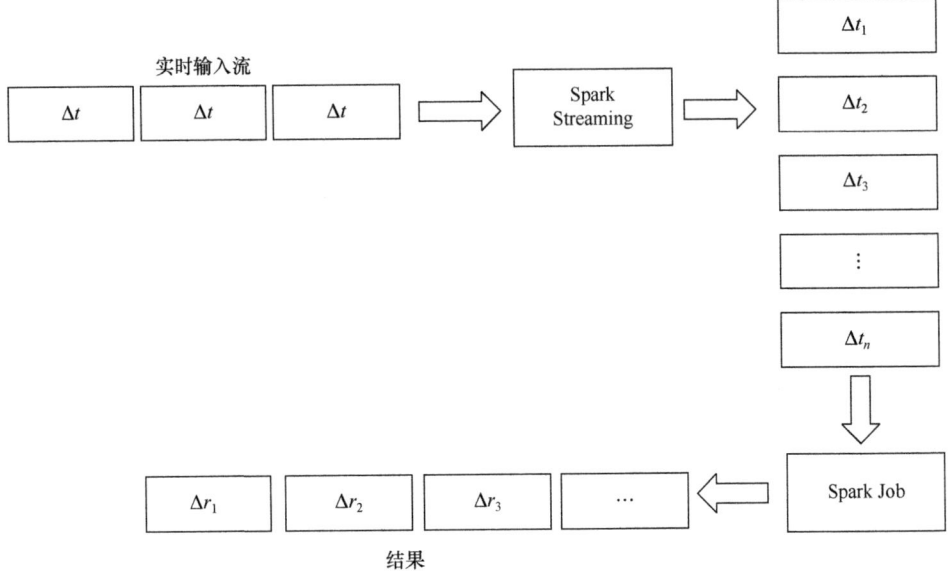

图 13-15　Spark Streaming 工作过程

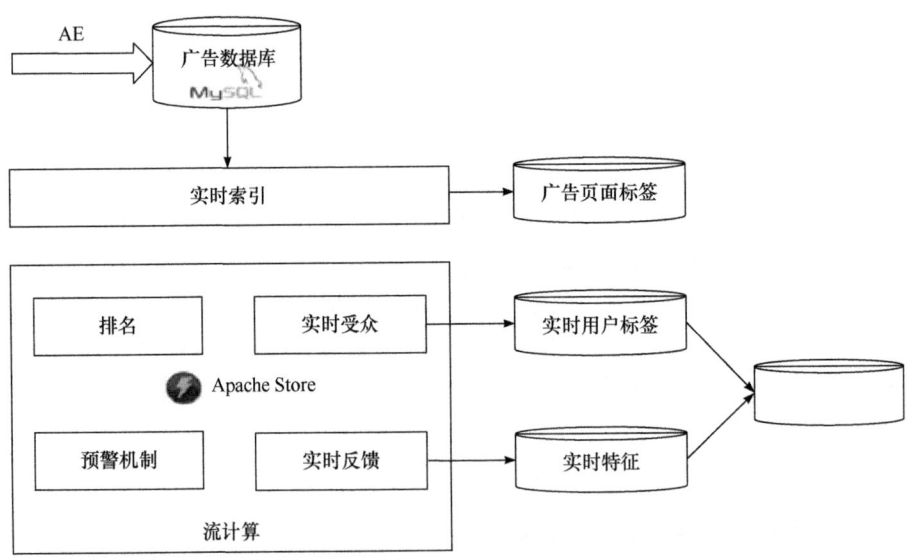

图 13-16　Spark Streaming 流式广告数据处理

征精确提取和高级 ML 编程抽象算法。MLlib 实现了一些包括聚类、分类、协同过滤、线性回归、空间降维和底层优化等常用的机器学习算法和实用程序。基于 Spark 计算框架的 MLRuntime 将 Spark 的分布式计算应用在机器学习领域中。MLlib 对应于 Mahout，Mahout 通过 MapReduce 解决了复杂的机器学习算法[171-173]，提高了效率。Spark 在迭代式计算方面效果较好，而这正是机器学习算法训练需要的处理方式。

MLbase 包含一个性能较好的优化器，会优先选择其认为最适合且已经在内部被实现的相关参数和机器学习算法，去处理用户输入数据，最终返回模型或其他分析结果。MLbase 大体上的处理流程如图 13-17 所示[①]。用户输入类 Pig 的 Task(任务)，如 DoClassify(x, y)，可以做协同过滤 DoCollabFilter(x, y)，还可以进行图计算 findTopKDegreeNodes(G, k=1000)等任务，首先将这些任务传给 Parser(解析器)处理，然后提交给逻辑学习计划(logical learning plan，LLP)，也就是在逻辑上的一个学习选择过程，在这个过程中决定使用哪些机器语言(machine language，ML)算法、提取哪些特征、选择哪些参数、数据集怎么拆分成子数据集的策略等。LLP 决定之后提交给 ML Optimizer。MLbase 的核心是优化器，其会把数据拆分成若干份，对每一份数据采用不同的算法和参数计算结果，从中选择能够初步得到最优结果的搭配方式，优化器完成这些工作之后便提交给实际学习计划(physical learning plan，PLP)，即实际上将要执行的任务，PLP 会让 MLbase 的 Master 服务器把任务分配给具体的 Slave 子节点，运行之前已经选好的算法，返回计算结果以及本次学习计算模型。

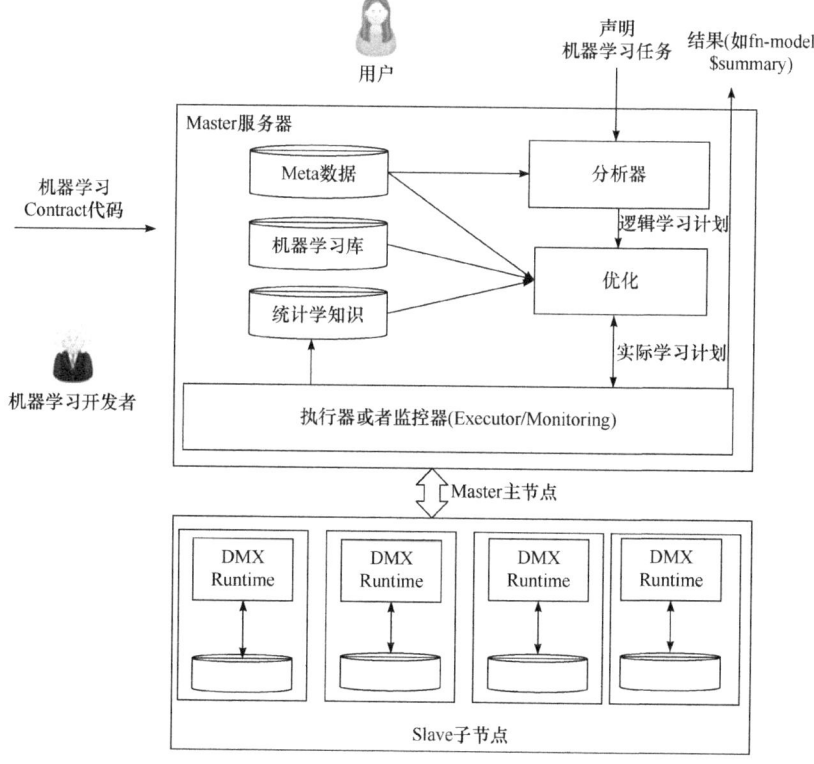

图 13-17　MLbase 处理流程

[①] https://www.xuebuyuan.com/1902928.html。

参 考 文 献

[1] 张轶楠. 微电影广告特征及发展趋势分析. 现代传播, 2018, 40(5): 165-167.

[2] Arens W F. 当代广告学. 8 版. 丁俊杰, 程坪, 钟静, 等译. 北京: 人民邮电出版社, 2005.

[3] 杨同庆. 我国广告产业发展研究. 北京: 首都经济贸易大学博士学位论文, 2011.

[4] 刘庆振. 媒介融合新业态: 数字化内容与广告融合发展研究. 新闻界, 2016, (10): 55-59.

[5] Pärssinena M, Kotilab M, Cuevasc R, et al. Environmental impact assessment of online advertising. Alphascript Publishing, Environmental Impact Assessment Review, 2018, 73: 177-200.

[6] 苏林森. 网络广告效果评估的现状、问题与修正. 西南民族大学学报(人文社会科学版), 2011, 32(10): 149-153.

[7] 张志强, 周永, 谢晓芹, 等. 基于特征学习的广告点击率预估技术研究. 计算机学报, 2016, 39(4): 780-794.

[8] Goodfellow I, Bengio Y, Courville A. 深度学习. 赵申剑, 黎彧君, 符天凡, 等译. 北京: 人民邮电出版社, 2017.

[9] 马峰. 社交媒体信息流广告的创新模式研究. 传媒, 2020, (1): 78-80.

[10] 施文彬. 基于模式满足频控的在线广告分配. 合肥: 中国科学技术大学硕士学位论文, 2019.

[11] 义梅练, 胡勍. 移动互联网广告发展原因浅析. 环球市场, 2018, (29): 272.

[12] 信世伟. 基于在线广告精准化和社交化的广告效果研究. 哈尔滨: 哈尔滨工业大学硕士学位论文, 2019.

[13] 赵媛. 心理视域下受众的广告认知与评价——评《广告态度及其影响因素研究——以电视和网络视频为对象》. 传媒, 2018, 290(21): 102-103.

[14] 陈积银, 杨玉华. 智能推荐型网络视频广告研究. 重庆三峡学院学报, 2019, 35(2): 100-109.

[15] 周楚莉. 数字传播时代 RTB(实时竞价)广告模式研究. 中国记者, 2013, (11): 116-117.

[16] Broder A Z. Computational advertising and recommender systems. Proceedings of the ACM Conference on Recommender Systems, Lausanne, 2008: 1-2.

[17] 雷蕾. 程序化购买模式下品牌安全问题及对策. 青年记者, 2017, (35): 104-105.

[18] Zhu L H, Xie J K, Pan S M, et al. Dynamical click through rate estimation algorithm by improving data hierarchy in online advertising. Journal of Chinese Computer Systems, 2015, (7): 1492-1497.

[19] Song L Y, Gong X Q, Zhang R, et al. Online advertising systems and related technology evolution. Journal of East China Normal University (Natural Science Edition), 2013, (3): 106-117.

[20] 陈永东. 赢在新媒体思维. 北京: 人民邮电出版社, 2016.

[21] 周傲英, 周敏奇, 宫学庆. 计算广告: 以数据为核心的 Web 综合应用. 计算机学报, 2011, 34(10): 1805-1819.

[22] Baesens B. 大数据分析: 数据科学应用场景与实践精髓. 柯晓燕, 张纪元, 译. 北京: 人民邮电出版社, 2014.

[23] Zhao Z D, Shang M S. User-based collaborative-filtering recommendation algorithms on Hadoop. Proceedings of the 3rd International Conference on Knowledge Discovery and Data Mining, Phuket, 2010: 478-481.

[24] 崔元博. 移动广告属性特征对移动广告效果影响研究. 哈尔滨: 哈尔滨工业大学硕士学位论文, 2018.

[25] 许小可. 社交网络上的计算传播学. 北京: 高等教育出版社, 2015.

[26] Zhang S, Yang Y, Xiao J, et al. Fusing geometric features for skeleton-based action recognition using multilayer LSTM networks. IEEE Transactions on Multimedia, 2018, 9(20): 2330-2343.

[27] 廖秉宜. 中国程序化购买广告产业现状、问题与对策. 新闻界, 2015, (24): 43-46.

[28] Walker S J. Big data: A revolution that will transform how we live, work, and think. Mathematics & Computer Education, 2014, 47(17): 181-183.

[29] 赵曙光. 高转化率的社交媒体用户画像: 基于500用户的深访研究. 现代传播(中国传媒大学学报), 2014, (6): 115-120.

[30] 梁循, 杨小平, 周小平. 面向社会化媒体大数据的社会计算. 北京: 清华大学出版社, 2014.

[31] Rubinfeld D L, Ratliff J D. Online advertising: Defining relevant markets. Journal of Competition Law and Economics, 2011, 6(3): 653-686.

[32] 中华人民共和国国家质量监督检验检疫总局, 中国国家标准化管理委员会. 互动广告 第3部分: 效果测量要求. GB/T 34090.3—2017. 北京: 中国标准出版社, 2017.

[33] Broder A. Highly Dimensional Problems in Computational Advertising. Berlin: Springer, 2011.

[34] Fulgoni G. The rise of the digital omnivore what it means for advertisers, publishers, and App developers. Journal of Advertising Research, 2015, 55(2): 115-119.

[35] Peng W, Li T. On the equivalence between nonnegative tensor factorization and tensorial probabilistic latent semantic analysis. Applied Intelligence, 2011, 35(2): 285-295.

[36] Li Y M, Lin L, Chiu S W. Enhancing targeted advertising with social context endorsement. International Journal of Electronic Commerce, 2014, 19(1): 99-128.

[37] Chang K, Chen W, Tan B. Advertising effectiveness in social networking sites: Social ties, expertise, and product type. IEEE Transactions on Engineering Management, 2012, 59(4): 634-643.

[38] 高驰, 卢志茂. 在线广告发展态势与特性分析. 哈尔滨工业大学学报(社会科学), 2003, 5(2): 122-125.

[39] Yan D M, Wonka P. Gap processing for adaptive maximal poisson-disk sampling. ACM Transactions on Graphics, 2012, 32(5): 13-15.

[40] 黄升民. 大视频时代广告策略与效果测量研究. 北京: 中国传媒大学出版社, 2014.

[41] 赵江, 梅姝娥, 仲伟俊. 基于策略性消费者不同行为的动态定向广告投放研究. 软科学, 2015, 29(3): 115-119.

[42] 胡振宇. 智能户外媒体广告发展探析. 青年记者, 2012, (9Z): 87-88.

[43] Jansen B J, Moore K, Carman S. Evaluating the performance of demographic targeting using gender in sponsored search. Information Processing & Management, 2013, 49(1): 286-302.

[44] Attenberg J, Pandey S, Suel T. Modeling and predicting user behavior in sponsored search. Proceedings of the 15th ACM SIGKDD International Conference on Knowledge Discovery and

[45] Yan J, Liu N, Wang G, et al. How much can behavioral targeting help online advertising? International Conference on World Wide Web, Madrid, 2009: 261.

[46] 许磊. 基于大数据的新媒体在线广告收益管理研究. 北京: 中国科学院大学硕士学位论文, 2015.

[47] 艾瑞咨询. 中国原生广告市场研究报告. 上海: 上海艾瑞市场咨询有限公司, 2017.

[48] 孟琴. 百度信息流广告的优势及投放策略研究. 合肥: 安徽大学硕士学位论文, 2018.

[49] Rucker D D, Sternthal B. Advertising Strategy. Hoboken: John Wiley & Sons, 2015.

[50] 喻国明. 镶嵌、创意内容: 移动互联广告的三个关键词——以原生广告的操作路线为例. 新闻与写作, 2014, (3): 48-52.

[51] Cholette S, Özlük Ö, Parlar M. Optimal keyword bids in search-based advertising with stochastic advertisement positions. Journal of Optimization Theory and Applications, 2012, 152(1): 225-244.

[52] 吴展翼. 微信朋友圈广告传播研究. 乌鲁木齐: 新疆大学硕士学位论文, 2019.

[53] 袁潇, 付继仁. 大数据时代原生广告的传播路径研究. 新闻界, 2017, (10): 55-58, 67.

[54] 姜智彬, 马欣. 领域、困境与对策: 人工智能重构下的广告运作. 新闻与传播评论, 2019, 72(3): 56-63.

[55] 钟夏泉. 大数据与用户画像在计算广告发展中的应用研究. 广州: 华南理工大学硕士学位论文, 2017.

[56] 吴晓鹏. 程序化购买广告模式研究. 上海: 华东理工大学硕士学位论文, 2018.

[57] 于青林, 刘桂真. 图的因子和匹配可扩展性. 北京: 高等教育出版社, 2010.

[58] 蔡润珩. 场景融合营销中计算广告作用研究. 郑州: 河南大学硕士学位论文, 2019.

[59] Krishnamurthy V, Aprem A, Bhatt S. Opportunistic advertisement scheduling in live social media: A multiple stopping time pomdp Approach. Arxiv:1611.00291, 2016.

[60] 刘庆振. 计算广告学: 大数据时代的广告传播变革——以"互联网+"技术经济范式的视角. 现代经济探讨, 2016, 2: 87-91.

[61] Bian J. Learning to recognize reliable users and content in social media with coupled mutual reinforcement. Proceedings of the 18th International Conference on World Wide Web, 2009, (24): 451-462.

[62] 刘鹏, 王超. 计算广告. 北京: 人民邮电出版社, 2015.

[63] Grensing-Pophal L. Consumers coming to accept native advertising done right. Econtent, 2014, 37(6): 8-10.

[64] Kim C S, Lee M S, Park C H. Implementation of an App scheduler for the effective display of advertisement contents on android platform. Psychiatrische Praxis, 2018, 12(11): 129-134.

[65] Zhang C R, Zhang E. Optimized bidding algorithm of real time bidding in online ads auction. International Conference on Management Science and Engineering, Helsinki, 2014: 1-4.

[66] Massimo C. Adaptive background modeling in multicamera system for real-time object detection. Optical Engineering, 2011, 50(12): 127206.

[67] 刘梦娟, 曾贵川, 岳威, 等. 面向展示广告的点击率预测模型综述. 计算机科学, 2019, 46(7): 38-49.

[68] 刘鹏, 王超. 计算广告: 互联网商业变现的市场与技术. 北京: 人民邮电出版社, 2016.
[69] 李立. 基于事件本体的查询扩展方法. 成都大学学报(自然科学版), 2012, 31(4): 364-366.
[70] 卢向华. 竞价排名广告的关键词投放策略及其绩效研究——基于淘宝网的实证分析. 管理科学学报, 2013, 16(6): 1-9.
[71] 廖秉宜. 大数据时代中国程序化广告产业发展研究报告. 中国媒体发展研究报告, 2016, 296(1): 53-72.
[72] 李儒俊, 卢维林. 程序化购买广告模式研究. 传媒, 2017, (1): 67-70.
[73] 廖秉宜. 中国程序化购买广告产业现状、问题与对策. 新闻界, 2015, (24): 43-46.
[74] Campbell C, Marks L J. Good native advertising isn't a secret. Business Horizons, 2015, 58(6): 599-606.
[75] 张雪静, 刘燕南. 媒介使用: 跨屏、移动和参与——互联网受众行为扫描和特点简析. 新闻与写作, 2018, 409(7): 14-20.
[76] 艾瑞咨询. 融屏时代下的媒体矩阵价值研究——以 360 媒体矩阵为例. 上海: 上海艾瑞市场咨询有限公司, 2018.
[77] 严威, 张明华, 姜娜. 融媒体场景下数字广告跨渠道互动机制与效果归因. 电视研究, 2019, (1): 35-37, 54.
[78] Lovase L, Plummer M. Matching Theory. Amsterdam: Elesiver, 1986.
[79] Bimpikis K, Ozdaglar A, Yildiz E. Competitive targeted advertising over networks. Operations Research, 2016, 64(3): 705-720.
[80] 融合场景下的互联网商业价值. 艾瑞咨询系列研究报告. 上海: 上海艾瑞市场咨询有限公司, 2018.
[81] 杨若莹. 我国社交媒体原生广告研究. 乌鲁木齐: 新疆大学硕士学位论文, 2018.
[82] Koutsopoulos I, Spentzouris P. Native Advertisement Selection and Allocation in Social Media Post Feeds. Berlin: Springer International Publishing, 2016.
[83] 马昱宇, 唐英. 微信信息流广告的传播特征及优化路径. 青年记者, 2017, (29): 99-100.
[84] 施琴. 社会化媒体信息流广告研究——以微信朋友圈信息流广告为例. 传媒, 2015, (17): 66-68.
[85] Ying C, Sencun Z, Heng X. Children's exposure to mobile in-App advertising: An analysis of content appropriateness. International Conference on Social Computing, Alexandria, 2013: 196-203.
[86] 张思遥. 在线广告需求方平台设计与实现. 北京: 北京邮电大学硕士学位论文, 2019.
[87] Chen J L, Liu H H, Chuang C T. Strategic planning to reduce conflicts for offshore wind development in Taiwan: A social marketing perspective. Marine Pollution Bulletin, 2015, 99(1-2): 195-206.
[88] Wang X R, Fontoura M. A search-based method for forecasting ad impression in contextual advertising. Proceedings of the 18th International Conference on World Wide Web, Madrid, 2009: 491-500.
[89] 张可烨. 新媒体时代的微电影广告营销研究. 哈尔滨: 哈尔滨师范大学硕士学位论文, 2015.

[90] 陈爽. 微电影广告传播模式及效果研究. 新闻战线, 2016, (8): 47-48.

[91] 逄京海, 杨芳芳, 曲欣. 广告学概论. 北京: 清华大学出版社, 2013.

[92] 杜国清, 邵华冬, 陈怡. 试析数字户外媒体发展的机会与策略. 现代传播, 2010, (9): 165-166.

[93] Drucker P F. The Practice of Management. New York: Harper & Brothers, 1954.

[94] 秒针系统. 2019 年度中国异常流量报告. 北京: 北京秒针之途网络科技有限公司, 2020.

[95] Krugman H E. Why three exposures may be enough. Journal of Advertising Research, 1972, (6): 11-14.

[96] Fletcher R. Effective frequency: The relationship between frequency and advertising effectiveness. Journal of Advertising, 1980, 9(2): 48.

[97] Seva R R, Duh H B L, Helander M G. The marketing implications of affective product design. Applied Ergonomics, 2007, 38(6): 723-731.

[98] Hedin A E. Horizontal wind model (HWM) (1990). Planetary & Space Science, 1992, 40(4): 556-557.

[99] Bharadwaj V, Chen P, Ma W, et al. SHALE: an efficient algorithm for allocation of guaranteed display advertising. Computer Science, 2012: 3619.

[100] 杨国毓. 基于上下文关联分析的网络可信评估方法研究与设计. 北京: 北京邮电大学硕士学位论文, 2018.

[101] Deerwester S, Dumais S T, Furnas G W, et al. Indexing by latent semantic analysis. Journal of the Association for Information Science & Technology, 2010, 41(6): 391-407.

[102] 史青. 大数据时代精准广告的运作研究. 郑州: 河南大学硕士学位论文, 2016.

[103] Shen H, Li Y, Chen Y. Robust ad delivery plan for guaranteed display advertising. IEEE International Conference on Information & Automation, Hulunbuir, 2014: 1125-1130.

[104] Blei D M, Ng A Y, Jordan M I, et al. Latent dirichlet allocation. Journal of Machine Learning Research, 2003, (3): 993-1022.

[105] Girolami M, Kabán A. On an equivalence between PLSI and LDA. ACM Sigir Forum, Toronto, 2003: 433-434.

[106] 丁晓渊, 顾春华, 王明永. 基于查询日志的局部共现查询扩展. 计算机应用与软件, 2013, (12): 28-33.

[107] Croft W B, Lafferty J. Language Modeling for Information Retrieval. Dordrecht: Kluwer Academic Publishers, 2003.

[108] Park L A F, Ramamohanarao K. Query expansion using a collection dependent probabilistic latent semantic thesaurus. Proceedings of the 11th Pacific-Asia Conference on Advances in Knowledge Discovery and Data Mining, Nanjing, 2007: 224-235.

[109] 胡吉明, 陈果. 基于动态 LDA 主题模型的内容主题挖掘与演化. 图书情报工作, 2014, (2): 140-144.

[110] Almasri M, Berrut C, Chevallet J P. A comparison of deep learning based query expansion with pseudo-relevance feedback and mutual information. European Conference on Information Retrieval, Padua, 2016: 369-715.

[111] Schultz D, Schultz H. 整合营销传播——创造企业价值的五大关键步骤. 王茁, 顾洁, 译. 北京: 中国财政经济出版社, 2005.

[112] Marreiros A C, Daunizeau J, Kiebel S J, et al. Population dynamics: Variance and the sigmoid activation function. Neuroimage, 2008, 42(1):147-157.

[113] 闫河, 王鹏, 董莺艳, 等. 基于深度 CNN 和极限学习机相结合的实时文档分类. 计算机应用与软件, 2019, 36(3): 180-185.

[114] Adler M, Gibbons P B, Matias Y. Scheduling space-sharing for internet advertising. Journal of Scheduling, 2002, 5(2): 103-119.

[115] 王茜. 基于门户网站的精准广告系统架构设计. 天津: 天津大学硕士学位论文, 2013.

[116] Mayer-Schönberger V, Cukier K. 大数据时代: 生活、工作与思维的大变革. 盛杨燕, 周涛, 译. 杭州: 浙江人民出版社, 2013.

[117] Czesław D. Modelling of user preferences and needs in boolean retrieval systems. Pergamon, 1994, 30(3): 363-378.

[118] Hasner A M. Full text processing and retrieval: Weight ranking, text structuring, and passage retrieval for Arabic documents. Chicago: Illinois Institute of Technology, 1996.

[119] Damgård I B. A Design Principle for Hash Functions. New York: Springer, 1989.

[120] 赖小平. 基于 Logistic 回归的在线广告并行运算模型. 计算机工程, 2015, 41(8): 42-45.

[121] 李航. 统计学习方法. 北京: 清华大学出版社, 2012.

[122] Wendan Z, Dingwei W. Study on internet advertising placement problem. International Conference on Logistics Systems and Intelligent Management, Harbin, 2010: 1798-1801.

[123] Richardson M, Dominowska E, Ragno R. Predicting clicks: Estimating the click-through rate for new ads. Proceedings of the 16th International Conference on World Wide Web, New York, 2007: 521-530.

[124] Son J, Jung I, Park K, et al. Tracking-by-segmentation with online gradient boosting decision tree. IEEE International Conference on Computer Vision, Santiago, 2015: 3056-3064.

[125] Hedeker D. A mixed-effects multinomial logistic regression model. Statistics in Medicine, 2003, 22(9): 1433-1446.

[126] Zhu W Y, Wang C H, Shih W Y, et al. SEM: A softmax-based ensemble model for CTR estimation in real-time bidding advertising. IEEE International Conference on Big Data & Smart Computing, Jeju, 2017: 5-12.

[127] Guo H, Tang R, Ye Y, et al. DeepFM: A factorization-machine based neural network for CTR prediction. The 20th International Joint Conference on Artificial Intelligence, Melbourne, 2017: 1-8.

[128] 徐斌, 王晓冬, 林丽. 大数据管理: 企业转型升级与竞争力重塑之道. 北京: 人民邮电出版社, 2016.

[129] Sarwar B. Item-based collaborative filtering recommendation algorithms. Proceedings of the 10th International Conference on World Wide Web, New York, 2001: 285-295.

[130] Liu X, Hai-hong E, Tong J J, et al. Collaborative recommendation based on social community detection. The Journal of China Universities of Posts and Telecommunications, 2014, 21: 20-45.

[131] Wang Z, Tan Y, Zhang M. Graph-based recommendation on social networks. The 12th International Asia-Pacific Web Conference, Busan, 2010: 116-122.

[132] Liu J G, Zhou T, Che H A, et al. Effects of high-order correlations on personalized recommendations for bipartite network. Physica A: Statistical Mechanics and Its Applications, 2010, 389(4): 881-886.

[133] 王茜, 段双燕. 一种改进的基于二部图网络结构的推荐算法. 计算机应用, 2012, 32(3): 654-657.

[134] 谢政, 戴丽. 组合图论. 长沙: 国防科技大学出版社, 2003.

[135] Mucha M, Sankowski P. Maximum matchings via gaussian elimination. Proceedings of the 45th Annual IEEE Symposium on Foundations of Computer Science, Rome, 2004: 248-255.

[136] Micali S, Vazirani V V. An $O(\sqrt{|v|} \cdot |E|)$ algoithm for finding maximum matching in general graphs. Proceedings of the 21st Annual Symposium on Foundations of Computer Science, Syracuse, 1980: 17-27.

[137] Ford L R, Fulkerson D R. Flows in Network. New Jersey: Princetion University Press, 1962.

[138] Qin R, Yuan Y, Wang F. Exploring the optimal granularity for market segmentation in RTB advertising via computational experiment approach. Electronic Commerce Research and Applications, 2017, 24: 68-83.

[139] 艾瑞. 中国程序化购买市场趋势展望. 艾瑞咨询系列研究报告, 2017, (6): 512-552.

[140] Asathulla M K, Khanna S, Lahn N, et al. A faster algorithm for minimum-cost bipartite perfect matching in planar graphs. ACM Transactions on Algorithms, 2019, 16(1):1-30.

[141] Bondy J A, Murty U. Graph Theory. Heidelberg: Springer, 2008.

[142] Diestel R. Graph theory. Mathematical Gazette, 2000, 173(502): 67-128.

[143] Bondy J A, Munty U. Graph Theory and Application. London: MacMillan Press, 1976.

[144] Adikari S, Dutta K. Real time bidding in online digital advertisement. International Conference on Design Science Research in Information Systems, Cham, 2015: 1-6.

[145] Ski R K M R. ElasticSearch. 北京: 电子工业出版社, 2015.

[146] Chatterjee P, Hoffman D L, Novak T P. Modeling the click stream: Implications for Web-based advertising efforts. Marketing Science, 2013, 22(4): 520-541.

[147] 孔维, 刘奕群, 张敏, 等. 问答社区中回答质量的评价方法研究. 中文信息学报, 2014, 10(1): 101-107.

[148] Feng J, Bhargava H K, Pennock D M. Implementing sponsored search in Web search engines: Computational evaluation of alternative mechanisms. Informs Journal on Computing, 2007, (11): 34-76.

[149] Lang K, Delgado J, Jiang D, et al. Efficient online ad serving in a display advertising exchange. Fourth ACM International Conference on Web Search and Data Mining, Hong Kong, 2013, (8): 307-316.

[150] 常艳, 汤小春. 网络广告中反 CPC 点击作弊研究. 科学技术与工程, 2010, 10(4): 928-932.

[151] 彭泽映, 俞晓明, 许洪波, 等. 大规模短文本的不完全聚类. 中文信息学报, 2014, 18(1): 34-39.

[152] 黄永光, 刘挺, 车万翔, 等. 面向变异短文本的快速聚类算法. 中文信息学报, 2007, (2): 78-90.
[153] 曹鹏, 李静远, 满彤, 等. Twitter 中近似重复消息的判定方法研究. 中文信息学报, 2013, (1): 23-27.
[154] 吴丹, 严婷, 金国栋. 网络问答社区与联合参考咨询比较与评价. 中国图书馆学报, 2011, (4): 12-18.
[155] Sahami M, Mittal V, Baluja S, et al. The happy searcher: Challenges in Web information retrieval. The 8th Pacific Rim International Conference on Artificial Intelligence, Auckland, 2004: 3157.
[156] Bloustein E J. Privacy as an aspect of human dignity: An answer to dean prosser. New York University Law Review, 1964, 39: 1-46.
[157] Ghinita G, Kalnis P, Skiadopoulos S. Prive: Anonymous location-based queries in distributed mobile systems. International Conference on World Wide Web, New York, 2007: 371-380.
[158] Samarati P, Sweeney L. Generalizing data to provide anonymity when disclosing information. Proceedings of the Seventeenth ACM SIGACT-SIGMOD-SIGART Symposium on Principles of Database Systems, Seattle, 1998: 188.
[159] Boneh D, Goh E, Nissim K. Evaluating 2-DNF formulas on ciphertexts. Proceedings of the 2nd International Conference on Theory of Cryptography, Berlin, 2005: 325-341.
[160] Turner J. The planning of guaranteed targeted display advertising. Operations Research, 2012, 60(1): 18-33.
[161] Dwork C, McSherry F, Nissim K, et al. Calibrating noise to sensitivity in private data analysis. Proceedings of the 3rd Theory of Cryptography Conference, New York, 2006: 265-284.
[162] Hamm J, Cao P, Belkin M. Learning privately from multiparty data. Proceedings of the 33rd International Conference on Machine Learning, New York, 2016: 555-563.
[163] Papernot N, Abadi M, Erlingsson L, et al. Semi-supervised knowledge transfer for deep learning from private training data. Arxiv preprint Arxiv: 1610.05755, 2016.
[164] 刘鹏, 王超. 计算广告. 北京: 人民邮电出版社, 2015.
[165] 唐丹, 金海, 张永坤. 集群动态负载平衡系统的性能评价. 计算机学报, 2004, (6): 803-811.
[166] Yang Y, Wang Z Z, Teng W. Design of server-side data push mechanism based on thrift. Journal of Network New Media, 2017, 6(3): 42-46.
[167] Sun Y, Yuan N J, Xie X. Collaborative now casting for contextual recommendation. Proceedings of the 25th International Conference on World Wide Web, Montreal, 2016: 1407-1418.
[168] Wang G, Zhang X, Tang S. Unsupervised clickstream clustering for user behavior analysis. Proceedings of CHI Conference on Human Factors in Computing Systems, New York, 2016: 225-236.
[169] Yang J, Qiao Y, Zhang X, et al. Characterizing user behavior in mobile internet. IEEE Transactions on Emerging Topics in Computing, 2015, 3(1): 95-106.
[170] Zaharia M, Chowdhury M, Franklin M J, et al. Spark: Cluster computing with working sets. USENIX Conference on Hot Topic in Cloud Computer, Boston, 2010: 1765-1773.

[171] Wang H, Wang N, Yeung D Y. Collaborative deep learning for recommender systems. Proceedings of the 21st ACM SIGKDD International Conference on Knowledge Discovery and Data Mining, Sydney, 2015: 1235-1244.

[172] Dao X W, Pan W, Li D X, et al. An adaptive stacked denoising auto-encoder architecture for human action recognition. Applied Mechanics & Materials, 2014, 631-632: 403-409.

[173] Kim D, Park C, Oh J, et al. Convolutional matrix factorization for document context-aware recommendation. Proceedings of the 10th ACM Conference on Recommender Systems, Boston, 2016: 233-240.